· 国家社会科学基金项目（17BJL027）

比较视阈下的马克思主义政治经济学研究

赵麦茹　林建华　等◎著

MARXIST

RESEARCH ON MARXIST POLITICAL ECONOMY FROM THE PERSPECTIVE OF COMPARISON

中国经济出版社
CHINA ECONOMIC PUBLISHING HOUSE
北京

图书在版编目（CIP）数据

比较视阈下的马克思主义政治经济学研究／赵麦茹等著．--北京：中国经济出版社，2022.4（2022.9重印）

ISBN 978-7-5136-6893-4

Ⅰ．①比… Ⅱ．①赵… Ⅲ．①马克思主义政治经济学-研究 Ⅳ．①F0-0

中国版本图书馆CIP数据核字（2022）第062605号

责任编辑　贺　静
责任印制　巢新强
封面设计　华子设计

出版发行　中国经济出版社
印 刷 者　北京九州迅驰传媒文化有限公司
经 销 者　各地新华书店
开　　本　710mm×1000mm　1/16
印　　张　16.75
字　　数　274千字
版　　次　2022年4月第1版
印　　次　2022年9月第2次
定　　价　78.00元
广告经营许可证　京西工商广字第8179号

中国经济出版社　**网址** www.economyph.com　**社址** 北京市东城区安定门外大街58号　**邮编** 100011
本版图书如存在印装质量问题，请与本社销售中心联系调换（联系电话：010-57512564）

目　录

第三篇

生态思想及意识形态

导　论[①]

一、研究背景与研究意义

（一）研究背景

党的十八大以来，中共中央多次对马克思主义政治经济学的重要地位加以强调。2016 年 5 月，习近平总书记在哲学社会科学工作座谈会上的讲话中强调，要加快构建中国特色哲学社会科学，使其继承性、民族性、原创性、时代性、系统性与专业性得到体现，“加强马克思主义学科建设”[②] 是完善我国哲学社会科学学科体系的重要措施之一。2020 年 8 月，习近平总书记在中央政治局第二十八次集体学习时的讲话中指出，我们应“不断开拓当代中国马克思主义政治经济学新境界，为马克思主义政治经济学创新发展贡献中国智慧”，并强调“我们政治经济学的根本只能是马克思主义政治经济学”[③]。

马克思主义政治经济学在我国的重要地位有其历史逻辑与现实逻辑。就历史层面而言，马克思主义政治经济学没有辜负中国。当中国共产党掌握马克思主义政治经济学时，一系列影响中国历史乃至世界文明的变化由此产生。中国共产党在其指导下，不断结合中国实际情况，克服一个个考验，缔造了一个崭新的社会主义中国，并带领全国人民，在“站起来”“富起来”的基础上，迈入“强起来”的新阶段。就现实层面而言，中国没有辜负马克思主义政治经济学。阶级性、革命性、批判性是马克思主义政治经济学的本质特征，中国共产党创建的中华人民共和国

---

① 赵麦茹（1975—　），女，汉族，陕西临潼人，西北大学经济管理学院副教授、经济学博士、博士生导师，研究方向为政治经济学。

② 习近平．习近平谈治国理政：第 2 卷［M］．北京：外文出版社，2017：345.

③ 习近平．不断开拓当代中国马克思主义政治经济学新境界［EB/OL］．http：//cpc.people.com.cn/n1/2020/0815/c64094-31823519.html.

是工人阶级领导的、以工农联盟为基础的人民民主专政的社会主义国家，这一点被正式写入《中华人民共和国宪法》第一条。人民立场是新中国国家政体的本质特征，解决不同时期人民群众最为关切的问题是国家各项工作的重中之重，从人民日益增长的物质文化需要与落后的社会生产之间的矛盾到人民日益增长的美好生活需要和不平衡不充分的发展之间的矛盾，新中国聚焦不同时期的主要矛盾，急人民之所急，采取各种有效措施解决主要矛盾，不断提高人民生活质量，赢得了中国广大人民群众的衷心拥护。中国连续 40 年的高速发展奇迹也令世界瞩目。新中国在坚持马克思主义政治经济学指导地位的基础上所取得的这份成绩为全世界提供了一条与西方迥然不同的成功路径，并有力地批判了西方以福山为代表的历史终结论。

对于中国而言，马克思主义政治经济学如此之重要，对其展开全方位的深度研究就显得尤为必要。以比较视阈聚焦马克思主义政治经济学是深入了解其精髓的一种有效途径。“横看成岭侧成峰，远近高低各不同。”对于同一个事物，立场与视野不同，得出的结论则大相径庭，通过不同角度的审视与观察，客体更有利于被客观理性认知。比起这种不同角度的观察分析法，比较分析法更胜一筹。“自我”与“他者”，从来都是辩证统一式存在，在他者的视野里，自我的特征更为鲜明。当前，西方经济学在中国各大高校是显学，西方经济学的各种理论深刻影响了中国的一大批学者，戴着西方经济理论的眼镜来审视中国经济问题的现象比比皆是，以西方经济学各流派的理论作为马克思主义政治经济学主要的“他者”，不失为理想选择。中华优秀传统文化是中国先哲的智慧结晶，以之作为“他者”，亦可为理性认知马克思主义政治经济学这一“自我”提供理想参照。

（二）研究意义

1. 理论意义

马克思主义政治经济学对中国的影响是伴随着马克思主义中国化的进程实现的，也正是在这一过程中，马克思主义政治经济学的内涵得以不断延展。社会存在决定社会意识，资本主义自由竞争时期，马克思、恩格斯创立了以劳动二重性、剩余价值论等为代表的理论体系，这是其基于现实观察，进行理性思考后的智慧结晶。资本主义进入国家垄断阶段后，列宁基于社会存在的变化，提出了以帝国主义理论为代表的理论体系，探讨落后国家向社会主义过渡的路径与方式、社会主义条件下商品经济发展问题等，是新时期对马克思主义政治经济学的拓展与完善。新中国成立后，毛泽东、邓小平、江泽民、胡锦涛、习近平等国家领导人在前人的基础上，基于中国革命与发展的实际情况，提出了新民主主义革命理论、社会主义初级阶段理论、社会主义市场经济理论、“三个代表”重要思想、科学发展观、新发展理念、高质量发展、构建人类命运共同体等理论体系，中国特色社会主义政治经济学因而产生，这是马克思主义政治经济学在当代的延伸与发展。由此可见，马克思主义政治经济学的理论创新与延展是一个动态的历史过程，是不断吸纳各时期优秀思想成果的过程，而优秀的思想成果绝不会凭空产生，现实重大问题的激发与思想领域的观点碰撞是产生优秀思想成果的重要因素。本书从比较视阈考察马克思主义政治经济学与其他流派的理论，亦可从两种理论的碰撞之中提出观察马克思主义政治经济学的另一种视角，为马克思主义政治经济学的进一步发展做出一些边际贡献。

2. 现实意义

中国经济发展的成就已充分说明马克思主义政治经济学的实践指导价值，正是在其指导下，中国共产党解决了不同时期的现实难题。当前，我国已进入中国特色社会主义新时代，这是党的十九大报告对我国发展指出的新的历史定位。同时，我国正处于“百年未有之大变局”，面临的国际、国内环境复杂多变：后金融危机时期大多数国家经济增速放缓，以新冠肺炎疫情为代表的全球性公共卫生安全形势严峻，恐怖主义势力顽固存在，能源安全、生态安全、金融安全亟待加强，中美贸易争端及意识形态冲突不断加剧，等等。类似这些因素关乎国际、国内两个大局，任何一个问题处理不好，皆有可能牵一发而动全身，造成非常严重的后果。面对新问题、新形势、新现象，鉴于以往的历史经验，我们需要回归马克思主义政治经济学，需要从中获取我们所需的解决新问题的理论智慧。而要实现这一点，我们有必要在新阶段更深入地研究马克思主义政治经济学，通过比较视阈对之进行多角度剖析，有助于我们深入理解马克思主义理论并更好地解决我国当前所面临的现实问题，更高效地服务于我国当前的社会实践。

二、研究思路与研究方法

（一）研究思路

选取西方经济学的代表性流派、代表性理论及中华优秀传统思想，将之作为参照物，与马克思主义政治经济学进行比较分析。基于马克思主义政治经济学的理论构成，分为三大篇进行比较分析，第一篇为“生产、分配、交换、消费”，第二篇为“国家职能与调控”，第三篇为“生态思想及意识形态”。每篇由若干文章组成，每篇文章大致由“内容阐述、比较分析、原因剖析、意义阐释”等几部分组成，重在通过比较分析掌握马克思主义政治经济学的理论逻辑及现实意义。

（二）研究方法

1. 比较分析法

用比较的方法对马克思主义政治经济学及西方经济学流派各种理论、中华传统优秀文化进行多维度的剖析。比较分析建立在内容阐述的基础之上，主要比较两种理论或思想在研究方法、特点、逻辑、立场等方面的不同及相同之处，进而联系理论产生的历史背景及渊源，分析导致比较结论的原因。

2. 思想史与社会史相结合的研究方法

结合马克思主义政治经济学、西方经济学流派各种理论产生的时代背景，阐释各种理论及思想体系的时代性特征及其必然性。结合社会存在决定社会意识形态、社会意识反作用于社会存在的基本判断，通过分析思想与社会的紧张与互动，阐释包括马克思主义政治经济学在内的各种理论皆是时代产物的逻辑及机理，进而剖析各种理论对社会产生的现实影响。

三、研究对象与研究内容

（一）研究对象

从马克思主义政治经济学与其他流派理论或思想在内容、特点、逻辑、立场、渊源、影响等方面的同质性与异质性多个维度，对马克思主义政治经济学与其他流派理论或思想进行比较分析。其中，马克思主义政治经济学涉及生产理论、收入分配理论、流通费用理论、货币理论、贸易理论、消费理论、国家职能与调控理论、生态思想、意识形态理论等；其他流派与思想涉及西方古典经济学派、新兴古典经济学、新制度经济学等代表性学派，鲍德里亚、罗尔斯、弗里德曼、凯恩斯、罗尔斯顿、诺斯等代表性学者以及中国优秀传统思想等。通过对以上领域的多维度比较分析，能更深入地理解马克思主义政治经济学的理论逻辑及现实意义。

（二）研究内容

1. 生产、分配、交换、消费等理论的比较分析

这一比较分析包括以下九部分内容：马克思与鲍德里亚生产理论的比较分析；马克思与古典政治经济学收入分配理论的比较分析；马克思与罗尔斯分配正义观的比较分析；马克思与琼·罗宾逊收入分配理论的比较分析；马克思贫困理论与缪尔达尔贫困理论的比较分析；马克思流通费用理论与科斯交易费用理论的比较分析；马克思与弗里德曼货币理论的比较分析；马克思与新兴古典经济学国际贸易理论的比较分析；马克思与凯恩斯消费理论的比较分析。

2. 国家职能与调控理论的比较分析

这一比较分析包括以下两部分内容：马克思主义政治经济学与新制度经济学的国家理论比较分析；马克思与法国调节学派调节思想的比较分析。

3. 生态思想及意识形态理论的比较分析

这一比较分析包括以下三部分内容：马克思主义与罗尔斯顿生态思想的比较分析；马克思生态思想与中国传统生态农业思想的同质性分析；马克思主义与诺斯意识形态理论的比较分析。

参考文献

［1］习近平．习近平谈治国理政：第 2 卷［M］．北京：外文出版社，2017.

［2］习近平．不断开拓当代中国马克思主义政治经济学新境界［EB/OL］．http：//cpc. people. com. cn/n1/2020/0815/c64094-31823519. html.

第一篇

生产、分配、交换、消费

马克思与鲍德里亚生产理论的比较分析

赵麦茹　张春晓[①]

一、引言

生产理论是对生产活动的概括总结，对生产理论的研究也属于基础性问题。随着生产力飞速发展，涌现了许多不同的生产理论。科学有效的生产理论有助于把握社会发展动力，指导社会经济活动运行，因此研究分析生产理论具有十分重要的意义。作为我国当前的主流思想，马克思主义自诞生之日起，生产理论便一直是其基本理论之一，并指导我国经济的发展。随着社会经济的不断发展，社会生产领域各种新问题也不断涌现，一些学者开始质疑马克思主义理论在今天是否仍具有适用性，这个议题逐渐成为学术界的讨论热点。鲍德里亚则是批判马克思生产理论阵营的代表人物。比较分析两种生产理论的不同，能更深入、全面地理解马克思的理论内容，从而客观回答学术界对马克思主义理论的质疑，同时借鉴鲍德里亚思想中有益的部分，与马克思的生产思想相结合，不仅能够丰富马克思主义理论的内涵，也能服务于我国社会经济的发展。

许多学者分别对马克思和鲍德里亚的生产理论内容进行了研究。俞吾金（2003）、张晓鹏（2007）认为，马克思的生产是物质资料生产、人口生产、精神生产和社会关系生产四个方面的有机统一，并将其总结为基础、最高和中介三大层面。崔东顺（2015）则通过再生产理论分析了我国宏观经济运行中存在的问题，并寻求再生产理论中蕴含的能指导我国经济运行的有效方法。孔晓（2018）分析了全面生产理论形成的理论条件，并

---

① 赵麦茹（1975—　），女，汉族，陕西临潼人，西北大学经济管理学院副教授、经济学博士、博士生导师，研究方向为政治经济学；张春晓（1998—　），女，汉族，山东聊城人，西北大学经济管理学院2020级硕士研究生，研究方向为政治经济学。

且认为全面生产理论对中国特色社会主义建设仍具有十分重要的指导意义。也有不少学者专门对马克思的社会再生产理论进行了研究分析，并利用社会再生产理论说明新常态下为何要通过产业结构调整和生产关系调整来转变经济发展方式。余伟如（2021）认为社会生产这种周而复始的活动以及资本对工人的反复剥削等行为是由于社会存在一种固有的惯性。资本的惯性即源于资本自我增殖的本能，这种惯性包括生产惯性、制度惯性、意识形态惯性及惯性心理这四个维度，而扩大再生产就是资本惯性的重要保障。

学术界对于鲍德里亚的理论也研究颇多，张伟娟（2011）研究得出鲍德里亚认为商品不只有价值和使用价值，还有符号价值，并且符号价值的作用越来越凸显。陈宇宙（2012）认为鲍德里亚的符号生产对解释消费社会的经济行为有重要的意义，但他不应因为对符号的过度夸大而完全否定物质生产的地位。李清茹（2014）、马心竹（2017）认为鲍德里亚的符号生产理论对于解决我国目前存在的区域发展不平衡、消费不平等的现象有重要的借鉴意义。鲍德里亚与马克思生产思想的比较分析方面，孟庆艳（2008）分析了二者不同的生产逻辑，认为鲍德里亚仅从生产出发分析消费社会是不够的，可以把鲍德里亚的理论看作对马克思生产思想的进一步发展，同时也为我们研究现代社会中人们的生产与消费现象打开了新的大门。分析鲍德里亚的理论对我国的经济发展及其平衡性方面也会产生极其重要的意义。白刚、张荣艳（2014）澄清了鲍德里亚对马克思生产理论的错误认知。徐海红（2015）发现鲍德里亚对马克思劳动概念误解的原因在于，鲍德里亚认为马克思仅单向认为人类支配自然，而没有发现马克思主义的亲自然观念。

二、马克思与鲍德里亚生产理论的主要内容

在分析马克思与鲍德里亚生产理论的主要内容时，本文将首先介绍各自的具体内容，其次介绍二者的内在结构或不同维度的特点。

（一）马克思的全面生产理论

1. 具体内容：四个维度的生产

马克思主义的理论将生产从经济学范畴延伸到哲学领域，生产不只是物质资料生产，也包括人口、精神和社会关系三大方面的生产。

（1）物质资料生产

物质生产作为一种最基本的生产形式，是所有社会结构赖以生存的基础。历史由人创造，首先要保证人类的生存，物质资料的生产则是保证人类得以生存的最重要前提。因此，物质资料方面的生产是人类生存的首要前提，更为人类创造历史打下了基础。“这种活动，这种连续不断的感性劳动和创造、这种生产，是整个现存感性世界的非常深刻的基础，只要它哪怕只停顿一年，费尔巴哈就会看到，不仅在自然界将发生巨大的变化，而且整个人类世界以及他（费尔巴哈）的直观能力，甚至他本人的存在也就没有了。”① 物质生产活动伴随着人类的生存活动不断进行，物质生产的历史与人类社会发展历史共同演进。

（2）人口生产

马克思强调：“每日都在重新生产自己生活的人们开始生产另外一些人，即增殖。这就是夫妻之间的关系，父母和子女之间的关系，也就是家庭。这个家庭起初是唯一的社会关系，后来，当需要的增长产生了新的社会关系，而人口的增多又产生了新的需要的时候，家庭便成为（德国除外）从属的关系了。”② 人类社会发展的真正目的应当是人类种族的繁衍，也就是人口的生产与发展，如果人类不能繁衍后代，生产活动就无法顺利接续下去，历史也无法继续被创造。只有人口生产顺利进行，才有机会实现人的自由全面发展。

（3）精神生产

精神生产也就是人类意识的生产，同样是人类进行实践活动的重要表现。马克思认为，无论是思想观念还是科学意识的产生都是融入人类的实践活动和语言之中的。人类进行物质活动便产生了思想和精神交流，对一个民族的政治、法律、道德、宗教等表达的精神生产也是如此。可见，精神生产是马克思生产理论内容中非常重要的一个组成部分。

（4）社会关系生产

除了物质资料和人口的生产，人类还进行着各种“关系”的生产。马克思在分析他的异化劳动思想时指出：“通过异化劳动，人不仅生产出他同作为异己的、敌对的力量的生产对象和生产行为的关系。而且生产出其

---

① 马克思，恩格斯．马克思恩格斯选集：第3卷［M］．北京：人民出版社，1956：74-75.

② 马克思，恩格斯．马克思恩格斯全集：第42卷［M］．北京：人民出版社，1956：32-33.

他人同他的生产和他的产品的关系，以及他同这些人的关系。”① 马克思认为，家庭是社会关系生产最先出现的场所，之后随着人类需要的不断增加以及地域间、种族间隔离的被打破，社会关系生产活动的发生场所扩大到社会和国家。社会关系的生产同样是马克思生产理论的一个重要内容。

2. 内在结构：三大层面

马克思全面生产理论可以归纳为由基础层面、最高层面和中介层面所组成的一种结构关系。

在基础层面，包括物质资料和人口两部分生产内容。如果说物质资料的生产是个人、家庭、社会以及国家能够得以存在和发展的最基本前提，那么人口生产便是人类生存和繁衍的最基本前提，也是人类、社会和民族历史演变的基本前提。因此，物质资料的生产和人的生产是最基本的生产性活动。在最高层面，即精神生产活动。之所以将其放在生产理论最高层面上，有两方面原因：一方面，精神生产隶属于“整个思想上层建筑”②；另一方面，马克思认为精神是物质生活的进一步升华，因此，精神生产在生产理论的整体结构中一般位于被奠基的最高层面上。在中介层面，即社会关系生产活动，发生在物质生产和精神生产之间。社会关系生产活动与物质资料的生产活动之间具有根本性的关联。这种关联在于，既不存在无一定的社会关系的物质生产，也不存在无一定的物质生产的社会关系。另外，社会关系的生产与精神生产也具有密切联系。马克思认为，人的本质实际上是所有社会关系的总和，社会关系的生产必然渗透一切精神生产和消费活动中。四种不同的生产相互作用，共同构成了马克思的全面生产理论。

（二）鲍德里亚的符号生产理论

鲍德里亚的理论研究始终以符号为基础。鲍德里亚认为，人类已进入消费社会，符号生产已经取代物质生产，占据主导地位。在现代社会里，人们的物质生活得到了极大提升，购买力也大大提高，能在满足了自身基本需求之后追求超越功能性需要的东西，这就是符号价值。比如，人们会在能力范围之内选择更大面积的住房来满足自己舒适、娱乐等方面的需要；或者在具有相同使用价值的前提下选择含有更多符号价值的商品，如

① 马克思，恩格斯．马克思恩格斯全集：第42卷［M］．北京：人民出版社，1956：99-100.
② 马克思，恩格斯．马克思恩格斯选集：第3卷［M］．北京：人民出版社，1956：432.

名牌衣服。他在《符号政治经济学批判》一书中提到物的功能性效用不是物的使用价值，而是某种特定的符号编码结构，也就是物的符号价值。因此，鲍德里亚所讲的生产，主要是指符号价值的生产。

1. 具体内容：符号价值生产

鲍德里亚所生活的时代经历了两次工业革命，资本主义社会生产力得到急速发展，人们的生活条件都实现了极大改善。鲍德里亚认为人类社会已经彻底被商品所包围。在现代社会，人们开始追求高端品牌消费，以凸显自己特殊的社会地位。符号成了人们消费的主要原因，其地位已超越了商品的使用价值，物品的真正功能由符号来掌控。资本家开始重视符号的生产。现代社会中，各种品牌不断涌现，更高档的品牌代表着更高的社会地位、更强的财富实力。资本家竭力使自己的商品成为具有国际化影响力的大品牌，用其所蕴含的符号来操纵消费者行为，以吸纳更多的利益。

此外，资本家通过一种新的手段，也就是大众媒介来宣传自己的商品以吸引更多消费者。鲍德里亚的这种思想受到麦克卢汉“媒介即信息”的影响，即媒介通过其传播的信息影响人的行为，并且影响人们对信息的接受。鲍德里亚认为，这种新的尺度就是符号的编码规则，而最出色的媒介就是广告。资本家为自己的商品设计出精美绝伦的广告，以“形象”形式给人“超现实”的感觉。消费者在满足了基本的需求之后，会转而继续追求更高层次的需求，这给了资本家更大的动力进行符号生产。

2. 物的符号化的三个维度

物的功能性一般可分为两种：一是能满足人的某种需要的有用性；二是其所蕴含的某种符号能满足人的心理层面的需要，而使用价值不被关注。物的不断被淘汰和更新是由于人对物的功能的需要更加细化。鲍德里亚通过对日常生活进行细致观察发现，对“物”的考察要同时兼容文化属性。在《物体系》一书中，他将物的“符号化”归纳为三个方面。

（1）功能性系统或客观论述

鲍德里亚对物的功能性进行了两方面的剖析。一是物所体现的代表某种意义的符号价值变迁，鲍德里亚介绍了室内陈设的结构所体现的意义。家庭中家具的陈列方式代表了某一时代家庭和社会结构的真实写照。例如，布尔乔亚室内陈列体现了父权体制，最基本的便是房间必需的整套家具。所有的家具尽管其功能各异，但互相紧密融合，强调庄严巍峨、等级标签。由房子所构成的有机体的核心则是凝聚成员的情感关系，而现代家具的摆放形式得到了解放，摆脱了仪式、标签等一系列只在物化的人际结构中体现的意识形态。二是心理投射方面对营造的气氛进行阐释。例如，传统社会中色彩具有强烈的象征意义，如黄色代表帝王、华贵，红色代表鲜血等，而现代社会中色彩的使用和搭配更加自由，更多的是通过色彩的搭配营造某种气氛。

（2）非功能性系统或主观论述

此处鲍德里亚从主体角度论述了物体的非功能性意义。通过古物、收藏物来解释没有直接使用效用的商品价值。对古物来说，它的价值是文化性和历史性。古物包含一种时间的文化标志，或者说是时间性的符号价值。那些拥有久远历史的古董，不仅象征着已经逝去的文化和人们对历史的追忆，同时也实现了对物的使用价值的超越。人们收集古物不是为了其本身的功能，而是一种情感的依托，关注的是古物所蕴含的历史性的符号价值。既满足现代人的心理，又符合现代人的审美。

（3）功能失调体系

在分析了物品系统化的客观与主观过程之后，鲍德里亚对它们的引申意义开始了探索，也就是意识形态内涵。在形式层面，它们的延伸意义可总结为时尚；在技术层面，它们的延伸意义则可总结为自动化主义。这种自动化主义，给人们带来了一种理想化的生活方式，是从物品的特殊功能中提炼出的深层次意义。例如，自动挡汽车、洗碗机、机器人等的出现，不仅代表技术创新，更能给使用者带来心理上的满足感。一件物品如邮票，包含的劳动量可能很少，但是当它进入消费领域时，会含有极高的符号价值。

三、两种生产理论的不同之处

根据前文对马克思和鲍德里亚不同生产理论内容的分析，本文发现二者在核心术语的内涵、对生产内容的审视视阈以及分析方法三个方面存在较大不同。

（一）核心术语的内涵不同

1. 对劳动概念的界定不同

（1）马克思：具体劳动与抽象劳动的统一

劳动是马克思主义的核心范畴，是历史唯物主义的基石。资产阶级政治经济学家关于劳动的概念是思维抽象层面的，受其影响，马克思所理解的劳动概念同样具有思维抽象层面上的含义，也就是作为一般人类活动的劳动概念。一开始，马克思用“创造财富一般的手段”① 来定义思维抽象层面的劳动概念。在对政治经济学进行全面研究后，马克思又对思维抽象层面的劳动进行了更为精准的概括，劳动作为使用价值创造者，是人类不被一切社会形态所转移的生存状态，是人与自然物质转化，即人类生命得以实现的必要条件。马克思提出了劳动的二重性，即进行价值创造的抽象劳动和进行使用价值创造的具体劳动。能够产生超过劳动力工资的剩余价值的，是工人出售的劳动力，因此资本家为了获得剩余价值会极尽可能剥削劳动力。

（2）鲍德里亚：象征性劳动

在鲍德里亚这里，“物并不存在于对需求的满足之中，而是存在于象征性的劳动之中，存在于一种‘生产’之中，这种生产包含了证明与生产（producers）的双重含义——物不仅被生产出来，同时还作为证明被生产出来。它们存在于神圣化了的努力之中，存在于一种完整的执行之中，存在于一种对最终成果的强调之中，它们意在提供某种社会价值持续而有形的证明”②。这里鲍德里亚提出了两个新的概念，一是象征性劳动，二是生产过程中的“证明”。象征性劳动不同于传统劳动，所生产的不是具有有用性的物，而是符号。所谓的“证明”便是对某种价值，即符号价值的确认。

2. 对使用价值的理解不同

（1）马克思：具体劳动创造使用价值

马克思认为商品一方面表现为使用价值，另一方面表现为交换价值。使用价值说明物是有用的，即物能够满足人的某种需要的特性。交换价值只有在生产不是为了自给自足而是为了交换的商品经济中才能产生，不同的商品所包含的使用价值不同，但是商品作为交换价值是一样的。马克思分析了使用价值和交换价值的关系，当一种使用价值作为交换价值时，只要比例正确，它就等于另一种使用价值。继而，马克思认识到，商品在交换价值中表现出来的相等只是针对它们作为劳动产品来说的，

① 马克思，恩格斯．马克思恩格斯全集：第 30 卷［M］．北京：人民出版社，1995：46.
② 鲍德里亚．符号政治经济学批判［M］．夏莹，译．南京：南京大学出版社，2009：7.

并明确了交换价值与价值的关系。最终得出了商品的二因素，即价值和使用价值。商品二因素又决定于劳动二重性，即具体劳动创造使用价值。

（2）鲍德里亚：使用价值具有抽象性

鲍德里亚认为，交换价值与使用价值是相辅相成的，使用价值是在交换价值中体现的，不能将二者单独分析。不同于马克思观点的是，鲍德里亚认为使用价值同样是抽象的，“就如同商品的抽象等同一样，使用价值也是一种抽象。它是需求体系的抽象，掩盖在商品和产品所拥有的具体目的及其内在特性这一虚假外表之下”①。鲍德里亚的使用价值并没有体现出质或量的规定性，它只有在预设了一种使用价值的目的性时才成立。在这里使用价值没有摆脱政治经济学的领域，由于交换价值对于使用价值具有逻辑先在性，所以使用价值最终还是为交换价值服务。

（二）对生产内容的审视视阈不同

关于生产内容，马克思与鲍德里亚的审视视阈不同，一个较宽，另一个较窄。

1. 马克思：全面的宽广视阈

马克思在分析生产理论时的研究视阈较为宽广，其生产内容包括物质资料、人口、精神和社会关系四个方面的生产。物质资料的生产和人口的生产是人类得以生存和传承的基础。精神生产是指思想意识的生产，精神的生产和物质资料的生产彼此贯通。精神生产先于物质资料生产发生，并且贯穿整个物质生产过程，物质生产过程就是将精神生产的结果转化为实际的过程。人们在进行物质资料和人口生产的同时，还生产着各种“关系”，即社会关系。社会关系生产是物质资料生产、人口生产与精神生产的中介，四者相互作用、相互联系，共同构成了生产的内容。

2. 鲍德里亚：片面的狭窄视阈

鲍德里亚生产理论研究视阈较为狭窄，仅聚焦于符号生产。鲍德里亚指出：“在原始社会，既不存在生产方式，同样没有辩证法和无意识。这些概念只能分析我们这个社会，只有这个社会被政治经济学所统治。因此，这些概念只有一种飞来器的价值。”② 如此看来，鲍德里亚否定了生产

① 鲍德里亚．符号政治经济学批判［M］．夏莹，译．南京：南京大学出版社，2009：125.

② 鲍德里亚．生产之镜［M］．仰海峰，译．北京：中央编译出版社，2005：序言3.

和生产方式的存在。在他看来，媒介在主导现代社会，媒介的运行依赖的是符号而不是物质生产。鲍德里亚所说的消费社会中进行的生产是一种“消费型生产”，即生产的不是物质，而是符号。商品不仅是一种物品，而且是一种可以传达某种意义的符号。当人们消费时，他们看中的已成为商品所蕴含的符号价值。因此，社会中的生产受到了消费的影响，由使用价值的生产转变成了符号的生产，生产是为了满足人们对符号价值的追求。

（三）分析方法不同

1. 马克思：定量分析与宏微观分析相结合

在经济学领域，马克思的生产理论以定性分析为基础，也进行了一定的定量分析，如利润率、剩余价值率、利息率以及在社会再生产、扩大再生产等方面涉及了许多计算公式。此外，马克思主义的经济学充分运用了唯物辩证法，在宏观与微观的有机联系中对资本主义的生产与再生产进行了深入研究。在《资本论》第一卷中，马克思首先对单个企业的商品和货币问题进行了分析；其次揭示了剩余价值的生产才是资本主义社会生产的本质；最后揭示了资本的来源问题，通过研究剩余价值如何转化为资本进一步阐明了资本主义生产过程的实质，以及资本主义必然走向灭亡的客观规律。由此可见，马克思对生产的研究是在定量分析与宏观分析相结合的基础上进行的。

2. 鲍德里亚：心理学方法与符号学方法相结合

鲍德里亚在建立自己的生产理论之前，首先，借用了拉康《镜像理论》中的心理学方法，即婴儿的自我认知过程来批判马克思的生产理论，认为其生产理论不过是对资本主义社会的一种镜像呈现，从而走上了反对马克思主义的道路。其次，鲍德里亚在解读现代消费社会中的消费者行为时，多次使用了“需要、要求、欲望”这三个在拉康欲望理论中占据重要地位的核心概念，用来分析消费者的消费心理。最后，在鲍德里亚的消费社会中，那些引诱人们消费的品牌、德波所讲的炫耀式的景观表象都被鲍德里亚抽象成了一种符号编码，正是这些符号在操纵和制造现代社会的消费行为。在鲍德里亚的学术生涯中，符号学分析始终是其一以贯之的方法论。在《一般理论的讨论》中，鲍德里亚也提到了一些用于定量分析的公式，但这种数学方法仅用在了对各种价值的讨论中，并没有马克思的理论应用范围广。

四、两种生产理论产生差异的原因探析

根据前文对马克思和鲍德里亚不同生产理论内容的分析，本文发现二者在核心术语的内涵、对生产内容的审视视阈以及研究方法三个方面存在较大差异。产生差异的原因主要来源于以下几个方面。

（一）时代背景不同

1. 马克思：自由竞争资本主义时期

14 世纪末期，资本主义的生产关系开始在欧洲大陆出现，并且凭借自身强大的活力，有力地撼动了封建社会固有的生产方式。地理大发现以及封建社会的逐步解体，加上海外市场的不断扩大，使社会生产力取得迅速发展。随着 18 世纪中后叶第一次工业革命的蓬勃兴起，蒸汽机和新型生产工具被广泛使用，整个社会的生产一跃发展成为社会化的大生产。处于资本主义生产关系下的社会化大生产使得社会中的各个生产部门彼此之间的联系愈加密切，社会分工愈加细化，生产效率不断提高。这种分工导致了人的劳动与自身需要的分离，从而将社会上的生产者划分为从事不同职业的劳动者。社会分工还使得人们可以从事自己最擅长的劳动，人尽其用，极大地促进了社会生产效率的提高，而且分工越发达，社会生产能力越高，越能促进社会财富的增加。随着社会大分工的深入发展，交换随之出现。社会产品被不同的所有者持有，为了得到自己需要的物品，不同的产品所有者便开始通过交换来满足自己的需要。商品交换的发展又不断促进社会分工的深入发展，如同一根看不见的丝线，将不同领域的生产者、不同的生产部门、不同的生产类型紧密联结在一起。分工和交换把社会的不同组成部分构建成为一个全面的生产系统。对时代发展的深刻洞察与把握是马克思全面生产理论的重要基础，马克思根据自己对资本主义社会各种经济运行现象的深刻洞察与思考，展开对资本主义社会的批判，形成了全面生产理论。

2. 鲍德里亚：垄断资本主义时期

鲍德里亚所生活的年代，正是 1929 年以来资本主义世界经济危机爆发的时期。鲍德里亚的生产理论产生于 20 世纪 70 年代，历经两次世界大战后的法国在政治、经济、军事等方面都遭受了重创，此时的法国紧紧抓住

第三次科技革命的契机来恢复自己。二战以后，资本主义社会蓬勃发展，两次工业革命将人类带入电气时代与信息时代。人类提高利润的手段不再是提高生产，而是刺激消费，消费成为社会经济发展的主要动力。而且，在鲍德里亚所处的发达资本主义社会中，社会上不只有资产阶级和工人阶级，还存在着中产阶级。新旧观念不断冲突引发了新的社会矛盾，1968 年一场反对垄断资本主义的政治运动——“五月风暴”席卷全法国，教育制度、官僚等级制度的异化，消费社会和压抑人性的工业文明等，都激起了人们的激烈反抗。随着消费社会的出现，法国的传统社会阶层开始发生变化，庞大的中产阶级群体随之出现。流水线形式的生产导致了生产相对过剩，人们更多关注商品代表的符号价值、文化精神，消费观念趋于多元化。正如我们选购衣服，不再单纯注重保暖，还会考虑品牌。基于以上种种因素，鲍德里亚认为马克思的生产理论对于当前的消费社会来说已失去了批判意义。在消费社会里，生产已经失去了对消费的决定作用；相反，消费成为社会的主导力量，人们借此建立各种社会关系，借助符号来显示自己的地位。因此，鲍德里亚抛开了全面生产理论，开始探索自己的符号生产理论。

（二）理论渊源不同

1. 马克思：黑格尔、费尔巴哈以及古典政治经济学生产思想

（1）黑格尔与费尔巴哈的生产理论

黑格尔和费尔巴哈的生产理论为马克思的全面生产理论奠定了基础。例如，在黑格尔的影响下，马克思提出了异化劳动的思想。黑格尔提出了“精神生产”的概念，他将宗教、艺术、科学等的创造统称为“精神生产”。他还指出，精神生产在本质上而言，是社会实践发展过程中的一种特殊表现形式。黑格尔在《精神现象学》一书中阐述了所谓的“人口生产”，核心要义是指对人的自身能力的一种生产；黑格尔还指出，社会关系的生产是人们长期以来不断进行社会活动的产物。费尔巴哈也对马克思的全面生产理论产生了重要影响。在物质生产方面，费尔巴哈揭示出物质生产是人类特有的本能；人与动物的本质区别在于人是作为一种类存在物存在的。费尔巴哈也探究了精神生产，他认为，精神生产的主体并非黑格尔所标榜的抽象的绝对精神，而是“现实的人”，通过对精神生产的研究也折射出了费尔巴哈对人口生产的部分理解。

（2）资产阶级古典政治经济学的生产思想

此外，马克思还对资产阶级古典政治经济学家关于生产的思想进行了总结，以此来充实自己的认知。在对社会关系生产的研究中，资产阶级古典政治经济学家将资本主义的生产关系看作不被人干预的、天然的、永恒的客观存在；在人口的生产方面，他们仅将财富的生产作为衡量人口生产的唯一指标；在精神生产方面，亚当·斯密认为精神生产的产品无法保存和进行交换。虽然资产阶级古典政治经济学家的生产思想有着显而易见的局限性，但其对马克思生产理论的确立和发展仍有重要的作用，正是马克思对这些思想的精准把握，才使得全面生产理论具有独特的科学性和理论性。马克思通过批判性地吸收前人思想理论的有用成果，结合对资本主义社会现状的观察和分析，形成了自己的全面生产理论。

2. 鲍德里亚：马克思政治经济学、符号学思想等

（1）马克思政治经济学

首先，马克思论述了他的“异化”概念。他认为，在资本主义社会中，存在着人与人、人与阶级以及阶级与阶级之间的异化，异化现象已渗透资本主义的各个领域。此外，马克思的异化劳动理论指出，私有制是产生异化劳动的原因。经济异化又产生了商品拜物教，逐渐影响人们的生活观念。其次，马克思在《资本论》中完善了对劳动二重性的阐述，提出了著名的“劳动价值学说”和“剩余价值学说”，并揭示了资本主义社会的根本矛盾。正是对马克思劳动二重性的分析，引发了鲍德里亚的思考。他认为随着社会生产力的发展，人们不再只考虑如何维持生存，资本家转而考虑人们想要消费什么，从而决定要生产什么。另外，在马克思看来，生产在社会中虽占主导地位，但也要重视消费的地位，生产决定消费，而消费也决定生产。由于鲍德里亚处于与马克思截然不同的时代，因此产生了与马克思不同的理论。

（2）马尔库塞的消费异化理论

马尔库塞认为，人们越发增长的消费欲望使劳动者积极投入生产过程中。在生产领域中还存在消费品的异化。马尔库塞区分了两种不同的需求：一是真实的需求，即无条件满足一切与人的生命相关的需求；二是虚假的需求，即人们整天为了虚妄的幸福而奔波忙碌，使自己丧失于公共舆论之中。受此影响，鲍德里亚认为，当前社会人们的生产不再是为了满足

生存需要，而是为了迎合人们对不同消费的追求。在当今资本主义社会，人们的消费更注重彰显自己的身份地位，符号的消费成为人们满足感的来源。鲍德里亚以此为基础，结合自身所处的社会背景，展开了自己的理论研究。

（3）索绪尔、罗兰·巴特的符号学思想

符号学的研究方法对鲍德里亚关于当前消费社会的分析产生了尤为重要的影响。现代符号学的创始人是索绪尔，但鲍德里亚的思想主要受到巴特的影响。巴特的《神话学》《流行体系》等著作对鲍德里亚也有重要影响。鲍德里亚也说过他与巴特觉得十分亲近，在许多事情上有相似的看法。巴特的符号学主要运用于对社会的研究，因此具有一定的社会学意义。由此，鲍德里亚拓展了巴特符号学的研究范围，将他所研究的对象符号化。随着社会的不断发展，符号开始入侵人们的生活，将一切事物打上了符号编码的烙印，社会的生产也转向了对符号的生产，符号成为社会运行的基础，符号学在鲍德里亚的理论中一以贯之。

（4）德波的景观社会理论

德波的景观社会理论也深刻地影响了鲍德里亚的思考。在他所描述的社会中，景观是商品实现对社会生活整体支配的阶段，在被生产支配的社会中，所有的生命都成为景观。他的景观社会不同于马克思的商品社会，在景观社会中，物被分解为现实和图像，图像是商品最高形式的物化，人们的消费成了虚幻消费。德波认为，此时人们不再追求使用价值，而是只追求景观和符号，从而资本主义操纵和控制了人们的日常生活。德波的分析虽没有真正进入符号学领域，但给了鲍德里亚进一步的发展空间，在《物体系》一书中鲍德里亚将对物的基本功能的关注转移到了物的符号价值上。

五、比较分析两种生产理论的现实意义

（一）重视物质生产，夯实经济发展的基础

前文在分析马克思生产理论的内容时提到，如果人们想要维持自己的生存，就要先进行物质资料的生产，以满足人类正常的对食物、服装、住房和交通的需求，因此社会生产力发展水平对一国的经济和社会发展尤为重要。当然，在经济建设中要注意避免唯生产论的倾向，把社会的进步仅

仅理解成经济上的发展，盲目地追求经济发展。大力发展生产力是社会主义本质的要求，是解决社会主义初级阶段主要社会矛盾的需要，是实现共同富裕最终实现共产主义的重要前提。

（二）重视人口生产，提高人口质量

人口的生产既包括“生”，也包括“养”。马克思的全面生产理论给我们的启示是，人口的生产要坚持“优生”“优育”，因为物质资料的生产和人口的生产共同组成了社会发展的基础。在这个老龄化越发严重的时代，我们国家相继开放了二胎、三胎政策来扩充劳动力，改善老龄化局面。我们不光要重视人口的数量，更要重视人口的质量。在很多地区，人口的数量提高了，质量却没有显著提高，这与人们对人口生产的错误理解是分不开的。人口的数量决定了社会的规模，人口的质量是社会发展的关键。只有在满足人口数量增长的同时注重对人才的培养，我们的社会才能均衡协调地发展。

（三）重视精神生产，加强创新与精神文明建设

改革开放之初，党中央就提出要在建设高水平物质文明的同时，建设高水平的社会主义精神文明。在我国社会主义条件下，精神生产要服务于发展生产力，服务于社会的精神文明建设；精神生产不仅要生产出更加崇高的思想道德观念，还要生产出新思维、新技术理念。当前我国的社会主义建设，既需要大力发展创新、增强科研实力，还要将科研成果转化为生产力，促进我国经济的发展。党的十九届五中全会提出坚持创新的核心地位。另外，还要加强精神文明建设，提高公民素质，建设文明和谐的新社会。无论是创新还是精神文明建设，都充分体现了精神生产在当下我国社会发展中的重要性。

（四）关注社会主要矛盾变化，保持正确消费观

党的十九大指出，我国社会当前的主要矛盾已经发生转变。社会主要矛盾的转变，究其实质而言，仍然是社会生产无法满足人民日益增长的美好生活需要。目前，人们的消费观念发生了很大变化。人们在注重商品使用价值的同时，更注重商品背后的符号价值。现代社会各种商品琳琅满目，还出现了高薪中产阶级，如金领、白领等不同消费水平的人群。人们开始用大牌产品来彰显自己的社会地位，认为品牌与身份挂钩，而不关注

这些品牌的真正成本。凡勃伦的炫耀性消费景象正在上演，各种不良的消费观念越来越充斥人们的生活。因此，建立科学的消费观念势在必行，我们要积极接受鲍德里亚的合理思想，切实提高人们的生活质量，更好地推动经济向好发展。

参考文献

[1] 俞吾金．作为全面生产理论的马克思哲学［J］．哲学研究，2003（8）．

[2] 张晓鹏．浅析马克思的生产理论［J］．兰州学刊，2007（4）．

[3] 崔东顺．马克思再生产理论对宏观经济总量平衡的启示［J］．税务与经济，2015（5）．

[4] 孔晓．马克思全面生产理论研究［D］．西安：陕西科技大学，2018.

[5] 余伟如．资本的惯性运转及其批判：马克思生产与再生产理论的当代解析［J/OL］．河北经贸大学学报．https：//doi.org/10.14178/j.cnki.issn1007-2101.20210618.002.

[6] 张伟娟．鲍德里亚符号消费理论研究［D］．长春：吉林大学，2011.

[7] 陈宇宙．从马克思到鲍德里亚：生产与消费关系理论的后现代变迁［J］．武汉理工大学学报（社会科学版），2012，25（6）．

[8] 李清茹．鲍德里亚“生产之镜”思想述评［D］．沈阳：辽宁大学，2014.

[9] 马心竹．简析鲍德里亚《生产之镜》中的生产理论［D］．沈阳：辽宁大学，2017.

[10] 孟庆艳．马克思与鲍德里亚：两种不同的生产逻辑［J］．社会科学战线，2008（5）．

[11] 白刚，张荣艳．马克思的“生产辩证法”：评鲍德里亚的《生产之镜》［J］．学习与实践，2014（11）．

[12] 徐海红．马克思的劳动概念：反自然还是亲自然：鲍德里亚《生产之镜》的批判性解读［J］．当代世界与社会主义，2015（1）．

［13］马克思，恩格斯．马克思恩格斯选集：第 3 卷［M］. 北京：人民出版社，1956.

［14］马克思，恩格斯．马克思恩格斯全集：第 42 卷［M］. 北京：人民出版社，1956.

［15］马克思，恩格斯．马克思恩格斯全集：第 30 卷［M］. 北京：人民出版社，1995.

［16］马克思，恩格斯．马克思恩格斯全集：第 42 卷［M］. 北京：人民出版社，2016.

［17］鲍德里亚．符号政治经济学批判［M］. 夏莹，译．南京：南京大学出版社，2009.

［18］马克思．政治经济学批判［M］. 北京：人民出版社，1961.

［19］鲍德里亚．生产之镜［M］. 仰海峰，译．北京：中央编译出版社，2005.

马克思与古典政治经济学收入分配理论的比较分析

赵麦茹　刘　鑫[①]

收入分配理论是经济学中的重要组成部分。古典政治经济学对收入分配理论做了系统的论述，斯密是其理论的集大成者，经由李嘉图完善并形成了成熟的收入分配理论。马克思主义政治经济学也对收入分配理论做了重点研究，在批判地继承古典政治经济学理论的基础上形成了系统的马克思主义收入分配理论。这两个学派的理论在各方面都存在着异同，在分析其理论基础之上探究二者在收入分配理论上的异同和原因，对我们当代收入分配理论的发展和实践有着重要的现实意义。

一、引言

自我国从计划经济逐渐发展到市场经济以来，按劳分配便是我国学者在收入分配领域研究的重点内容。1978 年，党的十一届三中全会后，我国就按劳分配进行了 6 次研讨，最后诞生了社会主义按劳分配原则。不少关于按劳分配理论的著作也在此过程中产生，如《马克思按劳分配学说形成初探》（黄范章，1979）、《马克思按劳分配理论及其在当代中国的发展》（李楠，2003）。随着社会经济发展和经济结构变化，当今社会的生产要素不仅包括土地、资本、劳动，还包括企业家才能、信息数据、技术等，而这些生产要素均参与生产和收入分配过程，随之而来的收入不公平问题也越来越严重。因此，在新形势下，我国学者对马克思主义政治经济学中的

---

① 赵麦茹（1975—　），女，汉族，陕西临潼人，西北大学经济管理学院副教授、经济学博士、博士生导师，研究方向为政治经济学；刘鑫（1996—　），女，汉族，陕西西安人，西北大学经济管理学院 2019 级硕士研究生，研究方向为政治经济学。

按劳分配理论从不同方面进行了新的解读，主要集中分析了我国收入分配差距和按劳分配与按生产要素分配的关系。比如，通过对马克思收入分配理论的“源”和“流”的范式分析，解释我国当前收入分配不公的现象，以及从马克思的经济分析方法范式解释按劳分配和按生产要素分配，分析二者的关系。还有学者强调按需分配，认为我国收入分配差距逐渐拉大的根本原因是，马克思主义中的按劳分配在我国的有效实现形式存在缺陷。

亚当·斯密的《国富论》最早由严复翻译成中文，我国学者对斯密的经济思想研究最多的是分工理论、分配理论以及劳动价值论。潘志强、陈银娥对斯密的劳动价值论的二重性作了详述，分析了其产生的社会历史原因及方法论的局限性，指出阶级立场在研究经济问题中的重要性。贾利军、张葛佐男认为，分配问题是一个社会性的契约问题，不能用自然科学的方法研究，而斯密试图用自然科学的方法解释三个阶级参与分配的过程，并且未区分自然科学和社会科学两种研究方法。李嘉图的收入分配理论所做出的重要贡献是，将三种要素和三种收入进行了归位，指出利润和工资之间此消彼长的关系，以及利润对经济增长的重要作用。但基于马克思《1861—1863年经济学手稿》，张开、张晨认为斯密的方法论具有“生理学方法”和“外在观察法”的二重性，而这又被李嘉图继承，一方面揭示资本主义社会的经济结构和矛盾，另一方面为资产阶级辩护，最终导致李嘉图学派解体。

刘文超基于批判实在论的视角，认为西方经济学的分配理论与马克思主义分配理论的对立，本质是对世界是由仅有经验现象构成的单一层级还是由本质和现象构成的层级结构所持观点存在差异。刘万明认为，马克思继承了古典学派剩余和宏观总量的分析方法，但作为宏观总体变量的剩余价值该如何分配，古典政治经济学并未给出分析，而只有从生产关系的角度、从总量的分配变量去解释分配问题才能触碰到其实质，因此从马克思理论的实践性去分析收入分配尤为重要。

二、马克思与古典政治经济学收入分配理论的主要内容

（一）马克思收入分配理论的主要内容

马克思继承并发展了古典政治经济学的劳动价值论，基于唯物史观和阶级分析法建立了科学的劳动价值论，并在此基础上建立了剩余价值理

论。通过以上理论，马克思分析了资本主义收入分配方式，揭示了资本主义生产方式的内在矛盾和资本家对工人的剥削本质，论证了资本主义贫富差距的根源，并对未来社会的分配方式做了设想。

1. 马克思收入分配理论的理论基础：科学劳动价值论

科学劳动价值论是马克思收入分配理论的理论基础。斯密的价值理论是二重性的，马克思的劳动价值论沿袭了李嘉图贯彻的斯密的劳动价值论路线，建立了科学劳动价值论，继承了斯密三种价值决定中的第一条即“生产中耗费的劳动决定价值”。因此，马克思的劳动价值论是一元价值论，在此基础上马克思提出剩余价值理论。

在价值创造方面，马克思指出劳动创造价值，并提出了劳动的二重性，将劳动分为抽象劳动和具体劳动，指出价值是由抽象劳动创造的，区分了价值和使用价值以及交换价值的内涵和关系。在生产过程中的活劳动通过使用劳动工具改造劳动资料创造了新价值，而劳动资料在生产过程中未发生价值增值，只是将自身的价值转移到新产品中，即价值转移。在价值分配方面，马克思将活劳动新创造的价值分为工资和利润两个部分，即 v 和 m，工资是劳动力的收入，利润是资本的收入，而后者正是劳动力的剩余劳动创造的剩余价值。

2. 马克思收入分配的内涵

（1）价值的来源与分配

马克思主义政治经济学的收入分配理论主要研究的是社会总产品在工资和利润之间的分配。他将社会总产品分为不变资本（c）、可变资本（v）和剩余价值（m）三个部分，这一点和古典政治经济学将商品价值分为 v 和 m 不同，马克思将不变资本考虑在内，研究 v 和 m 之间的分配。马克思将价值分为转移的旧价值，以及创造的新价值，新价值不仅包括可变资本部分还包括剩余价值部分。不变资本是生产资料在生产过程中转移的旧价值，可变资本是劳动力通过生产劳动产品所得到的等于其自身价值的新价值，剩余价值是劳动力通过剩余劳动所产生的大于其自身价值的新价值。马克思认为劳动力通过劳动改造生产资料所得到的收入是工资，资本家通过占有工人的剩余劳动创造的剩余价值得到的收入是利润。劳动力只能通过与资本家在劳动市场上交易并为资本家劳动，获得等于自身价值的工资，这个工资是维持其自身生存、学习训练及其家庭生存的工资，而新创造的价值都被资本家占有，并且资本家为了获得更多的利润会不断地占有更多的剩余劳动。因此，马克思的分配主要是研究劳动力收入（工资）与剩余价值（利润）的分配。

在工资的分配上，马克思首先指出工资是劳动力的价格或价值。劳动力的价值就是维持劳动力拥有者必要的生活资料的价值，它由以下几项构成：①维持劳动者本人所需的生活资料的价值；②维持劳动者家庭所需的生活资料的价值；③为使劳动力获得一定的技能所需的教育和训练的费用。因此，劳动力的收入限度是仅维持其自身及家庭的生存及发展。在利润与工资的分配问题上，劳动力的供给与需求影响产业后备军的多少，而产业后备军的数量又影响工人与资本家在雇佣开始前达成工资契约的成本，劳资双方的契约则影响着工资与利润之间的分配问题。当劳动力作为商品在劳动力市场上成交以后，工人所能得到的收入绝对量就已经确定了，而剩余劳动量的大小在决定资本家从总产品中获取的分配数量的同时，也决定了工人和资本家在总产品中分配的相对份额。资本家为了获取更多的剩余价值会扩大再生产，或者提高生产技术延长剩余劳动时间，这会导致“机器替人”的现象和雇佣工人的数量相对地减少，出现相对人口过剩，这最终会导致一个矛盾：一方面是财富的积累，另一方面是贫困的积累。

马克思将价值理论与资本主义生产联系起来，在劳动价值论的基础上创立了剩余价值理论，剩余价值的分配是马克思主义经济学收入分配的重点讨论内容。首先，剩余价值的分配具有剥削性。劳动力通过劳动创造出劳动力价值从而得到工资以维持自身及家庭生活的需要，大于自身价值的剩余价值（利润）则被资本家所无偿占有，其中一部分剩余价值被用来购买新的劳动力和劳动资料以获得更多的剩余价值。在私有制社会中，劳动力处于从属地位，资本家剥夺了劳动力获取剩余价值的权利而无偿地占有它，这体现了剩余价值分配的剥削性。其次，剩余价值分配的原则是等量资本获取等量利润。剩余价值作为资本家的收入不会由某一个资本家独有，而是在资本家之间进行分配，当不同资本家等量资本获取的利润却不相等时会引发资本家之间的竞争，各部门的竞争会形成平均利润率，因此资本家按照自己的资本量获取平均利润。最后，剩余价值主要在产业资本、商业资本和借贷资本之间进行分配。资本作为可以产生剩余价值的价值，按其社会职能可分为产业资本、商业资本和借贷资本。商业资本和借贷资本从产业资本中独立出来，和产业资本一起共同参与剩余价值的分配。产业资本可以在生产的过程中创造剩余价值并在流通的过程中实现剩余价值；商业资本用来买卖商品和作为流通费用，它使货币资本和商品资本互相转化；借贷资本来源于闲置的产业资本和商业资本，它主要用来获取利息。

地租作为土地所有者的收入，也是马克思讨论的重点内容。马克思认为，地租是土地雇佣工人创造出的剩余价值，土地所有者将其所拥有的土地租给工人劳作，工人将农业劳动创造出的超额利润当作地租交给土地所有者。因此，马克思揭示了地租的真正来源，即农业劳动力的剩余价值。马克思将地租分为级差地租和绝对地租进行讨论。由于不同土地的生产力和生产条件不同，以及土地经营权的垄断，农产品的社会生产价格由劣等土地的生产条件决定，中等及优等土地的个别生产价格则会低于社会生产价格，由此产生大于平均利润的超额利润，这部分就是级差地租。绝对地租是由于土地所有权垄断的存在而产生的地租。在资本主义社会，由于土地所有权的存在，哪怕是在最劣等的土地上要获取土地经营权，土地经营者都必须将他所获取的剩余价值的一部分支付给土地所有者，这一部分就是绝对地租。农业雇佣工人在土地上创造的价值于雇佣工人、土地经营者和土地所有者之间进行分配。农业雇佣工人获得等于其劳动力自身价值的工资，工资之外的剩余价值被土地经营者与土地所有者所瓜分。

（2）收入分配关系：资本家对工人的剥削

根据马克思主义政治经济学，在生产、分配、交换和消费四个环节中生产决定分配，分配反作用于生产，而生产力又决定着生产关系。马克思指出：“所谓分配关系，是同生产过程的历史规定的特殊社会形式，以及人们在他们生活的再生产过程中互相所处的关系相适应的，并且是由这些形式和关系产生的。这种分配关系的历史性质就是生产关系的历史性质，分配关系的历史性质就是生产关系的历史性质，分配关系不过表示生产关系的一个方面。”① 因此要研究分配理论，我们首先要分析生产力对分配关系的影响，这是马克思研究收入分配理论的出发点和核心，这一点与李嘉图把重点放在分配上不同。

生产力水平越高，可供全社会成员分配的产品就越多；同时，生产结

① 马克思．资本论：第3卷［M］．北京：人民出版社，2004：999-1000.

构即劳动与资本的投入比例也会影响资本家与工人之间的利润与工资的分配。马克思指出，“在分配是产品的分配之前，它是（1）生产工具的分配，（2）社会成员在各类生产之间的分配（个人从属于一定的生产关系）——这是上述同一关系的进一步规定。这种分配包含在生产过程本身中并且决定生产的结构，产品的分配显然只是这种分配的结果。……有了这种本来构成生产的一个要素的分配，产品的分配自然也就确定了”。[①] 从这段话中可以看出，马克思认为分配首先是生产资料的分配，其次是消费资料的分配，并且生产关系决定分配关系。不同阶级之间的生产资料占有关系决定了社会产品在各个阶级之间的分配，物品分配的背后是人与人之间社会关系的体现。马克思认为，在资本主义社会的生产关系中资本家拥有大部分资本，而工人“一无所有”，于是工人只能靠出卖劳动获得仅维持自身生活和工作的收入，资本家通过不断剥削工人来榨取工人的剩余价值获得超额利润，因此在资本主义社会中由于这种生产资料占有的不平等决定了分配的不平等，而不平等的分配关系进一步强化了这种不平等的占有关系及阶级关系。马克思指出，这种剥削存在的根本原因是私有制的存在，在分析收入分配问题时，他尤其重视财产所有权制度的影响。由于私有制的存在，资本家和工人分别获取工资和利润，这揭示了资本家对工人的剥削，也表明了资本家与工人之间的分配关系。基于以上分析，马克思指出资本主义收入分配的结果，即资本主义生产方式中不平等的生产资料占有会使资本家为了获取剩余价值不断剥削工人，从而加深了越来越富有的资本家和越来越贫困的无产阶级工人之间的矛盾。

（3）未来社会分配：消灭剥削的按需分配

通过分析资本主义社会的生产关系和分配方式，马克思对未来社会分配原则作出了设想。马克思认为在资本主义的私有制被公有制取代后，社会逐渐发展到共产主义，但共产主义分为两个阶段，第一个阶段是物质、精神、制度等发展不完全的低级阶段，即社会主义阶段；第二个阶段则是物质、精神等方面高度发展的共产主义阶段。在消灭了私有制的社会主义公有制基础上，社会实行等量劳动领取等量产品的按劳分配原则；在达到共产主义后，社会物质产品极大丰富，实行按需分配的原则，社会的生产资料为整个社会成员所共有，且平等享用社会劳动条件以及共同占有劳动

① 马克思，恩格斯．马克思恩格斯选集：第3卷［M］．北京：人民出版社，1972：11-13.

成果，但这种分配也是在做了各种必要的扣除以后的按需分配。

（二）古典政治经济学收入分配理论的主要内容

古典政治经济学的收入分配理论是建立在劳动价值论的基础上的，因此要分析古典政治经济学的收入分配理论，我们首先要了解其劳动价值论的发展内容，其发展过程中的主要代表经济学家有亚当·斯密和李嘉图。

1. 古典政治经济学收入分配理论的理论基础：不断成熟的劳动价值论

劳动价值论既是古典政治经济学收入分配理论的基础，也是科学劳动价值论的理论来源，因此要分析古典政治经济学的收入分配理论我们首先要了解其劳动价值论的发展内容，其发展主要由经济学家亚当·斯密提出，之后由李嘉图完善。

古典政治经济学家配第是第一个将商品价值的源泉归于劳动的经济学家，他提出了劳动决定价值的观点，但配第只是将开采金银的劳动视为价值的源泉，认为其他劳动并不创造价值。亚当·斯密突破配第在价值创造方面的缺陷，并克服重农主义及重商主义的错误，提出一切劳动都创造价值，并认为"劳动是衡量一切商品交换价值的真实尺度"而不是交换价值。除此之外，斯密还明确区分了使用价值和交换价值。但斯密的价值理论具有二重性，他有三种关于价值创造的观点。在资本积累与土地私有权出现以前，一方面，他认为生产中所耗费的劳动决定价值；另一方面，他认为交换中所购买的劳动决定价值，因为当社会分工和交换出现以后，一个人所需要的物品很多来自交换的产品，这些产品是他人劳动获得的，那么这些物品的价值就是他所交换购买的劳动。在资本积累和土地私有权出现以后，劳动产品有一部分属于土地所有者和资本家，这时"工资、利润和地租，是一切收入的三个原始源泉，也是一切交换价值的三个原始源泉"①。马克思把斯密这种将价值分为工资、利润和地租，而这三者反过来决定价值的理论称为"斯密教条"，它的本质其实是收入价值论。

李嘉图在批判地继承斯密的理论基础之上建立了成熟的劳动价值论，明确了斯密混淆的一些概念，形成了古典政治经济学中较为系统的劳动价值论，为马克思科学的劳动价值论奠定了基础。李嘉图承认了斯密关于劳动是价值源泉的看法，同时他还指出了商品价值量和劳动生产率的反比关

① 马克思，恩格斯．马克思恩格斯全集：第26卷［M］．北京：人民出版社，1972.

系。李嘉图肯定了斯密关于使用价值和交换价值的区分，但他认为斯密只从概念上看到了两者之间的区别而没有看到二者之间的联系，李嘉图在斯密的基础上更加明确地指出了使用价值和交换价值的区别与联系。李嘉图批判了斯密价值理论的二重性，批判了斯密三种收入构成商品价值的观点，他认为斯密混淆了价值决定与价值分配，以及生产中耗费的劳动和交换购买到的劳动。但李嘉图的劳动价值论也有不足之处，他对劳动二重性没有正确的认识，他将必要劳动时间依然看作和农业社会一样的在最坏的条件下生产所花费的劳动，也未正确区分价值与生产价格。

2. 古典政治经济学收入分配理论的主要内容

（1）工资、利润与地租的来源与分配

古典政治经济学的收入分配理论建立在斯密的劳动价值论基础之上，斯密初步对收入分配做了简单的分析，李嘉图在斯密的理论基础上对古典政治经济学收入分配理论进行了完善，使之成为成熟的收入分配理论。

根据价值理论中工资、利润和地租是一切收入的源泉，斯密将基本收入分为工资、利润和地租。斯密正确认识了工资的性质和来源，他认为当土地变为私有财产时地主就会要求得到一部分劳动产品，这时“地租是从耕种土地的劳动者所得中的第一次扣除”；而劳动者的生活费用需要资本所有人支付，那么资本家也会要求得到劳动产品的一部分，这时利润就“是从耕种土地的劳动者所得中的第二次扣除”①，因此工资只是劳动所获得产品中的一部分。斯密认为利润是伴随着资本的产生而产生的，是劳动者所得到的通过劳动创造出的价值中的一部分，因此我们可以看出斯密已经将利润看作剩余价值，并且认为利润是历史的范畴。但他还写道，“无论在什么社会，商品价格归根到底都分解成为那三个组成部分或其中之一”，因此斯密虽然认识到了劳动的剩余价值，但他还认为利润是商品价格的一部分，这就掩盖了利润的本质，在社会再生产问题中将社会总产品分为 $v+m$ 而忽略了其中的不变资本 c，他没有看到劳动资料转移的并不是创造的那部分旧价值。

李嘉图在批判地发展斯密劳动价值论的基础上，完善了古典政治经济学的收入分配理论，主要包括最低工资理论、利润理论以及地租理论。李

---

① 徐则荣，丁冰．亚当·斯密与马克思经济学理论体系的比较［J］．经济纵横，2012（1）：21-25.

嘉图将商品的价值分为劳动者的工资和资本的利润，在收入的划分上继承了斯密的观点，即将收入分为工资、利润和地租。在最低工资理论中，李嘉图将工资视为“劳动的价格”，并将其分为“自然价格”和“市场价格”。李嘉图认为“劳动的自然价格取决于劳动者维持其自身与其家庭所需的食物、必需品和享用品的价格”①，也就是说，工资是维持劳动者自身及其家庭生存所需的最低价格，即“生存工资”。在利润理论中，李嘉图将利润看作商品价值的一部分，因此他同斯密一样也将利润看作剩余劳动创造的剩余价值。但他也剔除掉了劳动资料在生产过程中转移的旧价值，即不变资本 c，将社会产品的价值看作 $v+m$。李嘉图还重点关注利润率的变化对收入分配以至于对经济的影响，并通过分析得出利润率的自然趋势和利润在收入分配中的相对份额是下降的，同时论证了利润率的下降趋势和利润与工资、地租的对立。在地租理论中，李嘉图明确了地租的性质，即“地租是为使用土地原有的不可摧毁的生产力而付给地主的那一部分土地产品”。关于地租的产生，斯密意识到地租是由于土地私有权的垄断而产生的，它其实是一种垄断价格。而李嘉图认为地租是土地相对肥沃的结果，由此引申出关于级差地租的深入研究。他认为等量资本投入到不同肥沃程度的土地上得到的产量不同，这种不同肥沃程度在土地产量上的差额就导致了地租的形成。但李嘉图的地租理论也存在缺陷，他研究的仅仅是资本主义中的级差地租，而否认存在绝对地租。

古典政治经济学还重视制度在收入分配中的影响，其认为收入的分配是以所有权制度为基础的。工人由于劳动力所有权得到工资，资本家由于资本所有权得到利润，地主由于土地所有权得到地租，而制度因素影响着工资和利润到底能够得到多少。他们虽然看到了利润来源于劳动的剩余价值，但他们承认私有产权存在和私有制的合理性，因此社会产品在不同阶级之间的不均等分配是必然的。

（2）收入分配关系：三大阶层基于阶层划分的分配

古典政治经济学家是第一次将社会分为工人、资本家和地主三大阶级结构的，与三大基本阶级相适应的有三种收入形式，工人得到工资、资本家得到利润、地主得到地租。斯密按照三大收入形式将社会分为工人、资本家和地主三大阶级，并认为社会的收入分配是按照这个阶级划分来分配

① 邹东红．古典、新古典收入分配理论比较［J］．价格月刊，2008（11）：84-86.

的。李嘉图将地租抽象掉了，主要研究工资与利润的分配，他同斯密一样也将社会分为这三大阶级并且各个阶级得到应有的收入。因此，古典政治经济学家认为阶级结构决定了生产资料的占有方式，而这又决定了收入的分配。同时，他们又认为这种阶级结构是社会本来就有的，因而收入在三个阶级之间分配是理所当然的。由此我们可以看出，古典政治经济学家并未触碰到这种分配方式的本质，他们认为这种生产资料占有方式是社会原有的，是自然而生的，并未深入分析生产与分配的关系。

（3）未来社会分配：现有分配的延续

古典政治经济学家是代表资产阶级，站在资本主义的立场上进行的经济学分析，他们认为资本主义制度是合理且永恒的社会制度，并且在这个制度下社会资本积累是不断扩大的。古典政治经济学默认资本主义生产关系，承认资本主义生产方式是合乎秩序的和私有制存在的合理性，他们认为资本家占有资本、地主拥有土地是自然存在的。因此，对于未来社会他们认为仍是资本主义社会，在这个制度下资本、土地、劳动等生产要素参与生产，按各个生产要素做出的贡献分配收入，即按要素分配。

三、马克思与古典政治经济学收入分配理论的比较

（一）理论基础不同

马克思和古典政治经济学的收入分配理论的理论基础都是劳动价值论，马克思科学劳动价值论是在继承和发展了古典政治经济学劳动价值论的基础上建立起来的，古典政治经济学建立的劳动价值论还不够科学和完善。

首先，在对价值、使用价值与交换价值的关系认识上两者就有很大的不同。斯密虽第一次区分了使用价值和交换价值，但没有从理论上将二者区别开，李嘉图则明确区分了二者，他不仅认识到两者的不同还认识到其联系，同时纠正了斯密关于没有使用价值的商品也会有交换价值的说法。马克思虽然肯定了李嘉图关于价值和使用价值的区分，但他明确指出，古典政治经济学关于价值的区分并没有放入商品中进行分析，而是单纯地研究价值。马克思认为价值和使用价值是商品内在的两个不同因素。其次，关于“斯密教条”，马克思也对之予以批判，仅坚持了李嘉图沿袭斯密的“生产中耗费的劳动决定价值”这一论断。马克思认为工资和地租以及利润仅仅是新创造出来的价值，斯密混淆了价值的生产和价值的分配。古典

政治经济学在分析商品价值时忽略了劳动资料在生产过程中转移的旧价值，即不变资本部分，将商品价值分为工资、利润和地租。马克思将社会总产品分为不变资本、可变资本以及剩余价值，不仅考虑到了不变资本，还明确地指出了旧价值的转移方式。最后，在社会必要劳动的研究方面也有明显的不同。李嘉图首先提出了社会必要劳动这一概念，他意识到不同难度的劳动在相同时间内所创造的价值是不相等的，而决定商品价值的是社会必要劳动，但他未研究关于价值质的这一方面。马克思指出李嘉图的研究“只限于价值量”，并未从价值实体方面研究劳动。马克思创造性地提出劳动二重性，将劳动分为抽象劳动和具体劳动，他指出抽象劳动创造了价值，而且价值的实体就是抽象劳动。

（二）研究重点不同

在研究重点方面，尽管二者有相同之处，如都重视制度在收入分配中的作用，强调财产所有权制度的存在对资本家和工人之间收入分配的影响，但二者的差异更加明显，体现了其本质上的不同。马克思主义收入分配理论探讨的重点是这背后掩盖的人与人的生产关系，而古典政治经济学探讨的重点是人与物的关系。

马克思主义政治经济学在研究收入分配的时候不仅探讨物与物之间的关系，更重要的是研究物与物关系所掩盖的人与人之间的关系，重点揭示不同阶级之间的剥削关系。古典政治经济学的经济学家并未讨论分配关系背后的人与人的关系，斯密关注的是收入的增长以及构成的原因，李嘉图重点研究收入分配中利润率的变动规律，他们的研究都仅仅停留在人与物的关系上，而没有探究其本质根源、明确揭示资本主义社会中资本家与工人的剥削。马克思将分配关系与生产关系联系起来，认为分配关系是生产关系中的重要一环，不同阶级对生产资料的占有方式决定着社会总产品的分配方式。资本家由于占有资本，可以通过占有工人的剩余劳动而获得利润，工人“一无所有”只能出卖劳动力获得工资，通过这个逻辑马克思揭示了其背后所掩盖的资本家与工人之间的剥削关系。

（三）研究方法不同

马克思政治经济学是基于唯物史观和阶级分析法进行研究的，从具体现象出发抽象出本质逻辑；而古典政治经济学重点使用实证研究和规范分析方法研究收入分配理论量的方面。马克思使用演绎、推理和归纳等方法，基于历史唯物主义形成了自己的研究范式，以生产力和生产关系为出发点研究生产关系与分配关系之间的逻辑，指出资本主义生产关系和生产资料占有方式决定了资本主义社会工资与利润之间的分配关系。马克思把收入分配理论放入具体的经济现实中进行研究论证，以劳动价值论为理论基础，探索具体收入分配经济现象的内在逻辑和本质。同时，他使用阶级分析法将社会分为资本、地主和工人三个阶级，从阶级的角度看待社会产品如何在资本家和工人之间进行分配，揭示资本家与工人之间的剥削关系。而古典政治经济学重点讨论利润和工资这两个变量的分配比例，因此多使用实证的方法，斯密基于“理性人”假设和利益最大化目标分析收入分配方式，李嘉图创造了“分配—增长”的范式，重点研究收入分配与劳动生产率和利润率之间的关系，关于利润的分析主要使用剩余和宏观总量分析的方法，以此证明资本主义生产关系的合理性。古典政治经济学脱离具体的经济问题和现实讨论商品的价值和利润分配，因此与现实差距过大。

四、两种收入分配理论差异的原因分析

（一）阶级立场不同

马克思是站在无产阶级立场为无产阶级斗争发声的，而古典政治经济学家是代表资产阶级为其利益服务的。马克思主义政治经济学是站在无产阶级的立场上，通过分析资本主义社会的生产方式，揭示资本主义社会的收入分配方式所掩饰的资本家对工人的剥削本质，他为无产阶级的解放而斗争。马克思认为私有制是不平等的根源，由于财产所有权制度的存在，资本家因为拥有大多数重要生产资料而可以不断地压榨工人以获取更多的剩余价值，而工人只能靠出卖劳动获取仅维持自身生活和繁衍的工资。因此，马克思认为只有消灭私有制才能消灭剥削，实现社会分配公平。古典政治经济学的经济学家代表着资产阶级为资产阶级的利益服务，他们承认私有制在资本主义社会中的合理性，并以此为前提展开对收入分配的分析，目的是增加社会的资本积累和维护资产阶级地位。

（二）二者所处时代的资本主义发展水平有差异

马克思处于资产阶级矛盾十分突出、劳资双方关系十分紧张的时代，

资本主义生产方式的弊端已经显露，无产阶级备受压迫，因此揭示资本主义生产方式的本质以及阶级对立的根源就显得十分迫切。随着资本主义矛盾的加深，资本主义生产方式下的分配方式使得社会贫富差距加大，揭示这种收入分配的本质就十分必要了。古典政治经济学家所处时代大多是资本主义发展还不成熟时期，资产阶级矛盾还不那么尖锐。

五、对我国当代分配体系的启示

斯密提出的经由李嘉图完善的劳动价值论，既是古典政治经济学收入分配理论的理论基础，也是马克思主义科学劳动价值论的来源，李嘉图使古典政治经济学的收入分配理论走向成熟。马克思批判地继承了李嘉图沿袭斯密的“生产中耗费的劳动创造价值”所形成的科学劳动价值论，是马克思主义政治经济学收入分配理论的逻辑起点。马克思对工资和利润之间的分配关系做了更加明确的分析，其主要内容是剩余价值的分配。马克思从生产关系角度出发，探索社会总产品在各个阶级之间的分配，并对未来共产主义社会的分配原则做了预期。从古典政治经济学至马克思主义政治经济学的收入分配理论的发展，是一个不断完善、不断向科学迈进的过程，虽然所处时代大不相同，但两者在价值理论、制度的作用等方面有共同之处，而在阶级立场、研究方法和目的方面则大不相同。

我国正处于社会主义初级阶段，物质、精神、制度等方面的发展还不全面和成熟，因此无法实行马克思所设想的完全按劳分配制度。我国公有制和非公有制共同存在且发展不平衡的生产资料占有方式，决定了我国实行按劳分配为主体、多种分配方式并存的分配制度。现阶段我国经济发展迅速，但收入差距过大仍然是一个亟须解决的问题，初次分配重效率、再次分配重公平仍是需要关注的重点。马克思主义科学的收入分配制度对指导我国收入分配制度的完善，实现全面发展、共同富裕的共产主义目标有着重要的指导意义。

（一）提高劳动者初次分配收入，进一步解放和发展生产力

首先，我国正处于社会主义初级阶段，需要实行按劳分配与按要素分配相结合的分配方式，初次分配中劳动力报酬收入占比偏低。根据马克思的劳动价值论，劳动创造价值，要想有更多可供分配的价值就需要提高劳动力报酬，就应该出台相关政策提高初次分配领域中的劳动所得。主要可

以通过提高最低工资标准、完善就业环境、建立合理的个人所得税以及健全工资支付保障体制等。

其次，根据马克思的收入分配理论，生产决定分配，生产力水平越高可供全社会成员分配的产品就越多，因此在初次分配中继续促进生产力发展是促进收入分配优化的基础。需进一步深化改革、大力发展科学技术、促进产业结构优化，只有社会产品极大丰富，才有更多物品可供全社会分配。

（二）促进生产力平衡发展，缩小收入差距

生产关系决定分配关系，要解决收入分配不公平的问题究其根源需要解决生产关系不平衡的问题，坚持公有制的主体地位，要提高劳动力在生产关系中的地位、平衡生产结构。我国是社会主义国家，马克思认为社会主义国家的目标是要实现共同富裕，因此为了消除两极分化、缓解收入差距，二次分配领域要注重分配的公平性。主要可以通过财税体制改革来平衡收入在政府、企业和劳动力之间的分配，避免分配过于向政府和企业倾斜，还可以通过完善社会保障和救济制度、完善公共设施和医疗服务等，缩小收入差距、缓和不公平现象，同时公平分配教育资源、给予低收入劳动力更多的受教育机会以提升他们的市场竞争力。

参考文献

[1] 张方波．马克思主义经济学关于收入分配公平理论的新解读［J］．毛泽东邓小平理论研究，2014（2）．

[2] 周为民，陆宁．按劳分配与按要素分配：从马克思的逻辑来看［J］．中国社会科学，2002（4）．

[3] 王中汝．论马克思主义收入分配理论在当代中国的创新与发展［J］．当代世界与社会主义，2011（3）．

[4] 潘志强，陈银娥．关于斯密与李嘉图劳动价值论的比较分析［J］．经济评论，2006（1）．

[5] 贾利军，张葛佐男．由斯密看分配问题和劳动价值论［J］．甘肃社会科学，2011（4）．

[6] 周玉燕．论西方经济学个人收入分配理论的三次转型及其意义［J］．上海交通大学学报（哲学社会科学版），2005（2）．

[7] 张开，张晨．马克思对斯密和李嘉图经济学方法论的批判：基于《1861—1863 年经济学手稿》的思考 [J]．河北师范大学学报（哲学社会科学版），2015（1）．

[8] 刘文超．马克思经济学与西方经济学的收入分配理论比较：基于批判实在论的视角 [J]．经济问题探索，2015（10）．

[9] 王太盈．亚当·斯密的思想体系和贡献 [D]．大连：东北财经大学，2014．

[10] 方敏，赵奎．解读马克思的工资理论 [J]．政治经济学评论，2012，3（3）．

[11] 冯素杰．收入分配理论的比较分析：马克思与新古典 [J]．湖北经济学院学报，2009，7（2）．

[12] 乔榛，刘晓丽．马克思收入分配理论的逻辑及现代意义 [J]．当代经济研究，2021（2）．

[13] 屈炳祥．马克思的收入分配理论及其当代价值 [J]．学习论坛，2012（11）．

[14] 焉香玲．基于马克思地租理论的我国农民收益分配问题研究 [J]．经济纵横，2010（7）．

[15] 马克思．资本论 [M]．北京：人民出版社，2004．

[16] 马克思，恩格斯．马克思恩格斯选集：第 3 卷 [M]．北京：人民出版社，1972．

[17] 韩文龙，谢璐．马克思经济学收入分配理论的核心范畴及启示 [J]．经济纵横，2018（5）．

[18] 赵雪芹，谭黎阳，张建森．马克思主义经济学与西方经济学分配理论的比较和借鉴 [J]．学术月刊，2000（11）．

[19] 斯密．国富论：中文版：上卷 [M]．北京：商务印书馆，1974．

[20] 马克思，恩格斯．马克思恩格斯全集：第 26 卷 [M]．北京：人民出版社，1972．

[21] 刘万明．古典分配理论：理论基础、内容架构与方法论意义 [J]．社会科学研究，2010（6）．

[22] 徐则荣，丁冰．亚当·斯密与马克思经济学理论体系的比较 [J]．经济纵横，2012（1）．

[23] 李嘉图．政治经济学及赋税原理 [M]．北京：华夏出版

社，2005.

[24] 邹东红．古典、新古典收入分配理论比较 [J]. 价格月刊，2008 (11).

[25] 林红玲．从古典、新古典到马克思：制度安排与收入分配 [J]. 当代经济研究，2001 (3).

[26] 汤在新．价值论的革命变革从斯密、李嘉图到马克思 [J]. 经济评论，2005 (2).

马克思与罗尔斯分配正义观的比较分析

赵麦茹　薛娜娜[①]

一、引言

“正义”在思想史上是一个古老又有生命力的论题，在人类社会中具有最基本和最永恒的追求价值。人类社会的健康运行和持续发展离不开公平正义的分配体系。然而目前，分配正义不管是在我国抑或是在西方国家，都是一个复杂和棘手的问题。党的十九大报告的一个重要结论是，我国社会主要矛盾发生了变化。在新时代，我国人民越来越追求高质量的、幸福感强的生活，对公平、正义、共同富裕的要求越来越强烈。因此，对分配正义的研究在如今仍然具有重要的现实意义。马克思和罗尔斯在这方面颇有建树，因此他们的既有研究值得我们学习和参考。通过比较分析二者的分配正义观，批判性地继承和吸收其有益的分配思想，将对更好地实现我国的分配正义有所启发。在比较马克思和罗尔斯的分配正义思想之前，我们首先需要厘清分配正义的概念。分配正义是“分配的正义”的简称，由形容词“分配的”和名词“正义”组成。“分配的”是指社会或国家对收入、机会和资源的分配；“正义”是指给每个人以其应有。那么分配正义即指社会或国家在分配上给予每个人其应有。换言之，给每个人以其应有的分配就是正义的分配，否则就是不正义的分配。

① 赵麦茹（1975—　），女，汉族，陕西临潼人，西北大学经济管理学院副教授、经济学博士、博士生导师，研究方向为政治经济学；薛娜娜（1998—　），女，汉族，河南洛阳人，西北大学经济管理学院2020级硕士研究生，研究方向为政治经济学。

二、文献综述

（一）国外研究动态

通过分析国外的研究动态发现，国外一部分学者在研究时通常是先阐述一个人的理论，然后用另一个人的思想进行批判和评价。布坎南（2013）提出了在批评罗尔斯的观点方面最为重要和有影响的十条马克思式的批评，他认为这些批评至少对罗尔斯的理论提出了四个极为严重的问题，马克思的思想对罗尔斯体系提出了严肃的挑战。

另一部分学者针对两个人的正义理论作了专门的比较分析。亨特、谭群玉、罗嗣亮（2007）认为，马克思和罗尔斯的正义观虽从表面上看好像非常不同，但它们是能够调和的。马克思和罗尔斯的目标都是寻求一种能实现公平正义的社会制度，马克思理论中的经济基础和上层建筑结合起来就相当于罗尔斯提出的社会基本结构。金里卡（2015）将马克思主义的正义和罗尔斯式的正义进行了对比，他认为前者相比于后者有更大的平等主义特征。亨特、凌菲霞（2018）认为马克思的正义观是含蓄的，它可以通过罗尔斯的正义观得到进一步巩固。亨特、王宁（2018）认为，马克思和罗尔斯都认为资本主义是非正义的，这两种理论加以整合能够使彼此的理论更具说服力：通过借助马克思的资本主义理论，罗尔斯能够加强对资本主义的批判；通过借助罗尔斯正义的社会基本结构的准则，马克思能够在道德上加强对资本主义的抨击。宋珊珊（2018）认为马克思和罗尔斯在一些领域有相似之处。马克思认为人应该能够发展各种能力，但前提是，你有机会识别哪些能力是真正有价值的以及能够参加一些有助于能力发展的活动。该观点同罗尔斯“公平的正义”原则不谋而合。另外，马克思指出人们有不同程度的需求，形式平等不是一种合适的分配标准。这就和罗尔斯的差别原则异曲同工，即政治机构应该优先关注社会中经济状况最差的那部分人。但他们在经济体制方面意见不同。

（二）国内研究动态

近十年来，国内有关马克思与罗尔斯正义思想比较研究的文献显著增多，大多数学者倾向于站在马克思这边指出罗尔斯的正义理论存在的问题。胡真圣（2005）认为，罗尔斯提出两个正义原则的目的在于从道德上维护资本主义制度。他设想的分配正义原则要求以基本权利约束非基本权利，由此克服资本主义私有制带来的弊端，但马克思却认为生产资料私有制作为一种经济权利，是不会受到道德权利约束的；在面对私有制带来的不平等时，罗尔斯认为应该对财富和资本进行分散，但马克思认为资产阶级是不会主动分出财富的。姚大志（2009）认为，马克思主义之所以会批判罗尔斯的正义理论不是因为后者的理论是错误的，也不是因为他的理论内部存在矛盾，更不是因为他的结论没有严谨的论证支撑，而是试图证明他提出的两个正义原则和资本主义制度是无法共存的，是不可能在资本主义社会里实现的。

也有从罗尔斯的角度与马克思的正义观作对比的。卞绍斌（2014）认为这两位学者的正义观存在对话空间。他认为，那种认为罗尔斯的正义理论只关注分配而忽视了生产的看法是不准确和带有误导性的，罗尔斯的真正目标和马克思有相似之处。未来社会即便阶级矛盾不存在了，但由于资源的稀缺性，要消除由于天赋和社会境遇这种偶然因素带来的不平等，除了依靠生产外，更离不开正义的道德规范。因此，两位学者的正义观应该被视为互补的正义观念。

还有一部分学者对马克思和罗尔斯的正义理论作了专门的比较研究。苏磊、张志忠（2008）通过比较两者的异同之处，对我国现阶段如何走出分配领域的困境给出了指导性的建议。马晓燕（2008）认为罗尔斯的正义观缺少了对社会制度客观基础的探寻，因而无法实现实质性平等。而马克思做到了这一点，他渴望建立一个真正正义和谐的社会。姚大志（2009）认为两位学者虽都追求自由和平等，但不同之处在于他们追求的是何种程度的自由以及哪种意义上的平等。贾中海、张景先（2011）将罗尔斯、诺齐克和马克思的分配正义理论进行了比较，并认为马克思的分配正义理论优于前两个学者的理论。党玲侠（2013）认为马克思通过革命改造资本主义私有制来实现分配正义，而罗尔斯志在改良现存资本主义社会。在探讨平等分配的出发点时，马克思是从物质生产着手的，而罗尔斯是就分配论分配，罗尔斯没有意识到分配的真正基础是什么。王佳、张惠敏（2013）从逻辑起点和理想目标两个角度对马克思和罗尔斯的正义观进行了比较，从而为构建和谐社会提供理论指导。程镝、贾中海（2015）认为罗尔斯的正义理论向马克思提出了两个挑战：一是两种正义理论哪种更有优势，二是关于制度与正义之间关系的挑战。张欢欢（2015）认为马克思和罗尔斯实现正义的路径不同。罗尔斯由无知之幕引出自己的正义观，意在通过再分配促进平等的实现。马克思则认为要实现分配正义，必须先实现生产正义，废除资本主义私有制。马光耀（2020）认为马克思政治哲学和罗尔斯政治哲学两者既有异质性，又有同质性。异质性体现在方法论上，即马克思的唯物史观和罗尔斯的新契约论；同质性体现在都应用了辩证法，都关注弱势群体。傅丽红、张国清（2021）认为两位学者的正义观既有相同点也有不同点，在分析了分歧原因之后，合理吸收罗尔斯的正义观能够促进当代马克思主义正义观的发展。

（三）国内外研究现状简析

通过文献梳理发现，尽管国内外都有一部分学者对马克思和罗尔斯的思想进行了专门的比较研究，列举了他们的共识和分歧，但鲜有学者对共识和分歧背后的原因作深入的探究和分析，本文正是在这方面做出了一些创新性的努力，希望能对已有的研究做一些补充和完善。

三、马克思与罗尔斯分配正义观的内容

（一）马克思的分配正义观

在马克思之前的傅里叶、威廉·汤普逊等社会主义思想家的著作中，重视社会分配，寄希望于改变社会财富分配方式从而克服资本主义社会弊病的思想就已经存在。如傅里叶在其著作《傅里叶选集》第 2 卷中写道：“所谓公正的分配方式就是使每个人都能按照自己的劳动、资本和才能获得满意的报酬。在分配劳动产品时，首先把维持全体成员生存所需要的部分扣除出去，余下的按比例分配，其中资本占 4/12，劳动占 5/12，才能占 3/12。”类似地，汤普逊也认为，劳动者应该得到全部的劳动产品，资本家和地主没有付出任何报酬却仍然享受许多劳动产品，这种分配方式是不正义的。汤普逊的这一观点在当时无疑是进步的、清醒的，但遗憾的是，他并没有沿循着这条思路去追究分配不公背后的本质问题，而是仍然从分配领域寻求解决办法，期望通过改变“财富分配原则”来“实现社会的分配正义”。因而，他始终没有发现资本主义剥削的秘密，当然更不可能从根源上解决社会分配不公问题。

马克思的分配正义思想正是在批判地继承傅里叶和汤普逊等思想的基

础上，结合当时德国工人运动的社会现实提出的，他并没有一套专门的分配正义理论，其分配正义思想是渗透在其经典文本中的。在《1857—1858年经济学手稿》中，马克思初次提到了“分配正义”问题，《资本论》则通过劳动价值论和剩余价值学说揭露了资本主义剥削的秘密，从而使其分配正义思想从空想变为现实。1875 年，马克思抱病写下了《哥达纲领批判》，在文中他系统地批判了拉萨尔的错误分配思想，并较为集中地阐述了自己的分配正义观，首次提出了共产主义社会两个阶段的不同分配原则。

1. 按劳分配

马克思认为，在共产主义社会的初级阶段即社会主义社会，应该实行按劳分配。

（1）按劳分配具有客观必然性

在资本主义条件下，私有产权制度的实行致使生产资料和劳动者是分开的，在这种情况下是无法进行按劳分配的。只有到了社会主义社会，劳动者才能和生产资料自由结合，按劳分配才有实现的可能。另外，虽然实行了生产资料公有制，劳动者有了实现自己意愿的权利，但由于它还带有自身所脱胎的资本主义社会的痕迹，各方面特别是生产力还没有发展到相当的高度，就只能实行按劳分配而不是按需分配。

（2）按劳分配实现了分配的形式正义却未实现实质正义

按劳分配以劳动作为衡量标准，根据劳动者对社会的贡献，凭劳动量获得相应的报酬，否定了不劳而获、劳而无获的不平等特权，分配的权威是劳动的数量和质量，而不是政治权力或社会资格。因此，按劳分配实现了分配的形式正义。但是马克思指出，尽管按劳分配不认为阶级之间有差异，但它默认工人因个人天赋不同而拥有不同的工作能力是一种自然特权。这种不平等主要表现在：第一，就分配而言，只用劳动这一单一尺度衡量劳动者，会造成不同劳动能力的人得到不同的消费资料；第二，由于家庭负担的不同，如他们是否结婚，他们有多少孩子等，劳动者即使提供了相同的劳动，获得了相同的消费资料，他们实际享有的消费资料也是有差异的。因此，按劳分配实现了分配的形式正义却未实现实质正义。

2. 按需分配

马克思认为，在共产主义社会的高级阶段，实行按需分配，才是实质的分配正义。在共产主义的高级阶段，随着社会财富的极大涌现和生产力的高度发展，社会成员的一切合理需要都能得到充分满足，人的需要成为分配的唯一标准；大家都自愿分工，不再区分脑力劳动和体力劳动；劳动不再是生存所迫，而是成为人们确认自身存在、实现自身价值的第一需要；个人获得了全面发展的条件，精神面貌和思想境界发生了彻底的变化，每个人都自觉地把为他人、为社会劳动当作一种荣誉，而不再需要用消费品的分配作为促进人们劳动的杠杆和动力。而且，随着人们思想觉悟的全面提高，他们没有自私的意图，决不会领取超出自己需要的东西。到那时，人们的视野超越了私利的范围，实现了按需分配，这就是马克思所说的最理想、最正义的分配方式。

（二）罗尔斯的分配正义观

马克思之后对正义理论贡献最大的当属美国学者罗尔斯。罗尔斯于1971 年发表了他的成名作《正义论》，该书开篇就写道：“正义是社会制度的首要价值，正如真理是思想的首要价值一样。”① 罗尔斯把正义视为一种基本的社会制度安排，它决定了社会成员在合作中产生的利益怎么分配。他认为一个正义的社会应该是所有的社会基本需求都得到平等分配的社会，包括权利、自由、机会、收入和财富。一种不平等的分配被允许的前提是它有利于最不利者。那么，什么样的制度安排才算是正义的呢？罗尔斯提出了两个正义原则，这两个原则按词典式顺序排列，是程序正义和结果正义的结合。

1. 第一个正义原则

第一个正义原则又称为“平等的自由原则”，它适用于社会的政治领域，目的是确保所有人都能平等地享有最广泛的基本自由。罗尔斯认为：“每个人对与所有人所拥有的最广泛平等的基本自由体系相容的类似自由体系都应有一种平等的权利。”② 这里，“基本自由体系”中的基本自由包括：政治自由；言论和集会自由；良心自由和思想自由；个人自由；人身自由和财产自由。然而，个人的基本自由会受到社会地位、财富和天赋等多种因素的影响，结果不是人人都能平等地享有自由。由此，第二个正义

---

① 罗尔斯．正义论［M］．何怀宏，等，译．北京：中国社会科学出版社，1988：302.

② JOHN RAWLS. A theory of Justice ［M］. Cambridge，Massa－chusetts：The Belknap Press of Harvard University Press，1999：266.

原则就诞生了，它重点从社会结构上确保第一个正义原则的实现。

2. 第二个正义原则

第二个正义原则又包括两个原则，即“机会均等原则”和“差别原则”。这个正义原则适用于社会的经济领域，旨在通过国家的再分配，确保有利于最少受惠者的利益，使公民得到平等的分配。具体表述为：社会的和经济的不平等应这样安排，使它们①适合于最少受惠者的最大利益，②依系于在机会公平的条件下职务和地位向所有人开放。

（1）机会均等原则

“机会均等原则”要求职务和地位向所有人开放，即从程序上保证同等能力的人可以享有平等的参与社会管理的机会。在此前提下，对由于其他因素造成的收入和地位的不平等再通过“差别原则”做出限制。

（2）差别原则

罗尔斯正义理论突出的地方就是“差别原则”。罗尔斯意识到，社会中各种不平等的存在已成为既定事实，要想消除一切不平等，实现“平均主义”式的正义几乎是不可能的。那么，如何限制这些事实存在的不平等，尽最大努力弥补由此造成的差异，就成为罗尔斯正义理论亟须解决的问题。由此便促成“差别原则”的出现，“差别原则”要求社会的和经济的不平等有利于最少受惠者的最大利益。也就是说，社会中允许有不平等，但这种不平等程度又不能太大。在政策措施上的体现，就是要求社会更多地关注那些天赋低和出身较不利的人，并给予其某种补偿从而保证他们能够得到平等的财富和收入分配。罗尔斯的“差别原则”体现了对弱势群体的关怀和偏爱，使最少受惠者能够得到最大的帮助，从而建立一个持久长远、拥有最大可能的正义社会。

四、两种分配正义观的比较分析

（一）两种分配正义观的共同点

1. 关注弱势群体利益

弱势群体是马克思笔下贫困交加的无产阶级，也是罗尔斯笔下由于资源匮乏而生活困顿的最少受惠者。马克思和罗尔斯在自己的分配正义观中都表现了对社会中这一特殊群体的关注和关怀。

（1）关注弱势群体生活状况

马克思对无产阶级的关注在《1844年经济学哲学手稿》中就能得见。在这本书中，马克思细致描述了他们的生活条件。他写道，无产阶级不仅面对着恶劣的工作环境和高强度的工作压力，而且工资微薄勉强维持家庭开支，他们在精神和健康上都遭受着贫困的摧残。这种举步维艰的生存状况与资产阶级纸醉金迷的世界形成鲜明对比，这无疑进一步刺激了无产阶级的革命斗志，使得一派繁华景象的都市之下危机丛生、矛盾重重。罗尔斯则从资源分配不均的角度，揭示了弱势群体所遭受的社会不公。无论是在资源的数量还是质量上，弱势群体都受到社会底层的待遇，贫富差距日益拉大。这势必引起弱势群体对上层社会的敌意，使得社会不稳定因素增加。因此，将资源分配向弱势群体倾斜不仅是道义上的要求，更是维持社会稳定、促进经济发展的必然之策。

（2）关注弱势群体政治权利

经济上的不平等终将在政治上体现出来，从而刺激弱势群体对自身权利的关注。随着弱势群体权利意识的觉醒，他们将呼吁改革社会不公，争取自己的政治权利。这是社会发展的规律使然，也是历史发展的必然结果。在马克思笔下，无产阶级在历史发展中认识到了自己的历史使命并对资产阶级的专制独裁进行了强烈的指责和坚决的斗争。他们要为自己发声，更要为自己争得政治权利。因此，他们利用罢工和工会斗争等形式冲击着资本主义制度并最终将自己推上了历史舞台。巴黎公社运动和十月革命就是无产阶级政治斗争的光辉成就。今天，权利意识更是深入人心。尤其在西方资本主义社会，为人权奔走斗争的事例比比皆是。在罗尔斯笔下，弱势群体对政治权利的要求也与日俱增。打破阶级固化、分享社会发展成果、保护自身合法权益，成为弱势群体呼声最高的口号。弱势群体获得合法的政治权利既是社会正义的应有之义，也是制度成熟的必由之路。

2. 关注社会基本结构的正义

马克思和罗尔斯的正义理论都关注社会基本结构的正义。佩福尔曾将马克思和罗尔斯正义观的共同特点概括为："1. 它们都涉及对社会基本结构的评价；2. 他们均意识到社会制度对人的欲望、动机和人格的塑造作用。”[1] 马克思把社会关系的总和称为“社会的基本结构”。人们的生产和生活都受到社会基本结构的制约。在资本主义的社会基本结构中，资本家是资本的人格化身，工人阶级则成为可以随意买卖的劳动力商品，人们生活在剥削与被剥削、异化和拜物教的必然王国里，这种社会基本结构是不正义的，它会严重制约社会的进步和发展。罗尔斯也对社会基本结构的正义给予了同样的关注。他认为正义理论最重要的部分就是社会基本结构的正义。他也看到了社会基本结构对人的制约作用，并特别强调地指出社会基本结构所造成的不平等是一种特别深刻的不平等。在此基础上，他提出了将社会基本结构作为正义的首要主题。

3. 强调平等主义

马克思和罗尔斯的正义观虽都包含平等主义的思想，但他们同时也是平等问题的现实主义者，即他们一方面要求平等，另一方面又认为完全的平均意义上的平等是不可能的。在马克思的《哥达纲领批判》中，当谈到分配问题时，马克思指出尽管按劳分配不认为阶级之间有差异，但默认工人因个人天赋不同而拥有不同的工作能力是一种自然特权。这种特权还是一种不平等的权利。所以，按劳分配还是一种形式正义，就其内容而言，它像其他权利一样是一种不平等的权利，只有到了共产主义社会实行按需分配才能实现真正意义上的平等，即实质正义。同样地，平等主义思想体现在罗尔斯的两个正义原则中。在罗尔斯的两个正义原则中，第一个原则要求在基本自由方面所有人一律平等；第二个原则又包含两个要求，一个是机会平等，另一个是差别原则。第二个原则的提出就是处理经济社会的不平等的，对何为可允许的不平等作了限定。罗尔斯承认，经济和社会的不平等虽是必要的和不可避免的，但这种不平等要同时有利于最少受惠者的利益才是正义的，并且在基本自由上人们是一律平等的。

（二）两种分配正义观的差异

1. 逻辑起点不同

（1）马克思：物质资料的生产

马克思拒绝沿袭西方传统的脱离现实的人及其实践活动而空谈正义的

① RODNEY G PEFFER. Marxism, Morality, and Social Justice [M]. Princeton University Press, 1990: 369.

正义观，他认为应当把物质资料的生产作为考察正义概念的起点。在《哥达纲领批判》中，马克思批判了拉萨尔及其追随者“把分配看成并解释成一种不依赖于生产方式的东西，从而把社会正义描写为主要是围绕着分配兜圈子”的观点[①]。马克思指出，“在所谓分配问题上大做文章并把重点放在它上面……是根本错误的”[②]。马克思认为，经济基础决定上层建筑。正义属于上层建筑的范畴，它不是抽象臆想出来的，而是被社会物质生产所决定的，并且要适合于当时的社会发展阶段和社会生产力水平。马克思指出，“任何消费资料的分配都只是生产条件本身分配的结果，而生产条件的分配则显示了生产方式本身的性质”。不深入物质生产层面进行变革，是不会实现真正的分配正义的。

（2）罗尔斯：原初状态和无知之幕

罗尔斯分配正义理论的逻辑起点是原初状态和无知之幕。他希望在这样一种纯粹正义的环境中制定出每个成员都接受的正义原则，以此确保社会基本制度的正义性。一个什么样的社会形态能被所有人接受，并让人们认为它是正义的？罗尔斯认为，每个成员首先必须就如何组织自己的社会达成一致，然后通过缔定契约的方式制定社会制度。这个社会制度符合每个人的最大利益，所以每个人都可以理性地接受。但是，如何制定一个人人都能接受的正义的社会制度呢？

罗尔斯认为制度的正义性取决于缔定契约时所处的环境。由此，他假设存在这样一种原初状态。他首先对这种状态下的社会条件和缔约各方进行了限定：这个社会的物质条件相对贫乏，也就是不能指望社会物质财富可以丰富到不需要制定正义的社会制度来强力解决分配正义的问题。缔约各方就社会正义标准达成的共识是最终且长久的，它将在无限的未来制约着社会。订立契约的社会成员没有严重的身体和智力残疾，拥有两种足够的道德能力：正义感和价值实现能力。在这样的条件下缔定的契约才能够被公民自觉遵守。

由于人们在制定规则时都会优先考虑对自己有利的条件，这样就不可能实现公平正义，因此在制定正义规则时，必须排除一切影响正义制度制定的条件。原初状态就提供了这样一个正义的环境。为了达成正义的共

① 马克思，恩格斯．马克思恩格斯文集：第3卷［M］．北京：人民出版社，2009：436.

② 马克思，恩格斯．马克思恩格斯选集：第3卷［M］．北京：人民出版社，2009：306.

识，缔约各方都应该通过完全相同的方式表现为自由、平等和道德的人，把实际的个性和环境都抽象出来，选择的结果不受偶然因素和社会力量的影响。每个人只知道社会理论的常识，对自己和他人的状况却一无所知，无论是性别、信仰、知识、才华、出身、天赋、财产还是地位，甚至“各方都不知道自己具体的善的观念或特殊的心理倾向”，也就是说，处在“无知之幕”之后。因此，人们不能偏袒任何一方做选择，只能在一般考虑的基础上对原则进行评价。由于无知之幕不必受到任何个人信息的影响，因此它在纯粹的原初状态下制定出人们达成一致的正义原则。

2. 自由与平等的调和方式不同

（1）马克思：大力发展生产力

法国启蒙思想家孟德斯鸠说：“在各种名词中，歧义丛生、以多种方式打动人心的，无过于自由一词。”① 美国著名学者艾德勒指出：“解决平等问题是不容易的，它比解决自由问题更困难。”② 自由与平等是近代以来人们一直追求的价值目标。同时，它们也是一个颇具争议的理论课题和令人困惑的现实问题。马克思认为，实现自由的主要途径是大力发展生产力，改变不合理的生产关系，促进人的全面发展；消灭私有制、分配上“各尽所能、各取所需”是共产主义者在平等方面的根本要求。自由和平等只有到共产主义社会才可能真正得到调和。

（2）罗尔斯：两个正义原则

正义既是罗尔斯道德哲学的最高目标，也是他对理想社会的基本描述。而在其中，自由和平等的关系一直是罗尔斯关注的焦点。罗尔斯试图在不触及私有制的前提下通过两个正义原则来调和经济分配领域自由与平等之间的冲突。通过“平等的自由原则”保证所有人都能平等地享有最广泛的基本自由，然后借助“机会均等原则”和“差别原则”调节由于受社会地位、财富、天赋等因素影响而造成的自由享受的不平等。

但是，罗尔斯的调和应该是不能成功的，因为要确保个人的生存、发展，思想、政治、言论和财产自由，就极有可能由于个人地位和素质条件的巨大差异而造成更大的不平等；反之，若通过税收和补偿等手段保证人与人之间在财产和权力上的平等，就必然限制或削弱一些天赋较高者、运

① 北京大学外国哲学史教研室．十八世纪法国哲学［M］．北京：商务印书馆，1963：38.
② 艾德勒．六大观念［M］．郗庆华，等译．北京：生活·读书·新知三联书店，1998：198.

气较好者的自由，使得其私有财产受到不公平的对待甚至被侵犯。

3. 正义的实现路径不同

（1）马克思：革命

马克思的分配正义观是革命性的。在马克思看来，社会生产关系的合理调整或改革是实现社会正义的最关键因素。资本主义社会各种不正义现象产生的根本原因是私有产权制度。由于所有制决定分配制，资本主义社会的工人阶级只有消灭生产资料的私有制，才能摆脱在分配领域被剥削的命运。为此，马克思坚决反对当时工人运动中要求公平报酬的各种改良主义。他主张通过暴力革命推翻私有产权制度，根除社会中的不正义问题。他说："工人们应该抛弃'做一天正义的工作，得一天正义的工资！'这种保守的格言，要在自己的旗帜上写下革命口号：'消灭雇佣劳动制度！'"①

（2）罗尔斯：改良

与马克思相比，罗尔斯的分配正义观则主张在资本主义框架内对现有制度作出改良，表现出一定的妥协性。罗尔斯由于深受西方传统思想的影响和理论背景的局限性，其理论根基仍然是天赋人权的"人性论"和"私有财产神圣不可侵犯论"，这就决定了他只能从维护资产阶级现有的经济关系基础的角度出发，以缓解资本主义社会的阶级矛盾为目的来建构其分配正义理论，其分配正义理论本质上还是为了维护资本主义制度。两个正义原则实际上是通过政治和法律的运作，从社会基本结构层面来限制社会的不平等，将社会收入差距控制在一定范围内，从而消除社会中日益加剧的两极分化矛盾。

五、两种分配正义观异同点的原因分析

（一）相同点原因分析：相似的现实背景

马克思和罗尔斯分配正义观形成的现实背景相似，都是由于财富分配的不正义使阶级矛盾严重激化，政局动荡，由此引起他们对分配正义问题的深入思考。

18 世纪中叶，工业革命首先在英国爆发，表现为工场手工业逐渐被机器大工业所代替。1830 年，工业革命在法国兴起，科学技术的进步不仅带

① 马克思，恩格斯．马克思恩格斯选集：第 2 卷［M］．北京：人民出版社，1995：97.

来了生产力的大发展，而且使生产关系和社会关系发生了很大变化。资本主义产生并迅速发展，随之而来的却是资产阶级和无产阶级的对立。《黑格尔法哲学批判》和《1844 年经济学哲学手稿》的相继完成，标志着马克思分配正义观的基本形成。马克思写这两部著作时，正处于欧洲国家资产阶级革命频发的时期，他非常关注这一时期的资产阶级革命，不仅深刻分析了革命的本质，而且客观地考察了这一时期工人阶级的状况。马克思认为造成这一时期资产阶级革命的根源是生产资料私有制所造成的资产阶级和无产阶级之间实质的不平等。这种不平等隐藏在形式正义之下，并得到资本主义国家权力的肯定。资产阶级和无产阶级之间的矛盾日益尖锐，这强烈激发了工人阶级的正义诉求，由此促使马克思对分配正义问题进行深入思考。

罗尔斯分配正义观的形成也有着深刻的现实背景。罗尔斯的《正义论》写于 20 世纪 60 年代，当时的一些时代背景为促成这本书的写作奠定了基础。第二次世界大战后，世界陷入了冷战格局。在美国，先是朝鲜战争，后是越南战争。越南战争加剧了美国的种族和民权问题，使国内爆发了激烈的民权运动和黑人反暴力斗争。国内外的恶劣形势，给美国人民带来了巨大的精神创伤，美国的经济形势也急剧恶化。校园内学生运动迭起，国民间的贫富差距也在不断扩大，整个美国社会人心惶惶、危机四伏。罗尔斯坚信越南战争是不正义的，他参加了在华盛顿举行的反战会议，并开设了有关战争的课程，与学生探讨战争的原因。罗尔斯认为，军火商等巨富在推动战争方面起着决定性作用，因此如果想从根本上避免非正义战争，就必须削弱巨富在政治决策中的影响力，提升财富分配的公平性。罗尔斯批评说："资产和财富的不平等远远超出了政治平等的容忍范围，而这些不平等在法律体系中通常是可以容忍的。"

由以上论述可以看出，马克思与罗尔斯的分配正义观都是对资本主义财富分配的不正义现象进行深刻反思的结果，他们都关注阶层的划分和利益的分配，强调财富分配的公平性。因此，马克思和罗尔斯虽然生活在不同的时代，但是他们的分配正义理论有诸多共同之处。

（二）不同点原因分析

1. 研究方法不同

马克思分配正义观的方法论是历史唯物主义。历史唯物主义认为，历史上一切事件发生的根本原因是物资的丰富程度，物质生活的生产方式决定社会生活、政治生活和精神生活的一般过程。因此，马克思分配正义观的逻辑起点是物质资料的生产。他反对只关注分配正义的倾向。他认为："在所谓的分配问题上大做文章，把焦点放在这个问题上，根本是错误的，消费资料的任何一种分配都只是生产条件本身分配的结果，而生产条件的分配反映了生产方式本身的性质。"① 抛开生产谈分配，是舍本逐末的行为，并未找到正义问题的根源。自由和平等之间的矛盾只有在未来共产主义社会才能得到调和。

罗尔斯分配正义观的方法论是社会契约论。近代以来，洛克、卢梭等开创了古典自由主义的契约主义传统。他们认为，一个正义的社会是人们的天赋权利得到维护和实现的社会，这就是近代的"基于自然权利的应得"的正义观，又称为"权利论"的正义观。值得肯定的是，近代资产阶级古典自由主义的正义观注重对人的权利和尊严的捍卫，强调自由、平等和民主的意识。但这一正义思想有着极大的缺陷，它的理论建构并没有从现实社会历史条件出发，而是将其建立在抽象的逻辑推演之上，理论的抽象性使其无法有效地付诸实践。在罗尔斯看来，契约主义提出的平等与自由的正义观，仅仅依靠一定的自然秩序来保障平等自由，但面对大量自然和社会偶然因素对人类平等与自由的负面影响则无能为力。为了纠正这一缺陷，罗尔斯试图将洛克和康德的核心思想组织成一个具有内在一致性的体系。通过设计原始状态和无知之幕，社会合作契约的缔约方选择了两条正义原则作为社会基本制度安排的第一原则，以此来调节个体的权利和义务，处理社会和经济的不平等，维护社会的良好秩序。罗尔斯认为，这种制度设计能一劳永逸地解决分配正义问题，调和自由和平等之间的矛盾，至于分配背后根本的生产方式和生产关系罗尔斯则避而不谈。

2. 理论基础不同

马克思分配正义观的理论基础是生产资料公有制，这也直接反映出他无产阶级的阶级立场。马克思痛恨资本主义生产资料私有制和私有产权制度，将其归之为社会不正义的根源，认为资本主义的这种制度是资产阶级剥削无产阶级的政治与经济制度基础。因此，马克思致力于用自下而上的暴力革命方式推翻私有产权制度。同时，他推断资本主义不正义的制度根

---

① 马克思，恩格斯．马克思恩格斯选集：第3卷［M］．北京：人民出版社，2012：365.

源必然引致资本主义的基本矛盾，资本主义制度最终会在自我否定中走向消亡。社会主义战胜资本主义，是人类社会发展的必然趋势。因此，马克思的理想目标是共产主义社会，他认为只有到了共产主义社会“各尽所能，按需分配”，才能实现真正的分配正义。

罗尔斯分配正义观的理论基础是生产资料私有制，这也体现了罗尔斯资产阶级的阶级立场。这种阶级立场也就决定了他的分配正义理论仍然是为保留社会经济不平等的资本主义制度辩护，是一种虚弱天真的资产阶级改良思想，不可能实现基本制度意义上的根本性颠覆。差别原则就很好地体现了这一点，它反映了罗尔斯仍然想维护资本主义私有产权制度的意图。因此，罗尔斯的理想目标仍然是建立一个以承认资产阶级法权为前提的资本主义社会，是马克思嘲笑的“天赋人权的真正乐园”。

六、两种分配正义观的现实借鉴意义

一个国家的经济成效主要从两个方面衡量，一是经济增长和收入增长，二是收入分配和财富分配。改革开放40多年以来，我国在经济增长方面无疑是成绩斐然，但是在收入和财富分配方面的成效依然不乐观，表现在：近年来，我国居民收入差距未明显扩大，也没有出现持续且显著的缩小趋势。这种新变化意味着，中国收入分配的演变正处于收入分配差距高位徘徊阶段。基尼系数是衡量一个国家或地区居民收入差距的常用统计指标。如果基尼系数过大，将对一个国家的经济发展和社会稳定产生很大影响。在国际上，0.40通常被视为贫富差距的“警戒线”。一般来说，发达国家的基尼系数在0.240~0.360，而美国的基尼系数较高。据中国统计年鉴记载，我国的基尼系数从2012年到2019年一直处于0.462~0.474，其中最高的年份是2012年，为0.474，最低的年份是2015年，为0.462，已经连续8年超过了0.400的“警戒线”。这与我国社会主义共同富裕的理念是相悖的。贫富差距拉大、强弱对比悬殊不仅会影响社会稳定和人民的幸福指数，也阻碍了我国社会主义现代化建设的步伐，并且具有不断巩固自身的特点，会形成富者越富、穷者越穷的恶性循环。因此，关注分配正义、缩小收入差距、减少贫富分化、扶助弱势群体刻不容缓。

对马克思与罗尔斯的分配正义思想进行比较研究的目的，并不只是照搬他们的理论并强行应用于现实世界，而是充分吸收与现实相符、对现实有益的部分。如前文所述，提出具体的社会制度和财政税收等政策的实施方案并不是马克思和罗尔斯的研究内容，他们论证的是正义的社会结构中的制度应该遵循的原则。尽管本文也许不能在实现分配正义的具体操作方法上提出建议，但是可以从马克思和罗尔斯的分配正义思想中总结出一些对现实具有参考价值的内容。

（一）兼顾按需分配和差别原则

马克思和罗尔斯都对所处时代的弱势群体给予了关注，强调平等主义，而对平等的保障则需要尽力减少天赋和出身等差别对分配的影响。中国是一个人口众多的国家，每个人在出身和天赋以及才能等方面都有着巨大的差别，而这些差别会带来更多不正义的后果。差别的存在虽是永恒的，但是差别对社会资源分配的影响可以被减少甚至被消除。尽管罗尔斯认为可以通过差别原则中对最少受惠者进行补偿的方法达到分配正义，但是这对于既不属于先天占优又不处于较差境遇中的人来说并不正义。马克思“按需分配”的设想使起点的不平等失去了优势，能够在最大限度上减少先天能力和出身差异对分配的影响。罗尔斯的方法是补偿差异带来的后果，而马克思则是使差异不参与分配，相比之下马克思的方法更加彻底，而罗尔斯的方法在目前的历史阶段更有实操性。按需分配所要求的生产力极大丰富的条件对于当下的中国而言仍有些遥不可及，因此应该采取马克思的思路，使差异从造成不公平的因素变成促进人全面自由发展的要素；在具体的操作上借鉴罗尔斯的差别原则，制定能够尽量消除不平等因素影响的分配制度，同时注意不要忽视每一个群体，人数众多的中间阶层也应该受到正义的对待。当前，我国应坚持实现共产主义的目标，在现有的历史框架中根据我国实际的经济和生产力状况实事求是，继续实行社会主义的经济制度和分配制度，并对低收入人群进行全方位的补偿。坚持社会主义的制度，以马克思主义的立场为出发点，借鉴罗尔斯的差别原则对客观的现实因素进行调节和补充，在生产资料公有制的基础上，保障基本的自由和机会的平等，将贡献原则和需求原则相结合，实现分配正义。

（二）设置正义的社会基本结构，关注实质正义

马克思和罗尔斯都关注社会基本结构的正义性。正义的社会制度是实现正义的基本保障，因此必须设置正义的社会基本结构，重视社会制度的重要作用。同时，这对我们今天对于法律和制度的制定也具有重要的启示

意义，即不应当仅仅注重执行法律和制度时形式和手段的正义性，更应该审视法律和制度本身是否正义，注重其内容和目的的正义性。

（三）从实践出发，关注生产正义

相较于罗尔斯从概念出发进行论证的正义思想，马克思主义的历史观和方法论能够不被局限于作为法权概念的“正义”之中，不惧怕消除旧势力的既得利益，勇于进行社会改革，力图清除妨碍正义的因素从而解决根本问题，在实践中通过现实的力量实现正义。从历史唯物主义的观点来看，只在思想精神领域进行论证的正义理论，是远离现实生活的、抽象的哲学理论。要实现真正的、实质的正义，还是要从现实的生产和社会关系入手，在实践领域对正义进行探索。

（四）坚定共产主义的奋斗目标

实现共产主义是实现分配正义的根本途径。共产主义社会不仅是马克思设想的未来社会，也是我们每个人向往和追求的社会。在共产主义社会，物质财富和精神财富都极大丰富，它消灭了一切旧社会的生存条件、消灭了剥削、消灭了阶级；在共产主义社会里，自由和平等之间的矛盾会迎刃而解，从而使人们能在这个社会中自由而全面地发展。

参考文献

［1］段忠桥．关于分配正义的三个问题：与姚大志教授商榷［J］．中国人民大学学报，2012，26（1）．

［2］布坎南．马克思与正义［M］．林进平，译．北京：人民出版社，2013．

［3］亨特，谭群玉，罗嗣亮．马克思与罗尔斯论资本主义及市场的正义［J］．现代哲学，2007（1）．

［4］金里卡．当代政治哲学［M］．刘莘，译．上海：上海译文出版社，2015．

［5］亨特，凌菲霞．资本主义与正义：马克思与罗尔斯的融合［J］．国外理论动态，2018（5）．

［6］亨特，王宁．马克思与罗尔斯论资本主义正义：一种合理的综合？［J］．学术交流，2018（10）．

［7］宋珊珊．马克思与罗尔斯思想的比较性研究：访丹尼尔·布鲁德尼教授［J］．哲学动态，2018（11）．

［8］胡真圣．两种正义观：马克思、罗尔斯正义思想比论［M］．北京：中国社会科学出版社，2005.

［9］姚大志．罗尔斯：来自马克思主义的批评［J］．马克思主义与现实，2009（3）．

［10］卞绍斌．马克思与正义：从罗尔斯的观点看［J］．哲学研究，2014（8）．

［11］苏磊，张志忠．马克思与罗尔斯分配正义理论的比较及其启示［J］．前沿，2008（11）．

［12］马晓燕．罗尔斯与马克思平等观的比较研究［J］．南京社会科学，2008（4）．

［13］姚大志．正义的张力：马克思和罗尔斯之比较［J］．文史哲，2009（4）．

［14］贾中海，张景先．三种经典公平正义理论之比较［J］．理论探讨，2011（4）．

［15］党玲侠．马克思与罗尔斯的分配正义理论之比较［J］．人民论坛，2013（11）．

［16］王佳，张惠敏．和谐社会视野下的马克思与罗尔斯正义观比较［J］．商业时代，2013（1）．

［17］程镝，贾中海．马克思与罗尔斯的公平正义理论比较［J］．学习与探索，2015（6）．

［18］张欢欢．生产正义还是分配正义：马克思与罗尔斯正义理论比较研究［J］．理论月刊，2015（1）．

［19］马光耀．马克思正义理论的当代价值建构［J］．甘肃社会科学，2020（1）．

［20］傅丽红，张国清．马克思、罗尔斯和社会正义［J］．浙江社会科学，2021（2）．

［21］罗尔斯．正义论［M］．何怀宏，等，译．北京：中国社会科学出版社，1988.

［22］JOHN RAWLS. A theory of Justice［M］. Cambridge，Massa-chusetts：The Belknap Press of Harvard University Press，1999.

［23］RODNEY G PEFFER. Marxism，Morality，and Social Justice［M］. Princeton University Press，1990.

［24］马克思，恩格斯．马克思恩格斯文集：第2卷［M］．北京：人民出版社，2009.

［25］马克思，恩格斯．马克思恩格斯选集：第3卷［M］．北京：人民出版社，2009.

［26］北京大学外国哲学史教研室．十八世纪法国哲学［M］．北京：商务印书馆，1963.

［27］艾德勒．六大观念［M］．郗庆华，等，译．北京：生活·读书·新知三联书店，1998.

［28］姚大志，郭玉芳．自由与平等的张力：罗尔斯的正义理论述评［J］．长春市委党校学报，1999（2）.

［29］何建华．马克思的社会正义思想及其启示［J］．中共浙江省委党校学报，2008（5）.

［30］马克思，恩格斯．马克思恩格斯选集：第2卷［M］．北京：人民出版社，1995.

［31］陈伟．罗尔斯思想实验之语境：评《罗尔斯：生平与正义理论》［J］．中国图书评论，2011（1）.

［32］马克思，恩格斯．马克思恩格斯文集：第3卷［M］．北京：人民出版社，2009.

［33］罗楚亮，李实，岳希明．中国居民收入差距变动分析（2013—2018）［J］．中国社会科学，2021（1）.

马克思与琼·罗宾逊收入分配理论的比较分析

林建华　闫帅征[①]

收入分配问题是经济学研究的核心问题之一。马克思和琼·罗宾逊都对资本主义制度下的收入分配问题进行了研究，形成了各自的收入分配理论。本文通过对马克思和琼·罗宾逊的收入分配理论进行梳理，探析二者的联系与区别，这对于我国改善收入分配状况，实现共同富裕具有借鉴意义。

一、马克思的收入分配理论

马克思的收入分配理论内容十分丰富，既包括对收入分配一般原理的论述，也包括对资本主义社会收入分配制度的批判和对未来社会收入分配方式的构想。

（一）马克思的收入分配一般原理

生产决定分配，分配反作用于生产，是马克思对收入分配问题的基本论断。他认为生产关系决定分配关系和分配方式，同时收入分配对生产具有一定的反作用，对生产具有促进或阻碍作用。

1. 生产关系决定分配关系和分配方式

生产关系是人们在生产过程中形成的各种经济关系。生产关系的基础是生产资料所有制，一定的生产资料所有制形式决定一定的分配关系。马克思认为："所谓分配关系，是同生产过程的历史地规定的特殊社会形式，

---

① 林建华（1968—　），女，西北大学经济管理学院副教授，研究方向为西方经济学和区域经济学；闫帅征（1997—　），男，西北大学经济管理学院2020级硕士研究生，研究方向为西方经济学。

以及人们在他们的人类生活的再生产过程中相互所处的关系相适应的，并且是这些形式和关系产生的，分配关系不过表现生产关系的一个方面。”①分配关系主要体现在产品分配的方式，社会成员在产品分配过程中的地位等方面。在资本主义生产关系下，生产资料归资本家所有，资本家凭借生产资料的所有权，占有工人创造的绝大部分产品，这就决定了必然实行以按资分配为主的分配方式。在社会主义生产关系下，生产资料归社会所有，劳动者的劳动成果在经过必要的扣除后由社会分配，这就决定了必然实行按劳分配为主的分配方式。因此，有什么样的生产关系，就有什么样的分配关系和分配方式。

2. 分配对生产具有反作用

马克思不仅认为生产决定分配，还辩证地分析了分配对生产的反作用。一方面，马克思认为：“分配不仅仅是生产和交换的消极产物，它反过来也影响生产和交换。”②分配是再生产过程中的重要环节，产品被生产出来以后，需要经过分配才能通过交换进入消费，整个再生产过程才能得以实现。如果缺少分配这个环节，再生产活动将会因中断而无法进行。另一方面，当一定形式的收入分配适应生产发展要求时，它会促进生产的发展；相反，当一定形式的收入分配不适应生产发展要求时，则会阻碍甚至破坏生产的发展。

（二）资本主义制度的收入分配理论

马克思关于资本主义制度的收入分配理论是以劳动价值论和剩余价值论为基础的，通过研究工人阶级和资本家之间的收入分配关系，揭示了资本主义生产的实质和分配关系的本质。

1. 资本主义生产的实质是剩余价值的生产

资本主义的生产过程是以雇佣劳动为基础的商品生产，其具有两重性：一方面是生产使用价值的劳动过程，另一方面是生产剩余价值的价值增殖过程。在资本主义雇佣劳动下，劳动者以工人的身份受雇于资本家，在资本家的支配和监督之下进行劳动，他们的劳动隶属于资本家。由于社会上的生产资料被资本家占有，工人的劳动力归资本家支配，因此工人生产的产品全部归属于资本家。劳动力成为商品是资本主义生产的前提条

①② 马克思，恩格斯．马克思恩格斯选集：第3卷［M］．北京：人民出版社，2012：491，999.

件。马克思认为劳动力是一种特殊的商品，它的使用价值即劳动本身，不仅能在生产中保存旧价值，而且能创造新价值，并创造出比劳动力价值更大的价值，即剩余价值。马克思把工人的劳动分为必要劳动和剩余劳动，必要劳动用来生产劳动力价值，补偿劳动者在生产过程中体力、脑力等的消耗；剩余劳动用来生产剩余价值，剩余价值是被工人在剩余劳动时间内创造的被资本家无偿占有的超过劳动力价值的那部分价值。资本家在购买了劳动力这一特殊商品之后，在生产过程中，劳动力的使用价值创造了价值量大于劳动力价值的商品，资本家按商品价值出卖商品，不仅收回资本价值，而且获得了剩余价值。在资本主义生产过程中，首先生产出某种使用价值，满足人们的需要，但是资本家的目的不是生产使用价值，而是生产剩余价值，资本主义生产的实质是剩余价值的生产。

资本主义剩余价值的生产可以分为绝对剩余价值的生产和相对剩余价值的生产两种方式。资本家为了追求更多的剩余价值，一方面，通过延长工人的工作时间或提高工人的工作强度，提高绝对剩余价值的生产；另一方面，通过提高劳动生产率，相对地延长剩余劳动时间，提高相对剩余价值的生产。随着资本主义经济的发展，延长工人的工作时间必然会引发工人的不满，加深工人与资本家的矛盾，因此提高相对剩余价值的生产是资本家提高剩余价值量的主要方法。

2. 工资的本质是劳动力的价值

在资本主义社会，资本家和工人是两个对立的经济主体。在资本主义雇佣劳动制度下，资本家付给工人工资，工人为其劳动。从雇佣劳动过程的表面来看，资本家支付给工人劳动报酬，工人出卖的是自己的劳动，工资是劳动的价格或报酬，资本家和工人之间的交易是平等的。然而，这是一种假象，劳动力和劳动是两个不同的概念。劳动是劳动力的使用，不是独立存在的实体，劳动的作用发挥必须与生产资料相结合，所以劳动不能成为商品。劳动力是工人自身的劳动能力，劳动力受劳动者生活水平的影响。资本家购买的是工人的劳动力，劳动力才是商品，工资只是劳动力价值的转化形式。因此，资本主义工资的本质是劳动力的价值。

马克思认为："劳动力的价值，是由生产、发展、维持和延续劳动力所必需的生活资料的价值决定的。"① 劳动力的价值主要包括：工人为了维

① 马克思，恩格斯．马克思恩格斯全集：第23卷［M］．北京：人民出版社，1972：181.

持自身的生存，购买生活资料的价值；工人的家属和子女为了维持生存，购买生活资料的价值；工人接受教育和培训所支出的费用。劳动力的价值不是固定不变的，由于劳动者购买生活资料的种类和数量，受到经济和文化发展水平、生活习惯、历史传统以及自然条件的影响，因此不同地区、不同时代的劳动力价值各不相同。一方面，随着劳动生产率的不断提升，社会必要劳动时间减少，劳动力的价值具有下降的趋势；另一方面，随着社会经济和文化的发展，劳动者所需生活资料的种类和数量不断增加，劳动力的价值具有上升的趋势。

3. 资本主义分配的实质是资本家无偿占有工人创造的剩余价值

资本家为了进行生产活动，必须先垫付资本，用于购买生产资料和劳动力。马克思根据它们在剩余价值生产过程中的不同作用，将其分为不变资本和可变资本。在资本主义制度下，商品的价值（W）包括以下三部分：不变资本的价值（c），表示的是生产资料的价值，在生产过程中被消耗；可变资本的价值（v），表示的是劳动力的价值，用于补偿劳动力的损耗；剩余价值（m），表示在生产过程中由雇佣工人新创造的超过劳动力价值的那部分价值。用公式表示为 $W=c+v+m$。资本家按商品的价值出卖商品，不仅收回了资本价值，而且获得了剩余价值。当资本家把剩余价值看作投入成本的产物时，剩余价值就转化为了利润。利润掩盖了资本家剥削剩余价值的真相。

按照马克思的剩余价值理论，不变资本的价值在生产过程中转移到新产品中，只发生存在形式的改变，而不发生价值量的变化；可变资本的价值在生产过程中不发生转移，发生了价值量的变化，能够创造新价值，这个价值就是剩余价值。剩余价值虽是由雇佣工人创造的，却不属于工人，被资本家以利润的形式无偿占有。马克思通过区分不变资本和可变资本，深刻揭示了资本主义分配的实质是资本家无偿占有工人创造的剩余价值。

4. 资本主义的分配关系导致了经济危机的发生

资本主义经济危机是一种生产过剩危机。经济危机主要表现为大量商品堆积仓库，企业生产迅速下降，大量工人失业。资本主义的生产过剩不是绝对过剩而是相对过剩，它是指社会的生产能力超过了人们的购买能力。经济危机的发生是由资本主义分配关系不平等引发的。马克思认为：

"一切现实的危机的最终原因，总是群众的贫穷和他们的消费受到限制。"① 资本主义社会总供给与总需求之间的矛盾是经济危机爆发的直接原因。一方面，资本家为了追求剩余价值，不断进行扩大再生产，生产资料供给持续增加。另一方面，随着资本有机构成的提高，工资在社会总产品中的比例越来越低，严重制约了工人的购买力，导致总需求不足。随着资本积累程度的加深，社会财富日益集中在资本家手里，劳动者占有财富的比重逐渐缩小，贫富分化严重。社会有效的购买力跟不上生产能力的增长，雇佣工人的有效需求难以与生产的快速扩张相适应，社会总供给与总需求之间的矛盾逐渐加剧，使资本主义经济无法正常运行，导致经济危机爆发。所以，资本主义制度及其所决定的生产和分配是导致经济危机的根源。只要工人阶级被雇佣的地位没有改变，资本主义经济危机就无法避免。

（三）马克思对未来社会收入分配原则的构想

马克思认为劳动是创造价值的唯一来源，只有以劳动为基础的收入分配才是合理的。他在批判资本主义社会收入分配的基础上，提出未来社会收入分配的原则是按劳分配。"这里通行的是商品等价物的交换中通行的统一原则，即一种形式的一定量的劳动同另一种形式的同量劳动相交换。"② 按劳分配是按照劳动者的劳动数量和劳动质量来分配个人消费品。按劳分配要求劳动者必须参与社会劳动，不劳动者不得食，劳动是分配个人消费品的唯一尺度。实行按劳分配是以生产资料公有制为前提条件。在生产资料公有制的基础上，生产资料归社会所有，不存在商品生产和商品交换，收入分配以劳动为根据，劳动者之间是相互平等的关系。实行按劳分配，每个人都是劳动者，从根本上消除了雇佣和剥削关系，每个劳动者的报酬和提供的劳动紧密相关，有利于调动劳动者参与生产的积极性，从而有利于促进社会生产力的发展。

二、琼·罗宾逊的收入分配理论

琼·罗宾逊在《现代经济学导论》《资本积累》中系统地阐释了她的

① 马克思，恩格斯．马克思恩格斯文集：第7卷［M］．北京：人民出版社，2009：584.

② 马克思，恩格斯．马克思恩格斯文集：第1卷［M］．北京：人民出版社，2009：434.

收入分配理论。琼·罗宾逊认为收入分配的实质是对劳动创造价值的分配，资本主义的收入分配结构中存在此消彼长的对立关系。随着经济增长，资本主义的收入分配将越来越有利于利润收入者而不利于工资收入者，这种分配格局将导致经济危机的发生，政府干预是消除收入分配差距的有效措施。

（一）收入分配的实质是对劳动创造价值的分配

琼·罗宾逊认为，价值的创造归根结底应归于劳动，劳动是唯一的生产要素，收入分配的实质是对劳动创造价值的分配。“生产中的基本要素是劳动。没有人类劳动，任何生产都不能进行，甚至机器人也必须靠人来制造。经济学是人对人类情况进行的一种研究。人类靠劳动来维持生活是他们最关切的事情。不能仅仅把人同自然资源和其他投入物等同地看成是生产要素。”① 关于资本的作用，琼·罗宾逊认为资本不能作为衡量价格的标准，只有劳动可以作为独立于资本量的价值尺度，决定价格和分配份额。她认为像厂房、机器、设备等物质形态的资本，在生产过程中发挥的作用是各不相同的，不能把它们归到一起。虽然资本的运用有助于提高生产率，但资本是劳动生产出来的产品，劳动生产率的提高才是生产率提高的根本原因。资本作为劳动产品，应还原为“有时间的”劳动来确定价格。

（二）资本主义的收入分配结构

琼·罗宾逊在研究资本主义收入分配结构时，强调了阶级对立性。她通过分析各阶级所得的收入在国民收入中的比例及其相对变动情况，研究收入分配问题。在琼·罗宾逊的价值论中，收入是劳动在生产过程中新创造的价值，用“纯产品”表示，因此收入的分配就是社会成员对这部分纯产品的分配。琼·罗宾逊把国民收入分为工资和利润两个部分，把社会成员分为工资收入者和利润收入者两个阶级，即工人阶级和资本家。工资和利润的关系可以用公式表示为：工资＝纯产品－利润，或者利润＝纯产品－工资。琼·罗宾逊认为，在给定社会纯产品率的条件下，只要知道了工资率，就可以得到当前的利润率；反之亦然。琼·罗宾逊得出工资和利润之间具有一种此消彼长的对立关系。琼·罗宾逊通过分析资本主义收入分配

① 罗宾逊，伊特维尔．现代经济学导论［M］．北京：人民出版社，2017：91.

结构，认识到阶级力量和阶级关系在收入分配过程中的作用，揭露出资本主义社会中工人阶级和资本家之间的对立关系。

（三）资本主义收入分配的变化趋势及后果

琼·罗宾逊通过分析资本主义收入结构，注意到经济增长过程中工资和利润占国民收入相对份额的变化趋势这一长期问题，并建立了一个将收入分配和凯恩斯的储蓄-投资理论相结合的收入分配模型，着重考察随着经济增长，资本主义社会收入分配结构的变化趋势及其对资本主义经济宏观运行的影响。

在均衡条件下，如果工人储蓄为零，则社会的全部储蓄都源于资本家的利润，由于储蓄等于投资，资本主义经济增长率由资本家的利润率决定；如果资本家把利润的一部分用作储蓄，另一部分用作消费，则得到：

$$S_w=0,\ S_P\cdot P=S$$

其中，S_w 表示工人的储蓄倾向；S_P 表示资本的储蓄倾向；P 表示利润；S 表示储蓄。由于在均衡增长的条件下，全部储蓄都转化为投资，即 $S=I$，所以 $S_P\cdot P=S=I$。单位资产利润率 π 为：

$$\pi=\frac{P}{K}=\frac{I}{K}\cdot\frac{1}{S_p}=\frac{g}{S_p}$$

其中，$\frac{I}{K}$表示经济增长率，用 g 表示。琼·罗宾逊的收入分配模型表明，在资本家储蓄倾向一定的情况下，国民收入中的利润份额主要取决于经济增长率的变动。经济增长率越高，资本家的利润率就越高；经济增长率越低，资本家的利润率就越低。所以，利润率与经济增长率存在一种相互制约的关系，即一定的利润率决定于一定的经济增长率，而一定的经济增长率又必须以一定的利润率水平为前提，二者呈正相关关系。琼·罗宾逊认为，随着经济的增长，收入分配越来越有利于资本家，而不利于工人阶级。经济的增长并不能解决贫困问题，反而拉大了收入差距，加剧了工人的贫困。因此，琼·罗宾逊认为资本主义收入分配最大的弊端就是“富裕中的贫困”。[①] 资本主义的收入分配方式将会导致收入差距不断扩大。她进一步指出，由于工人的收入水平不断下降，引起工人的消费水平不断下降，并导致社会的平均消费水平不断下降；由于社会的平均消费水平低于

① 刘涤源．凯恩斯主义经济学说评论［M］．武汉：武汉大学出版社，1999：212.

生产水平，企业生产的产品大量堆积，企业大量倒闭，工人大量失业，最终导致资本主义经济危机的爆发。

（四）消除收入分配差距的措施

琼·罗宾逊认为资本主义的收入分配结构是不公平的，随着经济的发展，资本家的利润收入在国民经济中所占的比例越来越大，而工人的工资收入在国民经济中所占的比例越来越小，最终导致二者的收入差距不断扩大。她认为，历史的、制度的因素导致收入分配失调，是市场机制无法调节的。于是她主张以政府经济政策为基础，通过政府对经济的干预解决收入分配不合理的问题，消除收入分配差距，实现收入均等化。

琼·罗宾逊的政策主张包括以下三个方面内容。第一，建立公平的税收制度。税收是政府执行国家职能、筹集资金和调节居民收入差距的主要手段。她主张通过累进所得税、高额财产税、没收性的遗产税等税收制度来调整收入差距过大的状况，减少社会中资本性收入，提高劳动性收入比例。第二，建立对低收入人群的社会保障制度。她主张对贫困人群给予社会救济和福利补贴，以缩小收入分配差距。第三，建立增加就业的制度。她主张通过实行投资管制，维持经济增长，避免因经济发展的大起大落引起的结构性失业，同时加强对失业者的文化、技术培训，为他们创造有利的就业条件。

三、马克思和琼·罗宾逊收入分配理论的比较

马克思和琼·罗宾逊的收入分配理论既有联系又有区别。一方面，二者的理论都揭示了资本主义收入分配关系的对立性质，关注了制度对收入分配的影响，强调了收入分配对宏观经济的影响；另一方面，他们的收入分配理论形成的背景、遵循的价值论基础、解决收入分配问题的路径等存在明显区别。

（一）马克思与琼·罗宾逊收入分配理论的相似之处

1. 都揭示了资本主义收入分配关系的对立性质

马克思强调了工人阶级与资产阶级的收入分配关系是对立的。资本家雇佣工人为其生产，工人的劳动成果被资本家完全占有，资本家只有以损害工人的利益为前提才能获取更大的剩余价值，资本主义任何形式的增长

都建立在一定的阶级力量对比之上。马克思认为，资本主义私有制必然会产生资本家和工人这两个对立阶级，阶级的形成是收入分配差距不断拉大的社会表现，同时也是资本主义社会经济规律和发展的必然结果。马克思通过对资本主义收入分配关系的批判，深刻地揭示了收入的来源是劳动，剥削工人的剩余劳动是资本家再生产的目的和动机。

琼·罗宾逊在资本主义分配结构中也区分出工人阶级和资本家阶级，工人阶级获得工资收入，资本家阶级获得利润收入，工资和利润存在一种此消彼长的关系。琼·罗宾逊根据资本主义收入分配模型，推导出在资本家储蓄倾向不变的情况下，资本家的利润率取决于经济增长率，经济增长率越高，利润率就越高；经济增长率越低，利润率就越低。随着经济增长，资本家的利润收入在国民经济中所占的比例越来越高，工人的工资收入在国民经济中所占的比例越来越低，收入分配向有利于资本家而不利于工人的方向发展。这说明在资本主义分配关系中，工人和资本家两个阶级的关系是对立的。

2. 都关注了制度对收入分配的影响

马克思非常重视制度在收入分配过程中的作用，并强调要依据特定的经济制度来理解收入分配。经济制度的基础是生产资料所有制，不同的经济制度具有不同的生产资料所有制形式。资本主义经济制度是以生产资料私有制为基础的雇佣劳动制度。在资本主义私有制制度下，资本家占有生产资料和劳动产品，劳动者除了自身的劳动力之外一无所有，只能靠出卖劳动力维持生存。马克思认为，资本主义生产资料私有制决定了收入分配方式是以按资分配为主，收入的多少取决于他们所拥有生产资料的多少。工资和利润在根本上受到生产资料所有制的影响。

琼·罗宾逊同样关注社会制度对收入分配的影响。她认为，社会制度决定了社会经济关系，尤其是阶级之间的经济关系，它在收入分配中起决定作用。她指出，资本主义收入分配关系是由社会历史经济制度决定的，劳动与财产的分离是造成资本主义收入分配失调的重要原因。在资本主义财产占有制度下，工人依靠劳动获得工资收入，资本家凭借财产权获得利润收入，利润是一种非劳动性收入。随着经济的发展，工资收入在国民经济中所占比重越来越小，利润收入在国民经济中所占比重越来越大，社会制度加剧了国民经济在工资和利润之间分配的不平等性，导致收入分配差距不断扩大。

3. 都强调了收入分配对宏观经济的影响

收入分配不仅影响微观主体的经济利益，而且影响宏观经济的运行。马克思认为，资本主义社会的收入分配差距会呈现逐渐扩大的趋势，最终将阻碍经济发展，爆发经济危机。一方面，资本家为了追求更多的剩余价值，利用一切可以利用的机会加速资本积累，扩大再生产规模；另一方面，在资本家的剥削下，资本的有机构成不断提高，工人的工资水平不断降低，相对过剩人口日益增多，造成工人阶级的贫困化。生产力过剩和有效需求不足之间的矛盾不断加深，最终导致了经济危机的发生。

琼·罗宾逊认为，有效需求不足的根本原因在于收入分配不均。在资本家储蓄倾向不变的条件下，资本家的利润率取决于经济增长率。随着经济的增长，资本家的利润收入占比越来越大，工人的工资收入占比越来越小。由于资本家的边际消费倾向以及社会的平均消费倾向越来越低，社会的有效需求会越来越小。当社会总需求低于充分就业水平时，就会导致失业，而失业加剧了工人阶级的贫困，使社会的有效需求不足，导致经济危机。

（二）马克思与琼·罗宾逊收入分配理论的不同之处

1. 形成的背景不同

马克思所处的19世纪正是资本主义经济迅速发展的时期。资本主义所需要的技术、市场、雇佣劳动力、资金等条件都已成熟，为资本主义经济快速发展奠定了物质技术基础。两次工业革命的爆发以及科学技术的进步，极大地推动了生产力发展和市场规模扩大。伴随着资本主义经济的迅速发展，资本主义社会中工人和资本家的矛盾不断加深。直接生产者同生产资料相分离，工人被迫出卖劳动力，受资本家剥削，形成无产阶级和资产阶级之间的对立。剩余价值的生产是资本主义生产的直接目的和决定动机。资本家为了追求剩余价值，无止境地剥削工人的劳动成果，进行资本积累。在资本积累的过程中，资本有机构成不断提高，相对过剩人口日益增多，造成了工人阶级的贫困化，使工人阶级和资产阶级的矛盾日益尖锐，最终导致经济危机的爆发，大量企业倒闭和工人失业，更加剧了工人阶级与资产阶级的对立和冲突。马克思就是在这种时代背景下提出了以劳动价值论和剩余价值论为基础的收入分配理论。

琼·罗宾逊作为新剑桥学派的代表人物，她的收入分配理论是对资本主义一个特定历史阶段的反映。20 世纪 30 年代资本主义社会爆发经济大危机，给资本主义社会带来了沉重的打击。原有的经济学理论在面对严重的失业和生产过剩问题时，显得束手无策。1936 年，凯恩斯的《就业、利息和货币通论》出版，标志着国家干涉主义开始取代经济自由主义而居于主流地位。作为凯恩斯的学生，琼·罗宾逊把凯恩斯的《就业、利息和货币通论》作为自己研究的出发点，认为《就业、利息和货币通论》的核心是“有效需求不足”，其根本原因在于资本主义收入分配不均。但在如何理解、继承和发扬凯恩斯主义问题上，琼·罗宾逊和以萨缪尔森为代表的新古典综合派存在着深刻的分歧。琼·罗宾逊坚决反对新古典综合派以“边际生产力”为基础的价值理论，认为价值是劳动创造的，应该用劳动决定分配的份额，因此引发了著名的“两个剑桥之争”。琼·罗宾逊在与新古典综合派的争论中形成了自己的收入分配理论。

2. 遵循的价值论基础不同

马克思的收入分配理论是在劳动价值论和剩余价值论基础上形成的。马克思认为，劳动力成为商品是剩余价值生产的前提条件。劳动力商品和其他商品一样具有使用价值和价值，劳动力的使用价值具有特殊性，能创造出新价值，这个新价值就是剩余价值。资本主义生产的本质就是剩余价值的生产。资本家为了追求更多的剩余价值，不断地扩大生产规模和销售规模，进行资本积累。在资本积累过程中，资本有机构成提高、相对人口过剩、剩余价值率提升，最终结果是收入分配差距不断扩大。马克思通过劳动价值论和剩余价值论，揭露了资本主义收入分配的实质是资本家无偿占有工人创造的剩余价值。

琼·罗宾逊认为，收入分配论是对价值论的引申，而价值是由劳动创造的，生产要素只有一个，那就是劳动。因此，她强调回到古典政治经济学的传统中。琼·罗宾逊坚决反对以边际生产力为基础的价值论，即工资取决于劳动的边际生产力，利润取决于资本的边际生产力。她认为根据以边际生产力为基础的分配论，随着资本量的增加，按照边际生产力递减规律，资本的边际生产力不断降低，于是利润率逐渐下降，工人的实际工资将提高，这和实际情况并不相符。琼·罗宾逊虽然否定以边际生产力为基础的价值论，认为收入分配的对象是劳动创造的价值，但是她理解的价值论和马克思的价值论并不相同。二者的主要区别在于：第一，琼·罗宾逊没有区分价值与生产价格；第二，琼·罗宾逊没有区分商品的价值与交换价值；第三，琼·罗宾逊认为工资是剩余价值的一部分。

3. 收入分配关系的决定因素不同

马克思认为生产关系决定分配关系。生产关系不仅决定生产过程中人们的社会关系，而且决定人们的分配关系。马克思指出：“消费资料的任何一种分配，都不过是生产条件本身分配的结果。而生产条件的分配，则表现生产关系本身的性质。”① 在资本主义生产关系下，由于劳动者与生产资料相分离，生产资料归资本家所有，使得生产资料成为资本家奴役与剥削工人的资本，从根本上决定了资本主义社会的收入分配方式是以按资分配为主，必然产生资本家无偿占有工人劳动创造的剩余价值的对抗性分配关系。

琼·罗宾逊则认为收入分配关系是由历史社会制度决定的。她认为收入的分配直接涉及人与人之间的物质利益分割和利益冲突，因此必然反映出社会阶级之间的矛盾和斗争。而历史与现实的一定的社会制度就是在适应一定的社会阶级之间的矛盾和斗争的需要中形成的，因此一定历史和现实的社会制度，必然会制约该社会制度下的收入分配关系。也就是说，收入分配关系必然与历史上形成的财产占有制度、劳工市场的条件有关。

4. 解决收入分配问题的措施不同

马克思认为，资本主义收入分配关系是由资本主义私有制决定的，只有消灭资本主义私有制，建立社会主义公有制，才能消灭剥削、消除两极分化，实现共同富裕。在资本主义社会，要消灭私有制，必须推翻旧的国家政权。国家政权是上层建筑的主体，不推翻旧的国家机器和建立新的国家机器，就不可能完成社会制度的根本变革。因此，社会主义公有制的建立，只能通过无产阶级革命斗争掌握国家政权，没收资本家所占有的生产资料来实现。社会主义公有制取代资本主义私有制，是人类历史的发展规律，是资本主义基本矛盾发展的必然结果。

琼·罗宾逊是资产阶级经济学家，虽然她承认资本主义收入分配结构天然存在不公平性，但她并不否定资本主义制度，而是主张通过改良来消

① 马克思，恩格斯．马克思恩格斯选集：第3卷［M］．北京：人民出版社，2012：365.

除收入分配的差距。她认为，经济增长并不能消灭贫困，因此主张在资本主义制度下，国家实行以收入均等化为中心的经济政策来缩小收入差距。她既反对新古典综合派的财政政策和货币政策，也反对货币主义的自由放任政策。在她看来，新古典综合派的反经济周期政策被实践证明是无效的，货币主义自由放任的经济政策更是一种倒退。她认为政府干预的方向不应该是直接或间接增加总需求，而是通过制定促进公平的税收政策、帮助贫困人口的福利政策、积极促进增加就业等一系列措施来调节收入分配，实现收入分配均等化。

四、意义阐释

马克思和琼·罗宾逊分别从不同的视角，沿着不同的路径对收入分配问题进行剖析，虽然二者的收入分配理论有着较大分歧，但他们都关注到了影响收入分配的种种因素。关注这些因素对于改善我国收入分配状况，实现共同富裕具有重要的借鉴意义。

（一）社会主义制度为缩小收入分配差距提供了制度基础

马克思和琼·罗宾逊都关注到制度对收入分配的影响，马克思认为资本主义私有制是造成收入分配差距的决定性原因，只有建立社会主义公有制才能从根本上消除收入分配差距，实现共同富裕。社会主义公有制是一种劳动者共同占有生产资料，共同享有劳动产品的经济制度。在这种制度下，劳动者共同占有生产资料，生产资料不再是剥削手段，而是广大劳动者为从事生产经营活动、增进自身物质利益的基本条件，这从根本上消除了资本与劳动的对立关系。

生产资料公有制是我国经济制度的基础，是我党建设和发展中国特色社会主义的根本原则。坚持公有制的主体地位，是社会主义的本质特征之一。公有制的性质决定了在国民经济中国有经济要发挥主导作用。习近平同志指出："公有制主体地位不能动摇，国有经济主导作用不能动摇，这是保证我国各族人民共享发展成果的制度性保证，也是巩固党的执政地位、坚持我国社会主义制度的重要保证。"① 新中国成立以来，我国坚持社会主义公有制主体地位，坚持国有经济发挥主导作用，为消除两极分化、

① 习近平．在十八届中央政治局第二十八次集体学习时的讲话［N］．人民日报，2015-11-23.

缩小收入分配差距、实现共同富裕提供了制度基础。

（二）进一步完善收入分配体系，缩小收入分配差距

进一步完善收入分配体系，缩小收入分配差距。第一，完善初次分配。在社会主义市场经济条件下，市场对配置资源起决定性作用，各种要素按照在生产中的贡献进行分配。进一步完善初次分配就是打造一个公平竞争的市场体系，使各经济主体都能够获得与其要素贡献相匹配的收入。第二，完善再分配。由于我国再分配制度不完善，它对缩小收入分配差距没有发挥太大作用。政府应通过进一步完善税收制度和社会保障制度，缩小收入分配差距。第三，发展三次分配，鼓励社会参与。通过加强公共慈善事业的规范管理，保证三次分配过程的公开化、透明化；通过完善税收优惠政策，鼓励高收入人群和企业更多回报社会。

（三）建立和完善均等化的基本公共服务体系

为辖区居民提供公共产品和服务是地方政府的重要职能，而地方政府提供公共产品和服务的种类和水平，又取决于它的财政能力。由于地方政府的财政能力与当地经济发展水平密切相关，因此在经济发达的地区，财政收入较高，提供基本公共服务的水平就高；在经济落后地区，财政收入较低，提供基本公共服务的水平就低。由于东、中、西部地区和城乡地区之间经济发展水平的差异，中、西部地区和农村地区在提供公共服务如教育、医疗、养老等方面的数量和质量上，低于东部地区和城市地区。地方政府基本公共服务的供给能力不足会通过降低或减少劳动者素质和数量，制约当地经济发展能力。因此，可以通过制定基本公共服务标准体系，加大对落后地区基本公共服务财政支持等措施，完善均等化的基本公共服务体系，从而缩小收入分配差距。

（四）缩小收入分配差距对促进经济增长具有重要意义

随着市场经济的发展，我国收入分配差距呈现扩大的趋势，由于高收入群体的消费倾向较低，整个社会的平均消费倾向也随之降低，从而导致整个社会的有效需求不足，阻碍经济增长。当前阶段，由于疫情的影响，世界经济低迷，扩大内需对我国尤为重要。通过建立和完善多渠道的收入分配体系和基本公共服务保障体系，缩小收入分配差距，从而提高整个社会平均消费倾向，拉动内需，对促进我国经济增长具有重要意义。

参考文献

[1] 马克思，恩格斯．马克思恩格斯选集：第 3 卷［M］．北京：人民出版社，2012.

[2]《马克思主义政治经济学概论》编写组．马克思主义政治经济学概论［M］．北京：人民出版社，2011.

[3] 白永秀，任保平．现代政治经济学［M］．北京：高等教育出版社，2008.

[4] 马克思，恩格斯．马克思恩格斯全集：第 23 卷［M］．北京：人民出版社，1972.

[5] 马克思，恩格斯．马克思恩格斯文集：第 7 卷［M］．北京：人民出版社，2009.

[6] 马克思，恩格斯．马克思恩格斯文集：第 1 卷［M］．北京：人民出版社，2009.

[7] 罗宾逊，伊特维尔．现代经济学导论［M］．北京：人民出版社，2017.

[8] 王志伟．现代西方经济学流派［M］．北京：北京出版社，2002.

[9] 刘涤源．凯恩斯主义经济学说评论［M］．武汉：武汉大学出版社，1999.

[10] 王坤，闫伟．马克思主义与后凯恩斯主义经济增长理论比较研究：从经济增长基本方程说起［J］．经济理论与经济管理，2018（8）.

[11] 林建华．马克思经济学与西方经济学利益和谐思想的比较［J］．经济纵横，2008（9）.

[12] 罗宾逊．论马克思主义经济学［M］．北京：商务印书馆，2019.

[13] 胡学勤，胡泊．当代经济学流派［M］．北京：清华大学出版社，2016.

[14] 习近平．在十八届中央政治局第二十八次集体学习时的讲话［N］．人民日报，2015-11-23.

马克思贫困理论与缪尔达尔贫困理论的比较分析

林建华　赵晨璐[①]

贫困问题是世界各国普遍面临的难题。当前我国已消灭了绝对贫困，但仍然存在相对贫困的问题。马克思和缪尔达尔均对贫困问题进行了研究，对贫困的根源进行了深刻的分析，梳理、比较二者的贫困理论对于解决我国贫困问题具有重要的借鉴意义。

一、马克思贫困理论

马克思贫困理论主要研究资本主义社会工人阶级的贫困问题。在马克思贫困理论产生之前，古典政治经济学家和空想社会主义者已经就无产阶级贫困问题展开过讨论。亚当·斯密虽然没有对贫困问题进行系统论述，但他研究了工人阶级的相对收入问题，把劳动者工资的增长与国民财富的增长联系起来，指出工人的工资以他所需的生活资料的价格为基准上下波动。马尔萨斯将贫困与人口数量联系起来，认为贫困是由于人口快速增加使得社会对物质资料的需求增长，而物质资料的供给相对较少，从而供需失衡导致的。欧文等空想社会主义者，描述了资本主义社会早期的贫困问题，并基于感性认识对资本主义私有制进行了谴责和理论上的批判，但没有深入探究资本主义社会的致贫机制。马克思在继承空想社会主义对资本主义批判性的同时，对资本主义制度下工人阶级的贫困问题进行了研究，对工人阶级贫困的原因及摆脱贫困的路径进行了科学阐释，认为对资本主义制度进行变革是消除贫困问题的根本。

---

① 林建华（1968—　），女，西北大学经济管理学院副教授，研究方向为西方经济学和区域经济学；赵晨璐（1997—　），女，西北大学经济管理学院 2020 级硕士研究生，研究方向为西方经济学。

（一）资本主义社会贫困的两种表现形式

1. 绝对贫困

绝对贫困是指在资本主义生产条件下，工人阶级的生产资料所有权被资产阶级剥夺，工人与生产资料相分离，依靠出卖劳动力所得难以维持基本生存需要。马克思认为，劳动能力表现为绝对的贫困，是因为劳动能力作为工人机体的一部分，虽为从事劳动提供了可能性，但是由于生产资料不属于工人，这种可能性缺乏物质条件将难以实现，所以工人无法通过劳动生产生活资料，只能向拥有物质财富的资本家出卖劳动能力来获得工资以维持生存。此时劳动力沦为商品，工人所得工资即劳动力的价格，这一价格始终低于劳动力的价值。劳动力的价值主要包括维持劳动者自身及家庭成员所必需的生活资料的价值，以及劳动者所需的教育和培训费用。资本家为了节约生产成本，获取更多的利润，不仅强制地把工资压低到劳动力价值以下，还通过科学技术手段提高劳动生产率，使商品的价值降低，从而由生产、生活资料价值所决定的劳动力价值也随之降低，工资也相应地降低。因此，绝对贫困是缺乏现实的物质条件所形成的客观贫困，是人物分离的必然后果。

2. 相对贫困

相对贫困是指在资本主义社会中，工人阶级的收入水平虽然随着经济的发展而提高，但是仍处于社会平均水平之下的相对性贫困。工人的劳动时间包括两个部分：为生产维持自身及家庭生存所需生活资料、补偿劳动力价值所消耗的必要劳动时间，以及超过工人补偿劳动力价值所需时间而为资本家生产剩余价值所消耗的剩余劳动时间，二者之间的比例存在巨大差距，从而决定了工人生产的价值在工人阶级和资产阶级之间分配比例的巨大差距。随着资本主义的发展，资本积累加快，资本集中程度日益提高，必要劳动时间减少，剩余劳动时间增加，工人被剥削的程度加深，工人阶级的收入在其社会总产品价值中的占比呈下降趋势。与资产阶级相比，工人的相对社会地位和相对工资都在不断下降，使工人阶级陷入相对贫困的境地。尽管资本家为了持续获得剩余价值、维护自身利益，会通过发布福利政策、设立救济基金、组织教育培训等方式来缓和与工人阶级的矛盾，但工人阶级的社会地位和精神上的获得感仍会继续下降，并贯穿整个资本主义发展的过程。

（二）资本主义社会贫困产生的根源

1. 异化劳动引发贫困

马克思结合资本主义私有制及其相应的社会制度，提出了异化劳动的概念。马克思认为，异化劳动包含四个层次。第一，工人同自己的劳动产品相异化。工人生产的产品并不被工人自己所拥有，反而成为支配工人的一个异己的力量。第二，劳动本身与工人相异化。工人的劳动不属于自己，而是属于别人；工人在劳动中不属于自己，而是属于别人。第三，人与人的类本质相异化。作为人的类本质，劳动是自由的有意识的活动，但在私有制条件下工人的劳动由自由自觉的活动转变为谋生的活动，是手段性的而不是目的性的。第四，人同人相异化。这是人与自己的劳动产品、人与自己的劳动活动、人与人的类本质相异化的直接结果。

资本主义生产方式下的生产资料私有制使得生产资料、生活资料和社会财富被大量掌握在资本家手中，工人阶级因失去生产资料和生活资料而一无所有，只有出卖劳动力来维持基本生活，在这样的生产关系中，生产商品所需的生产资料和工人自身的劳动力相分离，并且无论工人生产多少产品，创造多少财富，都与工人本身无关。工人在依附资本和服务于资本积累的同时，被资本家无偿侵占劳动的剩余价值，形成自身的贫困。

2. 以雇佣劳动为核心的生产资料私有制是工人阶级贫困的根源

资本主义生产的本质就是剩余价值的生产。资本对雇佣工人的剩余劳动所创造的剩余价值的无偿侵占就是资本对劳动的剥削，是被马克思称为“雇佣劳动制度”的必然结果。这种剥削与被剥削的生产关系必然要求工人的全部劳动时间超过必要劳动时间，在工人全部劳动时间内所创造的价值中，资本家以工资形式支付给工人的仅仅是必要劳动所创造的价值或相当于劳动力的价值，而工资之外剩余的部分即工人的剩余劳动所创造的剩余价值则被资本家无偿占有了。因此，资本和雇佣劳动之间关系的实质是剥削与被剥削的关系，而不是表面所表现出的平等交易关系。资本家以其资本雇佣工人进行劳动，工人运用资本家提供的生产资料从事劳动的过程，就是资本家消费各种生产要素的过程，工人服从资本家的安排，他的劳动隶属于资本，所生产出来的劳动产品归资本家所有，包含在劳动产品中的剩余价值也被无偿占有。

综上所述，资本主义社会工人阶级贫困的根源，在于资本主义生产资料私有制度。私有制没有给劳动提供任何东西，却给私有财产提供一切，生产资料与劳动分离是资本家与工人对立的根源。工人由于丧失了生产资料所有权而一无所有，无法通过劳动创造出生存所必需的产品，要想生存就不得不出卖劳动力，工人降低为商品，为资产阶级占有剩余价值而劳动，结果整个工人阶级必然处于贫困状态。

3. 资本积累加剧工人阶级的贫困化

资本积累就是将剩余价值转化为资本。资本家从自身利益出发，为了获得更多的剩余价值，将剩余价值转化为投资，使生产规模不断扩大。因此，剩余价值是资本积累的唯一源泉，而资本积累又是扩大再生产的重要源泉。剩余价值转化的追加资本既是过去剥削工人劳动的结果，又成为现在进一步扩大剥削工人劳动的手段。“资本家将剩余价值不断地转化为追加资本，不断地榨取更多的剩余价值，使资本越来越快地增长起来。”①

在资本积累过程中，资本不仅在数量上会增加，在结构上也会发生变化，资本有机构成有不断提高的趋势。在资本主义经济发展的初期，生产以工场手工业的手工劳动和分工为基础，生产技术的进步十分缓慢，资本有机构成的提高也是缓慢的。随着资本积累的增长、科学技术的进步，一方面，在工业革命背景下，机器制造业的出现使大机器生产逐渐取代了工人手工劳动，机器设备更新换代的速度加快，使资本有机构成提高；另一方面，由于资本主义剩余价值规律和竞争规律的作用，资本家为了占领产品的销售市场和获得更多的利润，必然不断采用新技术，更新机器设备，提高劳动生产率，使生产资料的量相比劳动的量有所增加，工人所推动的生产资料的数量不断增加，资本有机构成不断提高。

资本有机构成的提高使资本家对劳动的需求量减少，相对过剩人口日益增多，导致大量劳动者处于失业或半失业的状态。同时，大量失业工人的存在使资本家能够把工资压低到劳动力价值以下，导致工人阶级的贫困。可见，资本积累的结果就是财富在资本家手中积累，而贫困在工人阶级一端积累。资本家无限扩大生产的趋势与工人阶级因贫穷而缩小的需求的矛盾直接导致经济危机的爆发。

① 白永秀，任保平．现代政治经济学［M］．北京：高等教育出版社，2008：89.

（三）马克思对贫困解决途径的分析

1. 消灭资本主义私有制，建立社会主义公有制

综上所述，马克思认为资本主义私有制是无产阶级贫困的根源。在私有制背景下，获取更多的剩余价值是资本家进行生产的唯一动因，这一行为并不会因为工人阶级的贫困而停止，工人阶级想要摆脱被剥削、被压迫的命运，不能寄希望于资本主义社会的自身变革，如果不消灭资本主义私有制，那么任何努力都不能改变贫困的存在。在资本主义发展过程中，不仅不能消除贫困，而且会使贫困问题日益严重，并导致工人阶级同资产阶级之间的矛盾冲突日益尖锐，阶级矛盾愈演愈烈，直到工人阶级通过革命推翻资本主义统治，消灭资本主义私有制和剥削制度，解放在雇佣制度下被束缚着的生产力。

马克思科学构想了工人阶级推翻资产阶级统治并掌握政权后，建立一个消灭阶级和贫困的理想社会，即“在资本主义时代的成就的基础上，也就是说，在协作和对土地及靠劳动本身生产的生产资料的共同占有的基础上，重新建立个人所有制”。[①] 共产主义社会就是消除贫困、消灭阶级的理想社会：生产资料的占有关系彻底摆脱了私有制的束缚，生产资料和劳动产品归社会共同占有；生产力高度发展，社会产品极大丰富；全社会实行各尽所能，按需分配的分配制度；不存在阶级和剥削，人们实现全面自由发展。

2. 通过发展生产力消灭资本主义制度

马克思认为，生产力是推动社会发展的主要动力，社会的发展离不开生产力，资产阶级正是凭借不断提高劳动生产力，持续扩大财富占有和资本积累，并导致了工人阶级的贫困。同样，消灭资本主义制度，从而消除工人阶级的贫困也要依靠生产力的发展。

生产力决定生产关系，社会一定发展阶段的生产关系的总和是经济基础，经济基础决定上层建筑。当生产力发展到一定水平时，旧的生产关系已经无法适应生产力发展的需要，同时生产力发展为产生新的生产关系提供物质条件，是上层建筑变化的基础。通过发展生产力，资本主义社会的生产关系无法容纳自身创造的财富，只有打破资本主义生产关系，推翻资

① 马克思．资本论：第 1 卷［M］. 北京：人民出版社，1975：832.

本主义相应的社会制度，建立与更高生产力水平相适应的社会制度，促进经济发展，才能从根本上改变价值分配不公平的格局，进而消除贫困。因此，要以发展生产力为重要基础和现实途径，促进共产主义社会建立，消除贫困，实现共同富裕。

二、缪尔达尔贫困理论

缪尔达尔是新制度经济学的代表人物，也是发展经济学的先驱。与主流经济学的理论和方法不同，缪尔达尔通过研究亚洲和其他发展中国家的发展问题，形成了一套新的理论和方法来观察和分析这些地区的贫困问题，用“循环累积因果联系”理论对发展中国家为何贫困以及如何走出贫困作出解释。

（一）提出了“循环累积因果联系”理论

“循环累积因果联系”理论是缪尔达尔在分析发达国家与发展中国家的发展水平差距时正式提出的。该理论运用系统论方法，对整个社会系统中经济及非经济因素进行综合分析，批判了传统经济学的均衡论与和谐论。缪尔达尔认为，传统经济学因继承约翰·穆勒以来的观点，把生产规律与分配规律割裂开来，所以往往会忽视社会平等问题，对不发达国家的贫困问题关注较少，避免了价值判断问题，只关注静态均衡分析。缪尔达尔认为经济学不应该是实证的，而应该是规范的，以社会平等和经济进步作为价值判断的标准做出决策。在一个动态的社会中，各种因素之间存在着因果关系，一种社会因素的变化会引起另一种社会因素的变化，后一种因素的变化又会反过来加强前一种因素的变化，导致社会经济过程沿着前一种因素变化方向演进。“所以社会经济各因素之间的关系不是均衡或趋于均衡的”,[①] 而是因果互生、循环增强的。缪尔达尔认为这是一条具有普遍意义的原理。

对于发展中国家，缪尔达尔指出这些国家的贫困并不仅仅是纯粹的经济现象，技术进步、社会、经济、政治、文化等多种因素存在互为因果的关系，彼此之间互相联系、互相影响，呈现出一种“循环累积”的变化态

① 李增刚．缪尔达尔的制度经济思想及其比较研究［J］．山西财经大学学报，2002（5）：14-21.

势，形成“累积性的循环”。典型的循环是，在发展中国家收入水平低直接表现为人们的生活水平低，而生活水平低意味着营养不良、健康状况恶化、医疗卫生服务滞后、教育水平低下等各方面的不良后果，从而造成劳动力素质不高、人力资本水平下降，使劳动生产率难以提高，劳动生产率的低下又进一步导致收入水平低……从而陷入新一轮的贫困循环。

缪尔达尔在分析发达国家与发展中国家差距拉大的原因时，又对该理论做出进一步的扩展。1957 年，在《经济理论与不发达地区》一书中，他指出事物之间的“循环累积因果联系”，不仅存在着上升的循环累积运动，也存在着下降的循环累积运动。前者指“扩散效应”，即一国的某一地区凭借交通便利或优惠政策等初始发展优势而兴办了若干工业，逐渐形成了经济中心。中心地区的工业企业在发展过程中扩张至周边地区，使技术、资金、劳动力等经济要素流入周边落后地区，带动落后地区的经济增长，这些周边地区的经济增长反过来又进一步促进了中心地区经济的发展，从而形成区域间平衡发展的上升循环累积过程。后者指“回波效应”，即经济中心周边地区的技术、资金、劳动力等经济要素向经济中心地区流动，促进中心地区经济发展的同时，导致周边地区经济发展所需要素不足，并逐渐走向衰落，从而加剧区域间发展不平衡的恶性循环。扩散效应意味着中心地区的发展会对周边地区的发展产生促进作用；回波效应则相反，中心地区的发展会对周边地区产生抑制作用。缪尔达尔认为，由于市场机制的作用，回波效应总是先于并大于扩散效应，某一地区一旦获得初始竞争优势，在发展过程中就会不断积累对自己有利的因素，越来越发达，而周边落后地区则不断积累对自己不利的因素，发达地区对周边地区的发展所带来的负面影响远大于积极效应，市场的力量通常倾向于增加而不是减少区域经济差异，发达地区与不发达地区的差距呈现出不断扩大的趋势。

（二）认为“不平等的社会结构”是发展中国家贫困的根源

从 20 世纪 30 年代开始，缪尔达尔通过研究欧美国家内部的贫困及不平等现象以及世界范围内的贫困问题（包括不发达国家大多数人的贫困和不平等问题、发达国家与不发达国家的不平等问题），认为发展中国家的贫困归根结底是因为“不平等的社会结构”，这些国家迅速扩张的巨大障碍，基本上是由已经确立的制度和态度的不平等造成的，这种不平等主要体现在以下几个方面。

1. 不合理的土地所有制

不合理的土地所有制是不平等结构的一个重要表现。在许多发展中国家，土地所有权掌握在包括政府官员在内的城市居民、上层阶级和农村地区非耕种者的手中，土地使用权的无保障性阻碍农民提高产出的积极性；地租与总产量挂钩，又阻碍了农民的精耕细作。与此同时，发展中国家根深蒂固的社会等级制度阻碍了有效使用雇工来提高产量。土地是社会地位的象征，而从事体力劳动，特别是为雇主干活的人的地位是最卑微的。这些缺乏激励的制度和社会习俗助长了回避生产劳动的习气，形成粗放式而非集约式的生产方式。在这种制度和态度下，农民缺乏激励驱使其努力工作，难以提高劳动生产效率，收益微薄；由于传统观念里体力劳动是耻辱的，因此他们宁愿凭借微薄的租地过着贫困的生活，也不愿被雇佣获得更高的收入。

2. 畸形的经济体制和结构

三大产业发展不平衡是发展中国家的普遍状况。这些国家的农业比重很大，农业部门的主导地位能直接影响人均收入水平。农业发展相对停滞而人口又不断激增，对土地这种非再生性资源形成巨大压力。在以家庭为单位的传统农业模式下，难以实现大规模生产，获得规模效益。因此，农业中缺乏经济迅速发展的条件，贫困人口无法通过农业提高人均收入水平。

工业部门使用厂房、机器等可再生性资源，通过增加投资、技术进步和分工带来生产力的提升会创造越来越多的财富，但是由于发展中国家人口增长率过高，工业化最初阶段无法创造大量就业岗位，难以吸纳大部分劳动力，大部分劳动力仍然属于低收入水平的农业部门，工业部门不能抵消人口增长带来的人均收入的下降。

由于农业发展落后，工业部门又无力吸收劳动力，所以发展中国家不得不依赖第三产业增加就业，但由于整体经济效率低下，所以第三产业就业的增加并不能解决发展中国家的贫困问题。

3. 不合理的教育制度

许多发展中国家的教育现实情况是：扫盲工作开展不到位，学龄儿童的缺勤率和辍学率很高，入学率不高；教育结构不合理，初等教育比中等教育发展慢，中等教育又比高等教育发展慢；学生接受的教育是听、说、读、写和死记硬背，缺乏独立思考的能力。由于整个社会身份、地位观念根深蒂固，教育是统治当局为了培养能胜任管理工作并提供职业服务的当地文化精英集团所做出的安排，因此少数接受教育的上层阶级为了维护自身利益拒绝教育改革，学生的学习目的是谋求一个坐办公室的工作，对体力劳动充满偏见，更不必说到落后的地区帮助受苦的人民。发展中国家的这种教育状况对经济社会平等以及经济发展造成了严重的不利影响，穷人无法通过教育学习知识和技能，也无法利用所学知识和技能创造财富摆脱贫困。

4. 高度集中的权力关系

在许多发展中国家，权力基本上掌握在包括地主、实业家、银行家、大商人和代表他们利益的高级管理的特权集团手中，他们操控着发展计划的制订和实施。然而，这个集团考虑的主要是自身的发财致富而不是国家的发展，因此相机抉择控制十分盛行，即使是对贫困人民有利的政策，“各级公务员普遍不遵从交给他们的规章和指令，并且常常和那些他们本应管束其行为的有权势的人串通一起”①，这样政策在实施的过程中就会大打折扣，即使实施了也会因为官员为了自身能获得更多的利益而进行随意的行政控制，甚至官商之间串通勾结，腐败现象严重，侵占了原本属于民众的社会资源，损害了他们的发展权，加剧了不平等的社会地位，使民众更难以进行自由竞争。

5. “软弱”的法律制度

“软弱”的法律制度是与缪尔达尔提出的“软政府”这一概念相联系的。发展中国家的政治权力几乎都集中于上层阶级而非政府手中。政府没有树立起必要的权威，向公民要求得极少，国家缺乏立法和纪律，即使制定了法律，那些确实存在的义务也执行得不充分。法律只是一纸空文，不被遵守和实施，大众如此，特权阶层更是如此。“权利集中在上等阶层手中，他们能够提供平等的法律和政策措施，但是居于至高无上的地位又阻挠其实现。”② 而贫困的民众将这种社会分层看作风俗习惯，很少组织起来反抗以维护和促进自身的利益。上层阶级的官员与商人勾结控制共同利益，导致建立追求理性的利润动机的市场经济体系非常困难；人们不是把精力放在寻利上，而是用在寻租上，社会收入分配机制扭曲，使民众无法获得公平的收入。

---

① 缪尔达尔．世界贫困的挑战［M］．北京：北京经济学院出版社，1991：196.

② 缪尔达尔．亚洲的戏剧：南亚国家贫困问题研究［M］．北京：商务印书馆，2015：165.

（三）提出通过实施实现社会平等的改革消除贫困

缪尔达尔基于对发展中国家贫困根源的分析提出了发展中国家消除贫困的政策主张。他认为，发展中国家应该采取激进的改革措施来消除发展中的障碍，终止贫困的恶性循环，启动增长和发展的良性循环，促进这些国家形成迅速而且持续的发展。由于缪尔达尔认为发展中国家贫困的根源在于不平等，他主张发展中国家该彻底地进行以下改革，以实现社会平等，消除发展中的障碍。

1. 土地改革

缪尔达尔认为，提高发展中国家农业生产率，必须着手进行“土地改革”。土地改革主要有三种方式：第一，用平均主义的办法把土地分配给耕种者，包括雇农和其他各类无地农民；第二，兴办农业合作社；第三，土地归地方或国家所有。各国应根据本国的实际情况采取不同的方式，通过土地改革使劳动者能够得到平等的土地所有权，从而激励他们发挥自己更大的力量，提高工作的积极性和劳动生产率，从而促进农业生产发展，提高收入水平。

2. 制订国民经济计划

缪尔达尔认为，对于发展中国家，自由放任只会加剧发展中国家的贫困，市场力量也只有在政府的调控下才能发挥作用。消除发展障碍的方法就是制订强有力的国家计划，通过正确的计划消除发展中国家现代化理想与传统不平等的社会制度和态度之间的矛盾冲突。因此，国家要干预和调控经济生活，在经济发展中起到积极作用，同时引导和限制私人部门，使之更好地为社会公众服务，用计划来干预市场活动。强有力的国民经济计划能够促进社会过程的上升运动，从而摆脱贫困循环。

3. 教育改革

缪尔达尔提出了不发达国家教育体制改革的具体内容：第一，保持并提高教育质量，而不是盲目地扩大规模；第二，保持教育三个阶段之间的平衡，给予初等教育优先权，控制中等和高等学校就学人数的过快增加，甚至是降低它；第三，学校体制改革的关键是提高受培训教师的数量和质量。教育改革的关键在于让更多的人民大众接受教育，提高知识水平，提升技能，增加收入，这样才有可能打破社会和经济上的不平等现象，进而改变贫困状况。

4. 改革权力关系

“制度性衰弱的根源是人民参与程度低以及刚性的、不平的社会分层。”① 在许多发展中国家，国家政治权力集中在上层阶级手中，他们相互勾结对社会地位低下的人们进行统治，民众是被动的、不积极的，他们并不知道自己本应该享有的利益，也没有组织起来保护这些利益。因此，为了使国家顺利发展，首先要改革各种权力关系，将权力从特权集团手中转移到下层大众手中，使民众拥有平等的政治权力，从而为自己的发展谋得更多权利和机会。

5. 改造社会风气

发展中国家都是“软弱松散的国家”，只是程度不同。缪尔达尔强调要改进社会风气，防止腐败：对腐败的上层官员以及行贿者做出法律惩罚；采取其他的非随意性的控制措施对私营企业进行更有效的控制；提高低级文职官员的报酬，改善他们的社会和经济地位，应该更有保证；加强保安机构的力量，包括警察部门；提高整个社会的道德水平。这样才能避免各级公职人员不遵守法纪的行为，提高行政效率，改善社会风气，保证社会公平正义，保证在改革过程中制订和实施的国家计划不会因为特权阶层的操控而破产。

三、马克思与缪尔达尔贫困理论的比较

马克思和缪尔达尔的贫困理论产生于不同的社会历史环境，研究了不同制度、不同国家、不同发展阶段条件下的贫困问题。二者的贫困理论虽存在本质差异，但系统梳理和比较二者的贫困理论能从中发现相似之处。

（一）马克思与缪尔达尔贫困理论的相似之处

1. 都突出强调了制度的重要性

马克思的贫困理论是一个内容丰富、相对完整的理论体系。马克思立足于政治经济学理论，将工人阶级的贫困与资本主义制度联系起来。在马克思的贫困理论中，分析了资本主义条件下贫困产生的制度根源，指出工

① 缪尔达尔．亚洲的戏剧：南亚国家贫困问题研究［M］．北京：商务印书馆，2015：376.

人阶级的贫困本质上是一种“制度性贫困”：由于私有制的存在，资本家掌握大部分生产资料，工人阶级只有劳动力的支配权，通过出卖劳动力换取工资，工人劳动创造的剩余价值被资本家无偿占有，沦为一无所有的无产阶级，工资无法保证，甚至为了生存，工人相互之间竞相出卖自己的劳动力，使工资水平进一步降低，这一过程就是资本主义私有制造成工人阶级贫困的过程。消除贫困的路径是推翻资本主义制度，建立共产主义制度。

缪尔达尔将发展中国家的贫困与具体制度联系了起来，认为制度不平等是产生贫困的根源，并提出消除贫困的制度改革措施。缪尔达尔通过对亚洲 11 个国家长达 10 年的研究发现，这些国家经济发展的巨大障碍“基本上是由现有制度和观念中存在的低效率、教条僵化和不平等造成的，是由这种制度和观念中包含的经济和社会权力关系造成的”[①]。缪尔达尔将社会和经济发展中有重要作用的制度与经济结构和发展水平、历史文化和政治、理论和意识形态、社会分层、人口增长以及公共服务等实际因素相联系，通过逻辑分析来研究它们之间的相互关系。对于发展中国家的贫困，他提出制度上的改革：“提高穷人消费水平的平等制度改革，从而提高人们的生产力，是更迅速发展的条件。”[②]他认为，发展中国家要摆脱“循环累积因果关系”，“必须进行政治、经济、教育等全方位的制度变革”，[③] 并提出了土地政策、经济计划、教育改革、政治改革等具体的改革措施。

2. 都强调了权利平等的重要性

根据马克思的贫困理论，在资本主义私有制背景下，资本家占有生产资料，工人阶级除了自身的劳动力一无所有。资本家利用支付给工人工资的形式造成工资是劳动的价值且工人全部劳动都得到了报酬的假象，掩盖了权利不平等的实质。在生产中，资本家拥有的雇佣权利使其处于主导地位，工人阶级的劳动隶属于资本家。这种工人阶级和资产阶级权利、地位的不平等，使工人不得不接受资本家的剥削，造成了工人阶级的贫困。“只要资本主义生产关系的实质不变，工人阶级的境况就不会有根本改善。”[④]

①② 缪尔达尔．亚洲的戏剧：南亚国家贫困问题研究［M］．北京：商务印书馆，2015：11，27.

③ 缪尔达尔．世界贫困的挑战［M］．北京：北京经济学院出版社，1991：340-350.

④ 林建华．马克思经济学与西方经济学利益和谐思想的比较［J］．经济纵横，2008（9）：33-38.

缪尔达尔发现与发达国家相比，发展中国家本身资源匮乏，气候条件极端炎热或潮湿，发展权利上天然有所欠缺。各国内部的政治权力被上层阶级集团所掌握，民众没有土地所有权和接受良好教育的权利，难以通过知识和劳动改变命运，导致发展权利丧失，作为雇佣工人也仅能得到微薄的报酬。这种制度和习惯根深蒂固，由于民众在政治上也缺乏参与权，只能对此被动接受，上层阶级通常会阻止以保护和促进民众利益为目标的有效改革，使民众陷入贫困循环。因此，只有通过激进的改革，赋予所有公民各方面平等的权利，才能打破这种恶性循环。

（二）马克思与缪尔达尔贫困理论的差异

1. 形成的社会历史环境不同

马克思分析了18世纪中叶到19世纪中叶资本主义国家工人的贫困问题。这一时期是资本主义国家工业化发展初期，是生产过剩的周期性循环导致资本主义经济危机频繁爆发、出现大量失业人员的特殊时期，也是资产阶级资本积累和工人阶级贫困积累的典型时期。这一时期贫困问题的突出特征体现在占有生产资料的资本家与出卖劳动力的工人阶级之间尖锐的矛盾和对立。随着资本主义的进一步发展，当发达资本主义国家基本实现了工业化和现代化之后，政府实施了一系列福利政策，在很大程度上缓解了国内的贫困问题，虽然其相对贫困问题仍然存在，但工人阶级普遍意义上的绝对贫困逐渐消失。

缪尔达尔的贫困研究在20世纪50年代以后，这一时期第二次世界大战结束，广大发展中国家的殖民制度瓦解，开始进行工业化建设发展经济。在推进工业化的过程中，发展中国家出现了日益严重的贫困现象，主要表现在两个方面：第一，国内的贫富差距问题越来越突出；第二，在经济全球化过程中，发展中国家与发达国家的贫富差距越来越大，二者之间的矛盾也越来越尖锐。发展中国家的贫困现象引起西方经济学家的关注，缪尔达尔以社会平等和经济进步作为价值判断的标准，对发展中国家的贫困成因、影响因素等问题进行了深入的理论分析，并提出了相应的政策建议。

2. 对贫困产生根源的认识不同

“穷人的悲惨境遇究其原因，不应在那些小的弊病中去寻找，而应当到资本主义制度本身去寻找。”① 马克思认为工人阶级的贫困从根源上来讲，源于资本主义私有制，源于雇佣劳动制度对无产阶级剩余价值的剥削。马克思论述了雇佣工人失去劳动条件，异化劳动使其陷入贫困，资本积累中资本和雇佣工人之间存在对立矛盾关系，财富在资本家手中积累，而创造财富的工人阶级越来越贫穷。

缪尔达尔认为，不平等的社会经济结构是发展中国家经济发展的主要阻碍。分析了土地所有制、经济体制和结构、教育制度、政治制度和法律制度等多方面导致贫穷的原因，表明现行的制度和态度的不平等阻碍了社会、职业流动性的增强，使社会和经济生活中的等级分隔持久化，贫困人民难以摆脱现状。在发展中国家，贫困与不平等互为因果关系，具体表现为：经济与社会的不平等造成国家的普遍贫困；贫穷的人缺乏有力的工具来反抗或犒赏特权阶层，受到后者更粗暴的统治，加剧了不平等。累积因果关系的恶性循环就这样被持久化。

3. 解决贫困问题的路径不同

马克思的贫困理论是站在解放全人类、实现每个人自由全面发展的高度上提出的，是要把工人从资本主义强加给他们的各种异化、剥削等非人化状态中解放出来，远离压迫和不平等的阶级现状，回到他们的本质规定性上。在分析了无产阶级贫困的根源后，马克思指出只有工人阶级彻底推翻资产阶级的压榨和剥削，工人自己掌握政权，才能彻底消除贫困。工人掌握政权后要建立共产主义制度，在这一制度下生产资料成为国家财产，私有制作为工人阶级贫困的根源被彻底消灭。共产主义社会是社会生产目的发生彻底变化的社会，是将工人阶级彻底解放、自由发展的社会，人的劳动行为是为了获得自身生命价值。同时，共产主义社会对其他制度性贫困可以起到良好的预防效果。

缪尔达尔分析了制度和态度的不平等对发展中国家贫困状况的影响，提出土地改革、制订国民经济计划、教育改革、改革权力关系和改造社会风气等多项具体的社会改革措施来消除不平等。这些措施涉及政治、经济、教育等多个方面，应该被彻底地执行才能推动这些国家经济迅速增长，提供持久发展的动力。同时，发展为改革准备了条件，使改革成为可

---

① 中共中央马克思恩格斯列宁斯大林著作编译局．马克思恩格斯选集：第 4 卷［M］．北京：人民出版社，1995：421.

能。发展与改革互相促进，一旦开始贯彻和落实改革措施，就可以展开一个发展与改革互为因果的良性累积过程。

四、意义阐释

在全面建成小康社会、实现第一个百年奋斗目标之后，我国进入中国特色社会主义建设的新阶段。虽然已经消除了绝对贫困，但是相对贫困的问题依然突出，通过对马克思和缪尔达尔两种贫困理论的比较分析，对我国解决相对贫困问题有重要的借鉴意义。

（一）加大教育投入，提升劳动者素质

加大教育投入，能够提高劳动力的质量、劳动者的工作能力和知识技术水平，增强劳动者个人发展能力，从而提高劳动生产率，提升收入水平。劳动者获得的收入可以继续用于对自己或下一代的教育投资，形成个人或家庭发展的良性循环。因此，缩小个人之间教育投资的差别能够缩小个人发展能力的差异，进而缩小收入差距，有助于低收入人群成长为中等收入人群，改善相对贫困的状况。

虽然我国的教育投入与经济基本上保持了同步增长，城乡之间义务教育的投入差距有所缩小，但是仍然存在不平衡和不充分的问题。在非义务教育阶段，如高中教育，城乡之间和地区之间公共教育经费支出的差别仍然很大。另外，学前教育是个人能力发展过程中最重要的人生阶段，许多地区并没有将学前教育纳入义务教育范围，一些农村地区仍有相当大比例的学龄前儿童没有接受正规的学前教育。贫困地区这种教育现状对当地居民提升自身素质、增加收入形成巨大阻碍，改变这种局面唯一的选择是加大对教育的投资力度，尽快实现教育投资的均等化。

（二）加大对相对贫困、落后地区的扶持

在区域经济发展中，发达地区依靠规模经济和聚集经济，在资本回报率、工资等要素收益上比落后地区更有优势。由于市场竞争机制的作用，要素收益的区域差异会吸引资本、劳动、技术、资源等要素由落后地区向发达地区流动，产生“回流效应”。只有在发达地区生产规模的不断扩大引起生产要素供应紧张，从而引起生产成本上升，有利的投资机会减少，资本向其他地区寻找出路时，才会出现资本技术向落后地区扩散的现象，

形成“扩散效应”。然而，我国中、西部地区以及农村等落后地区大多数属于干旱荒漠、高山峡谷或民族贫困地区，虽然资源丰富、劳动力成本很低，但因发展条件极差，完全依靠市场的“扩散效应”和自身的力量难以改善贫困，势必会因“回流效应”导致区域间差距进一步扩大。所以，单纯地依靠市场竞争，发达地区与落后地区的差距会越来越大，只有政府这一外界力量的介入，加大宏观调控和扶贫力度，在政策、资金、技术等要素上给予更大支持，引导地方发挥优势，培育经济增长点，形成持续竞争力，才能打破这些地区向下的循环累积运动，克服“回流效应”对贫困地区造成的负面影响，改变发达地区越来越发达、落后地区越来越落后的状况。

（三）进一步完善公共服务体系，实现公共服务均等化

完善公共服务体系，实现公共服务均等化，对于消除相对贫困具有重要意义。经济越发达的地区，财政收入越多，对公共服务体系建设的投入就越多，教育、就业、医疗、养老等公共服务的种类和质量也就越高，有利于改善劳动力、投资环境等经济要素条件，进一步促进了地区经济的发展，经济发展所创造的大量财政收入又可以作为公共服务的投资来源；反之，经济发展落后的地区财政收入少，公共服务水平比较低下，人们的生存权和发展权不能得到充分满足，更愿意选择到教育、医疗、就业水平相对较高的地区，造成落后地区的人才流失。人力资本发展水平的欠缺不利于经济增长，无法创造更多的财政收入来推进公共服务均等化发展。因此，公共服务均等化是区域协调发展的重要途径和支撑，如果不建立均等化的公共服务体系，地区之间的差异将会因“回波效应”而无法缩小。

尽管从基础设施建设投入的数量上看，我国不同区域公共服务数量均等化程度推进较快，区域之间差距在不断缩小，但质量均等化实现难度较大，还需国家加大对落后、不发达地区的财政转移支付力度，地方政府增加公共服务的一般性转移支付比重，提高公共服务质量，实现公共服务均等化，吸引人才发展经济，从而缩小地区贫富差距。

参考文献

［1］王朝明．马克思主义贫困理论的创新与发展［J］．当代经济研究，2008（2）．

［2］白永秀，任保平．现代政治经济学［M］．北京：高等教育出版社，2008.

［3］马克思．资本论：第1卷［M］．北京：人民出版社，1975.

［4］李增刚．缪尔达尔的制度经济思想及其比较研究［J］．山西财经大学学报，2002（5）．

［5］王冀平．从缪尔达尔“循环积累因果理论”看“环京津贫困带”问题［J］．经济论坛，2012（2）．

［6］缪尔达尔．世界贫困的挑战［M］．北京：北京经济学院出版社，1991.

［7］缪尔达尔．亚洲的戏剧：南亚国家贫困问题研究［M］．北京：商务印书馆，2015.

［8］林建华．马克思经济学与西方经济学利益和谐思想的比较［J］．经济纵横，2008（9）．

［9］何爱平．不同时期贫困问题的经济学理论阐释及现代启示［J］．福建论坛（人文社会科学版），2011（7）．

［10］中共中央马克思恩格斯列宁斯大林著作编译局．马克思恩格斯选集：第4卷［M］．北京：人民出版社，1995.

马克思流通费用理论与科斯交易费用理论的比较分析

赵麦茹　郭宇杰[①]

一、引言

将社会主义市场经济体制纳入基本经济制度是我国对市场经济起决定性作用高度重视的重要体现。市场作为交换关系的总和，正确认识流通过程中所产生的费用问题是认识交换关系的关键。对于商品交换过程中的耗费及其作用的认识，马克思流通费用理论与科斯交易费用理论存在着不同的研究视角和内涵解释。因此，厘清两种费用理论的本质区别对建设中国特色社会主义政治经济学具有重要的理论意义，对我国的经济发展也有着重要的实践指导意义。

祝合良、李晓慧（2016）从流通理论核心概念的界定、研究对象的确定与研究方法的创新等方面梳理了当代西方流通理论的发展历程，揭示了各种经济学流派对流通理论研究的影响。柳思维（2017）从纯粹流通费用与非纯粹流通费用对商品流通的不同影响的角度对马克思流通费用理论的内容和意义进行了深入分析，提出马克思流通费用理论在当今仍具有重要的现实意义，应更好地发挥流通业在促进实体经济发展方面的基础和先导作用。徐从才（2006）从历史和逻辑两个方面分析了现代流通的特点，并立足于我国社会主义市场经济从建立到一步步完善的过程，总结了马克思和西方关于流通发展的思想经验，提出了在比较综合的基础上推进流通理论创新的新思路。任保平（2011）从研究的视角、主要问题、研究范式三

---

① 赵麦茹（1975—　），女，汉族，陕西临潼人，西北大学经济管理学院副教授、经济学博士、博士生导师，研究方向为政治经济学；郭宇杰（1995—　），男，汉族，山西临汾人，西北大学经济管理学院 2019 级硕士研究生，研究方向为政治经济学。

个方面比较了马克思经济学与西方经济学商贸流通理论之间的区别，其中西方经济学商贸流通理论又分为古典经济学、新古典经济学、新制度经济学和新兴古典经济学四个部分，认为在扩大内需成为经济工作中心的情况下，商贸流通的作用表现得尤为重要。

国内学者从不同的角度对流通费用与交易费用理论进行研究，阐述了不同理论的具体内容及实质。对于不同理论的比较研究，国内学者大多只是在马克思流通理论与西方商贸流通理论的比较中简单提及了马克思流通费用理论与科斯交易费用理论的比较，而对二者之间系统的比较研究则较少。同时，国内对马克思与科斯的理论大多只进行了区别，并没有对二者之间的联系做出具体的分析，相关研究也缺乏二者流通费用理论对中国社会主义现代化建设的指导意义以及中国化发展。本文在此基础上系统地分析了马克思流通费用理论与科斯交易费用理论的联系与区别，这两种研究理论在不断完善的中国社会主义市场经济中具有不同的指导和借鉴意义。

二、马克思流通费用理论与科斯交易费用理论的主要内容

（一）马克思流通费用理论

在马克思流通费用理论中，生产与消费两者的关系是辩证统一的，商品只有通过消费才能最终实现其价值，而商品流通处在生产与消费之间，是社会再生产过程中的桥梁和纽带，对整个经济社会的正常运转起着十分重要的作用。其中，流通费用是商品流通领域中的关键因子，通过对流通费用的研究可以反映出商品流通过程中资金产生的流通效率和经济效益。马克思在《资本论》第 2 卷中根据流通过程的不同阶段将物质资本分为三种不同的形态，即货币资本形态、生产资本形态和商品资本形态。其中，货币资本转化为生产资本的购买阶段和商品资本转化为货币资本的售卖阶段所必需的费用称为“商品流通费用”。

1. 流通费用的内涵：纯粹流通费用与生产性流通费用

《资本论》第 2 卷第一篇第六章对流通费用的概念进行了阐述，马克思认为流通费用是相对于生产费用而言的在商品从生产到消费过程中所产生的一种必要费用。流通费用通常是由纯粹流通费用和生产性流通费用组成的。

纯粹流通费用是指纯粹在商品的流通、资本价值形态的转化过程中产

生的费用，这类费用既不创造使用价值也不创造价值，是非生产性质的流通费用，包含买卖费用、簿记费用和货币费用。买卖费用指在交易进行过程中所花费的费用。因为在进行商品交易时，需要找寻商品交易的对象，与交易对象进行买卖签约等，这些过程所耗费的除了时间成本之外，还包括直接成本。虽然这个过程不具有生产性质，但是对再生产的进行有很大影响，通过交易过程节省买卖费用，可以缩短生产者的买卖时间，降低买卖成本。簿记费用指买卖交易过程中为了对买卖双方的信息进行有效记录而消耗的费用。簿记费用也是非生产性质的费用，为生产过程服务。货币费用指在商品流通和支付交易过程中所产生的费用。货币费用随着商品生产而产生，为了实现商品正常流通，必须确保货币费用不受影响。在流通过程中，一部分货币会滞留在流通领域，从而形成不必要的占用，影响流通效率，同时还可能出现货币的损耗，货币费用就产生于这一系列过程中。

生产性流通费用由保管费用和运输费用组成。商品储备是连接商品生产与消费的必要环节，具有双重职能。因此，商品储备不仅要对商品销售的连续性给予保障，而且要对生产过程的连续性给予保证，并且保管费用的多少与产品性质、保管要求等均有关。虽然保管费用不会进入产品本身，但属于产品的一部分，即除了产品生产中存在着保管费用外，在商品销售中也存在着保管费用，而且保管费用能否实现补偿与商品生产和商品销售需求之间也存在紧密关联。运输费用则是由于生产过程中的运输活动在流通领域的继续而产生的费用，运输活动是完成生产过程、实现商品使用价值的必要环节，运输费用能够增加商品的价值，因而运输费用是具有生产性的流通费用。消费活动通常表明商品发生位移，而且商品的使用价值只有在商品被消费时才能实现。因此，运输过程是生产与消费之间的重要纽带，对社会再生产得以顺利进行非常重要。

在论述运输费用时，马克思提出了运输的一般规律：运输所需劳动量与生产力成反比；假定其他条件不变，运输费用与运输业生产力成反比，与运输距离成正比；假定其他条件不变，运输费用与商品重量和体积成正比；运输费用与运输商品的价值成正比。

2. 两种流通费用的产生、补偿及其对资源配置效率的影响

（1）两种流通费用的产生

马克思通过将资本的运动过程拆分为资本的生产和流通两个阶段来分

析、探索资本生产的总过程。在《资本论》第2卷中，马克思在论述资本运动的形态变化和整个循环过程的运转中提到了流通费用的概念。马克思把发生在流通领域中，并为资本由货币形态转化为商品形态和由商品形态转化为货币形态的费用称为“流通费用”，是资本在流通领域中所耗费或支出的各种费用。

纯粹流通费用中用于商品买卖的费用产生于资本家在执行买者或卖者职能过程中，即实现由货币到商品或由商品到货币的形态转化过程。用于簿记的费用产生于资本再生产过程中估价、定价、记账等活动。簿记劳动对于资本再生产运动同样是必要的，因为资本作为不断运动的价值，不管处于生产过程还是处于流通过程，首先都只是以计算货币的形态观念存在于资本家头脑中，生产过程的社会化程度越高，作为对生产过程的“控制和观念总结”的簿记就越必要。用于货币上的费用产生于社会财富为流通过程消耗的部分，因为货币在流通过程中会逐渐磨损，必须耗资铸造和发行新货币进行补充或更新。

商品在离开生产领域后，必须经过保管、运输才能顺利地进入消费领域，它们是社会再生产过程正常进行的必要环节。其中，保管费用产生于商品的储备过程，商品储备不仅需要库房、货架等物质资料，而且需要耗费活劳动。此外，商品在储备过程中还会发生自然损耗，也需追加一部分保管费用。运输费用产生于商品运输环节的各项支出，使用价值的生产和实现需要产品发生场所的变换，即产品由一个地方移动到另一个地方的过程，由此使运输过程成为必要。这部分流通费用与商品本身的运动直接相关，是作用于使用价值之上的费用。如果不支付这部分费用，商品的使用价值就不能最终实现。其所消耗的物质资料的价值会转移到商品中，其所消耗的活劳动则能创造新价值，是生产性的流通费用。不过，这些费用都是在流通领域中产生的，在这个过程中流通性很容易就模糊了其中的生产性。

（2）两种流通费用的补偿

马克思认为，生产成本会转移到新商品的价值中，并通过商品出售来实现其价值。而流通费用作为一种非生产成本，没有参与商品的生产过程，因此它的补偿方式和生产成本的补偿方式是不同的。马克思对生产性流通费用和纯粹流通费用的补偿方式分别进行了论述。

生产性流通费用由于参与了生产过程，其价值和生产成本一样会转移到商品中，在新商品的价值中得到补偿，因此企业的生产只要符合一般的劳动生产率，生产性流通费用就可以得到价值补偿。从事运输、保管、包装等的劳动，也是生产性的劳动。这种劳动不仅能把劳动过程中消耗掉的物质资料的价值转移到商品中，而且能创造新价值，即增加商品的价值和剩余价值。因此，这部分流通费用从商业工人的活劳动和已经增加了的商品价值中得到补偿。

对于纯粹流通费用，马克思认为它们是单纯为了进行商品的买与卖而耗费的费用，是一种不创造商品价值的“虚耗”，不管这种费用有多少，商品的价值都不会增加。纯粹流通费用属于非生产性开支，这部分劳动是非生产性劳动，这部分费用没有参与生产过程，没有在生产过程中形成新的价值，因而它实际上是通过新商品的价值扣除进行补偿的。对于纯粹流通费用的补偿，马克思说：“这种费用必须从剩余产品中得到补偿，对整个资本家阶级来说，是剩余价值或剩余产品的一种扣除。”纯粹流通费用是一个必要的因素，因为没有这些费用，生产资料就不能被买进，生产过程就会中断，商品也会卖不出去，价值和剩余价值就不能实现。但是，这些费用纯粹是为了实现价值，既不能生产或者增加商品的使用价值，又不能增加商品的价值和剩余价值。所以这些费用，只能通过从社会已经生产出的剩余价值中扣除而得到补偿。

（3）两种流通费用对资源配置效率的影响

不管是生产性流通费用还是纯粹流通费用都需要得到补偿，但两种流通费用对资源配置效率的影响是不同的。纯粹流通费用不增加商品价值，应作为重点控制的对象，这部分费用越少，生产效率越高，对资源配置效率的正面促进作用越明显；否则，反之。既然企业利润的实现和整个社会资本的循环与周转必须以流通作为必要条件，而且这种商品流通又是耗费成本的，那么商品流通的成本会反过来影响企业利润率的高低，进而影响企业资源配置的效率甚至整个社会资源配置的效率。所以，马克思研究流通费用的最终目的在于如何降低商品流通的成本，以提高资源配置的效率。马克思通过对流通费用的产生和补偿进行分析成功地解释了商业组织的出现及商业利润的来源，其目的是说明商品在流通领域中的价值增值和转化过程，从而说明价值在不同的阶级之间的分配问题，最终揭示了隐藏在物与物背后的资本家和工人之间的剥削与被剥削关系。

3. 马克思流通费用理论的影响

马克思对流通费用的分类与解释是为了服务于资本运用过程，资本在流通领域中运动所消耗的时间和费用与剩余价值的产生效率息息相关。减少流通费用，可以相对地扩大生产资本，加速资本流通，提高资本的生产率，从而增加剩余价值。所以，对于在流通领域中发生的各种费用，我们应区别对待。对于纯粹流通费用，由于它们是生产者生产费用以外的“虚耗”，不能增加生产者的经济收益，所以我们应通过建立健全市场机制、完善市场信息系统，尽可能地降低这一部分费用。对于保管费用，由于它一方面不能增加商品的使用价值；另一方面可以保存使用价值，使商品变贵，是具有二重性的流通费用，且保管费用加入商品中的价值大小，取决于该商品储备是否是正常的社会商品储备。因此，我们要合理进行商品的储备，减少不必要的储备，降低生产者的保管费用支付。对于运输费用，由于它是生产过程中的运输活动在流通领域的继续而产生的费用，所以运输费用能够增加商品的价值。因此，我们应充分发挥商品运输的作用，扩大商品的市场，增加生产者的经济效益。总之，在流通领域中，我们应通过全面统筹、合理计划使流通费用充分发挥它应有的作用，给生产者带来尽可能多的经济效益。

马克思流通费用理论认为，利润的实现和整个社会资本的循环与周转必须以流通作为必要条件，而这种流通是要花费成本的，这一成本反过来又影响利润率的高低，进而影响资源配置效率。因此，要降低资本流通的成本，提高资源配置的效率，就必须找到其根源。从更深层次考虑，马克思研究流通费用问题实际上是研究资本主义制度的运行费用问题。马克思认为，流通费用特别是纯粹流通费用起源于商品生产和商品交换，而商品生产和商品交换又起源于私有财产制度。正是由于资本主义私有制所要求的生产资料和生产产品归私人所有，人们的经济交往才需要采取商品生产和商品交换的形式，从而产生巨额流通费用。如果资本主义私有制不复存在，社会主义公有制背景下的社会化生产过程就不会产生大量的流通费用，市场机制也起不到对经济的调节作用，社会生产分配效率会极大提高。

（二）科斯交易费用理论

科斯的主要学术贡献是：突破了传统主流经济学关于交易费为零的假

设，使经济学研究的对象更结合实际、接近现实，交易成本分析也逐渐成为经济学术界通用的标准分析方法，进一步增强了对现实经济问题的解释力。科斯“因为发现和澄清了交易费用和产权对经济制度的结构和运行意义”于1991年获诺贝尔经济学奖。

1. 交易费用的内涵：市场价格机制的成本和制度费用

新古典经济学假设市场上的交易是没有摩擦的，即交易费用为零。直到作为新制度经济学奠基人的罗纳德·科斯在研究企业存在原因时，对上述假设提出了质疑。他认为在市场中交易费用无法避免，交易费用为零的假设在现实中不可能存在。科斯在其著作中，首次提出了交易费用思想，从此开创了交易费用新领域，交易费用出现在大众眼前。

交易成本理论的根本论点在于对企业的本质加以解释，它是人类追求经济效率所形成的组织体。交易费用与生产费用相对，是一种制度费用，它的引入是为了比较不同制度的优劣，从属和服务于制度分析。根据科斯的解释，交易费用是运用市场价格机制的成本，并以此解释企业存在的原因。它主要包括获得精确的市场信息的成本以及在市场交易中交易人之间谈判、讨价还价和履行合同的成本。在科斯看来，市场交易过程是要付出代价的，这是对传统经济学进行反思的结果，也就是说，进行市场交易并不像正统的完全竞争理论所假定的那样，价格信息为既定的并为所有当事人掌握；相反，价格是不确定的、未知的，要将其转化为已知，是要付出代价的。交易双方在交易的过程中可能因不对等的利益产生矛盾纠纷等，为化解矛盾解决纠纷进行的谈判或法律方式都会产生成本。因此，“通过形成一个组织，并允许一个权威来支配资源，就能节约某些市场运行成本”，企业组织由此产生。

2. 交易费用的产生及其对资源配置效率的影响

（1）交易费用的产生

在经典文献《企业的性质》一文中，科斯在比较了企业与市场不同的运行过程后，认为企业的内部交易不同于市场交易，在企业内部的交易活动中会产生一种费用，这种费用可能产生于每一笔交易的谈判过程、签约过程、管理过程等。生产活动是在企业内部进行而不是依赖于市场，也就是说，这部分费用是一种替代价格机制的成本，被称为“交易费用”。

“交易费用”这一概念是科斯教授在1937年发表的经典论文《企业的

性质》中分析企业的起源和规模时，首次引入经济学分析的。科斯认为现实交易并不如经济学假设的情况那样，交易过程是要付出代价的。企业和市场两种制度协调配置资源，在企业外部，价格运动指挥生产，通过一系列市场活动来协调。在企业内部，市场交易的复制结果被企业内部协调人替代，由他来指导生产。这两种不同的资源配置形式取决于交易费用的孰高孰低，这也涉及企业的界限问题。科斯进一步表明，当企业扩大时，收益可能减少，在企业内部组织追加的交易成本可能上升。自然，企业的扩大必须达到这一点，即企业内部完成一笔额外交易的成本等于在公开市场上完成这笔交易所需的成本，只有在这一边界点上，企业才会停止扩张。

（2）交易费用对资源配置效率的影响

交易费用的概念之所以被摆在极端重要的地位，主要是因为它解释了企业起源问题。科斯认为新古典经济学“零交易费用条件下无论权利如何界定，都可以通过市场交易达到资源的最佳配置”的世界不存在，现实世界是交易费用为正，市场的不确定性导致交易冒风险，交易是有代价的，资源配置问题就是经济效率问题。所以，一定的制度必须提高经济效率，否则旧的制度将会被新的制度所取代。因此，制度分析被纳入经济学的分析框架中。

科斯指出：市场和企业是两种不同的组织劳动分工的方式，即两种不同的“交易”方式，企业产生的原因是企业组织劳动分工的交易费用低于市场组织劳动分工的费用。企业作为一种不同于市场的资源配置形式，把不同生产要素的所有者集中到一个单位组织进行交易，大大降低了交易摩擦产生的风险。同时，不同于市场配置，企业家代替了复杂的市场结构，全权负责生产。因此，企业是对市场机制的替代。由此可见，企业和市场是两种可以相互替代的资源配置机制。

3. 科斯交易费用理论的影响

以交易费用为基本分析单位的新制度经济学认为，现实经济活动是发生在现实制度背景之下的，而所有的现实制度都与理想化的具有完全确定性的市场制度有着极大的差距。“交易费用”这一概念的提出，促进了经济学的发展，加强了经济理论解释现实经济问题的说服力，使经济学研究更具有现实性。正如科斯本人所说：“认为《企业的性质》的发表对经济学的最重要后果是把注意力引到企业在我们现代经济中的重要性上来，就错了；在我看来，这一结果是无论如何都会发生的。我以为这篇文章在将来会被考虑具有重要贡献的是，把交易成本明确地引进了经济分析之中。”①

科斯把经济学的方法应用于研究制度的运行和演变中，建立了一个新的范式，增强了西方经济学对现实的解释力，成为新制度经济学的一个基本范畴和分析工具，使西方经济学出现了制度分析的一系列经济理论创新。而其他组成部分，如产权理论、企业理论、制度变迁理论等也是以交易费用为基本的分析工具。交易费用理论可以被运用于解释经济现象的交易合约问题，在西方主流经济学的发展史上具有历史性的意义。同时，交易费用理论对我国正在进行的市场经济体制改革也具有参考和指导作用。在进行体制改革和创新发展的过程中，选择并制定产生较少交易费用的理论机制，加快交易效率，提供更高效的制度安排。

三、马克思流通费用理论与科斯交易费用理论的比较

对马克思流通费用理论与科斯交易费用理论的内容及影响进行阐述之后，这部分将从流通过程和成本与效率两个方面来分析二者的共性，从产生背景、行为主体属性、逻辑起点、分析视角和理论基础五个角度来分析二者的区别。

（一）马克思流通费用理论与科斯交易费用理论的共性

1. 费用产生阶段或领域相同：流通过程

马克思的流通费用主要是指商品停留在买卖流通过程中所支付的费用，一般是指为商品的实现所引起的流通过程支出，包括为商品使用价值完好无损所支付的生产性流通费用和为商品的价值实现而支付的各项纯粹的流通费用。科斯在1937年出版的《企业的性质》一文中对交易费用进行了介绍，将其解释为“利用市场价格机制的成本”，之后在1960年出版的《社会成本问题》一文中科斯第一次提到了“交易成本”的概念。可见，科斯提出的交易费用与马克思提出的流通费用都是发生于流通领域并产生于交易进行过程中的费用。科斯的交易费用理论比马克思的流通费用理论晚半个多世纪，马克思对流通阶段及流通费用的分类及补偿等的经典

① 科斯．企业的性质［M］．北京：商务印书馆，1996：303.

论述无疑给科斯交易费用理论的形成带来了重大影响和启迪，特别是马克思提出的“纯粹的流通费用”，是科斯交易费用理论的重要来源之一。也可以说，交易费用理论是科斯对马克思流通费用理论在现代市场经济条件下的创新与发展，这本身就符合马克思主义理论与时俱进的内在品质要求。

2. 核心内容的范畴相同：成本与效率

马克思通过研究流通领域中的费用问题揭示了社会再生产过程中流通时间的长短与流通费用的多少和生产与经营企业的成本及其价格的内在关联，指出流通时间越长，流通费用就越多，生产和经营成本就越高，在其他条件不变的情况下，平均利润率会下降。因此，减少流通中不必要的中间环节，缩短流通时间，能够降低流通费用，提高资本周转速率，进一步提升资本的利用率和利润率。马克思认为，节约流通时间也就等于发展生产力。科斯的交易费用理论的目标在于探讨、寻找产权制度效率的最大化。产权研究以交易费用理论为出发点，始终以效率为中心，达到降低交易成本，提高经济效率的目的。

（二）马克思流通费用理论与科斯交易费用理论的区别

1. 产生背景不同

（1）马克思流通费用理论：第一次工业革命背景

19 世纪第一次工业革命以机械化为标志，大大提高了生产力和生产效率，马克思流通费用理论正是在这一背景下研究资本主义经济发展的。由于当时还存在殖民地的开拓，国内市场的不断扩大，市场交易活动简单，信息不匹配等因素，导致国民对商品的需求远远大于供给，这种供求关系的不平衡造成资本家生产出的产品都可以在短时间内快速销售完毕，因此在经济运转过程中产生的流通费用也相对较少。更重要的是，无产阶级与资产阶级之间的矛盾十分尖锐，资本家不顾一切剥削劳动者，所以马克思重点关注剥削劳动与资本对劳动的无尽支配。

（2）科斯交易费用理论：第二次工业革命背景

科斯的交易费用理论研究的经济现象发生于以电力的发明和广泛应用为主要标志的第二次工业革命时期，极大地推动了社会生产力的发展，生产、流通、分配、消费相对于之前快速循环，从而引起生产厂商和销售商之间以及各自内部之间的各种契约关系日益复杂，交易费用也急剧上升，而如何销售产品和采购生产资料，如何管理企业成为关键问题，也就是说，这些交易活动制约着资本主义企业的发展。所以，采取必要措施降低流通过程中的交易费用，保障社会再生产正常运行至关重要。

2. 行为主体属性不同

由于一切经济活动都是以人为载体进行的，理论的实践也是以人的活动为基本要素的，因此分析流通费用理论与交易费用理论的不同就有必要把二者对人的本质和行为特点的论述作一比较。马克思与科斯在对人的本质与行为属性的认识上存在本质上的不同。

（1）马克思：社会的历史的人

马克思政治经济学以唯物辩证的历史观和方法论作为理论基础，认为限制人们的行动、规定人们行为的具体方式与特点的是每个人现实拥有的、不以其意志为转移的“社会关系的总和”。马克思是在特定的社会经济时期研究人和社会的运动过程的，即研究的出发点是社会的历史的人。马克思并没有否定理性因素对人的活动的作用，他更多的是关注理性背后的社会约束。因此，马克思政治经济学认为真正决定人的运动和发展的并不是理性本身，而是做出理性行为背后所受到的现实约束，如人的社会关系、主观意识结构、家庭地位、财富占有等因素。这些社会约束条件共同组成行为人主体的“社会关系的总和”，也决定了行为人因不同选择而采取的不同行为的特点。

（2）科斯：有限理性经济人

科斯以具有有限理性的经济人、不确定性及人的机会主义倾向为研究的出发点，认为人的行动受主观意识领域中的“理性”支配，其交易费用理论具有浓厚的唯心主义背景。科斯虽对“理性”的内涵及作用作了限定，但并没有超越主流经济学用主观认知解释人的行为这一立场。科斯将社会生产的关系抽象化来分析企业的经济性质，据此观点，企业即无数个体之间长期契约的集合。企业的存在，是为了在新经济人假设下节省交易费用。交易费用理论更侧重于在企业的表层关系上强调无数个体之间长期契约的自由与平等。另外，信息不对称还会引发交易者的机会主义行为即损人利己倾向，这就需要设立各种组织和制度，降低交易过程中的不确定性风险，抑制可能导致的道德风险，而这些组织和制度的设立及维护本身就构成了交易成本。由此，二者研究问题的行为主体属性存在差异，这也是两种理论差异形成的一个重要因素。

3. 逻辑起点不同

（1）马克思流通费用理论：不平等的生产关系

《资本论》通过研究资本的运动和剩余价值生产来揭示当时资本主义社会的经济运动规律。马克思对流通费用的引入和解释，指明了资本在流通领域运动过程中消耗的时间和产生的费用与剩余价值的产生息息相关。降低流通费用，加快资本循环与周转会相应地提升资本利润率和剩余价值。

马克思分析流通费用实际上是为分析生产关系服务的，他通过分析纯粹流通费用并说明其补偿来自剩余价值即产业工人劳动，说明商业资本与产业资本共同剥削产业工人；通过分析生产性流通费用并说明其补偿来自商业工人的活劳动，说明商业资本对商业工人的剥削。所以，马克思流通费用理论的逻辑起点始于资本家和商业工人之间不平等的生产关系，并最终揭示资本主义经济体制的剥削本质和内在矛盾。

（2）科斯交易费用理论：降低成本，提高运行效率

交易费用理论从属和服务于制度分析，制度本身是一种稀缺资源，制度的创立与不断修正需要时间与成本，制度变迁要以降低交易费用为目标，这是以科斯为代表的新制度经济学派的代表观点，将制度的运行与演变纳入新古典经济学成本收益分析框架，是对新古典经济学的一次重大修正，使西方经济学出现了制度分析的一系列经济理论创新。

虽然交易费用无法彻底消除，但是可以降低，制度和技术是降低交易费用的两种主要力量，随着人类交易方式的不断多样化，制度顺应变化以降低交易费用。另外，信息技术特别是电子商务技术的发展也可以节约交易的信息搜寻和为达成交易而发生的谈判费用等，这些对于社会财富的增长都是极其有益的。

4. 分析视角不同

（1）马克思：社会再生产

马克思政治经济学将流通作为生产、交换、消费和分配的一个重要方面，把流通作为社会再生产的一个环节进行研究。马克思政治经济学将商品流通看作资本的起点，认为商品生产和发达的商品流通是资本产生的历史前提。在流通问题研究中，马克思政治经济学总是将流通与生产、消费

相结合，将资本流通与商品流通相结合进行研究。在流通理论研究中，马克思不仅研究了流通的过程，而且重点从商品流通与资本流通的关系、商品流通与生产的关系两个方面进行研究。从总体上来看，马克思的流通费用理论具有系统性和全面性特征。

（2）科斯：交易过程

科斯以交易过程为研究对象，运用主流经济学成本收益分析的框架，并将制度这一因素加入其中，产生交易费用理论。交易费用是在市场交易过程中，市场参与者为了获得完备的市场信息、维护自己的经济利益、维持市场机制的正常运行必需支付的费用，其否定了物质生产过程对于交换过程是起决定性作用的环节，它只能在交换领域解释现实经济中的现象。

从以上分析可以看出，交易费用理论注重交易过程中产生的费用，而流通费用则包括了生产者在流通领域中实际发生的全部费用，既包含由于纯粹商品流通形成的流通费用，又包含生产活动在流通领域中的继续而形成的流通费用。可见，交易费用理论只注重由于买卖行为、信息搜寻产生的费用，而忽视了生产活动在流通领域中的继续而产生的费用。所以，交易费用仅相当于马克思所说的流通费用中的纯粹流通费用，是生产者在流通领域中实际发生的全部费用的一部分。

5. 理论基础不同

（1）马克思流通费用理论：劳动价值论

马克思流通费用理论的理论基础是劳动价值论，他认为劳动是财富和价值增长的唯一源泉。《资本论》第 1 卷中揭示了价值实体是抽象的人类劳动，剩余价值的来源只能是雇佣劳动者的剩余劳动。流通过程是资本主义经济正常运转的重要环节，流通费用在其中扮演着关键角色，但它是对可用于生产的资本和劳动力的占用，在价值创造过程中起着“消极的限制作用”。

（2）科斯交易费用理论：供求机制

科斯交易费用理论同新古典经济学一样，研究的内容仍局限于商品流通领域，没有涉及生产领域，其理论基础依然是供求价格决定论。当产品的市场价格高于企业自身生产投入时，就会选择生产；当产品的市场价格低于企业自身生产投入时，就会选择市场购买。交易费用理论沿用了新古典经济学的研究范式和分析方法，坚持财富的增加来源于交换过程的流通而非生产领域雇佣工人的剩余劳动。这一经济理论决定着他们的立场和观点极力回避对企业生产过程的研究，正因如此，交易费用理论的研究结果无法形成科学的企业理论。

四、启示及结论

流通在社会再生产过程中架起生产与消费的桥梁，关乎整个国民经济的运行效率和效益，顺畅的流通产业不仅能扩大国内需求，激发消费潜力，提升经济运转速度，还有利于满足人民对美好生活的向往。当前，国内外经济形势十分严峻，国内消费经济疲软，因此加快流通产业发展，使其更好地发挥桥梁纽带作用，促进消费，指引生产迫在眉睫。

降成本是我国供给侧结构性改革的一大战略举措，因此如何注重流通时间的节约，加快流通职能资本的转化和循环，努力降低流通成本，便是流通业在供给侧结构性改革中要解决的突出问题。着眼于我国经济发展的现状，流通能力不强、流通市场不活跃等因素制约着社会生产生活的高效发展，使生产与消费不能形成有效衔接，降低流通效率，会进一步影响市场在资源配置中的作用。放眼国际市场，流通不畅会使国内产品不能更好地占领国际市场，以至于缺乏品牌创新性，产品价值和利益链长期被发达国家掌控，影响“引进来”和“走出去”。因此，应从战略上对流通产业高度重视，提高流通能力，促进产业升级，更好地发挥流通产业在我国经济转型升级中的带动作用。

（一）重视流通，科学指导经济发展

流通费用理论告诉我们，推动经济发展的决定性因素在生产领域内。党中央提出的供给侧结构性改革和重视生产领域的现代科技对推动经济发展起到了十分重要的作用，同时也要注意流通领域对整个经济体系运行的重大影响，用好市场这个工具。既要着眼于物质生产，也要重视流通领域，强调物质生产领域的科技创新提高劳动生产率的决定性作用，同时消除或减少市场交易中的各种壁垒，降低流通费用。所以，从理论上科学地认识交易成本与流通费用概念的本质差别，能帮助我们厘清马克思主义政治经济学与新制度经济学的本质不同，以便更好、更正确地运用马克思主义政治经济学基本原理指导我国经济发展的实践。

（二）加强科技创新，提高流通效率

随着大数据和人工智能的高速发展，流通产业也借此得到大幅提升。流通技术的不断创新大大推动了流通产业的升级发展，从而更有利于降低流通成本，减少交易费用，加快流通效率，提升社会运转效益。互联网时代，电子商务和移动电商的迅速崛起引发了一场流通革命，也开辟了节约流通时间、降低流通成本的新通道。“互联网+电子商务”打破了商品流通在空间与时间上的限制，为商品从生产领域进入流通领域以及消费领域缩短了时间。特别是，移动电商、移动支付的发展为节约纯粹流通费用提供了良好的契机与条件，我们应以马克思关于流通费用的理论为指导，紧紧抓住深化供给侧结构性改革降低成本的要求，加快流通体制改革和制度创新，为降低流通成本提供制度保障；加大流通基础设施建设，为降低流通成本提供物质技术基础；要顺应中国新经济地理格局要求，努力优化城乡流通产业空间结构，按经济规律组织商品运输和储存，为降低流通成本提供最优路径；要加强流通信息科学管理，努力实现流通的标准化、信息化、集约化，为降低流通成本提供最优方案。对流通产业在加快实体经济发展中的引擎作用起到很好的带动作用。

（三）营造良好环境，完善统一的市场体系

进一步完善开放性、竞争性与有序性的统一市场体系。为了给资本流通创造一个良好的环境，政府要促进建立兼具开放性、竞争性与有序性统一的现代市场体系。市场机制的正常运转需要一个不断发展、不断完善的市场体系，其在资本流通和资本循环方面大有裨益。因此，政府应着力加强市场法规的建设，加快反垄断立法，打破部门之间和地区之间的人为分割，规范市场行为，制止不正当竞争，创造平等有序的竞争环境，合理优化资源的配置，切实保证资本的高效流通。

马克思关于流通费用的理论对现实世界的资本流通及交易活动仍有强大的解释力，一方面能有效降低我国经济发展过程中产生的流通费用；另一方面可以使我们深入认识社会流通过程，掌握我国流通产业的优势和规律，将理论与我国实际相结合，运用科学的理论方法，完善社会主义市场经济，对流通产业的创新发展具有重要的指导意义。目前，我国虽已构建了完备的现代立体交通运输体系，但不管物流种类、方式怎样变化，商品实体的空间位移这一商品运输的实质没有发生变化，马克思关于商品运

输、流通费用及效率等理论在现代社会仍然科学与适用。

参考文献

[1] 祝合良，李晓慧．对流通理论与流通经济学科发展的几点思考［J］．商业经济与管理，2016（12）．

[2] 柳思维．《资本论》中流通费用理论的内容及其现实意义［J］．经济问题，2017（12）．

[3] 徐从才．流通理论研究的比较综合与创新［J］．财贸经济，2006（4）．

[4] 任保平．马克思经济学与西方经济学商贸流通理论的比较［J］．经济纵横，2011（2）．

[5] 马克思，恩格斯．马克思恩格斯文集：第6卷［M］．北京：人民出版社，2009.

[6] 唐国华．流通费用理论与交易费用理论的比较和借鉴［J］．市场论坛，2011（5）．

[7] 沈芳．流通费用和交易费用的比较研究［J］．经济纵横，2009（9）．

[8] 科斯．企业的性质［M］．北京：商务印书馆，1996.

[9] 杨波．交易费用不是流通费用的现代版本［J］．当代经济研究，2004（8）．

[10] 周秀英．论马克思流通费用理论的价值［J］．社会科学战线，2009（9）．

[11] 马克思．资本论：第2卷［M］．1版．北京：人民出版社，1975.

[12] 周丽群．马克思流通理论对流通改革发展的启示［J］．马克思主义与现实，2017（3）．

马克思与弗里德曼货币理论的比较分析

赵麦茹　赵治博[①]

一、引言

各种货币现象如通货膨胀、量化宽松、汇率波动等问题都会对我们的现实生活产生巨大的影响。在历史上，货币的出现极大地推动了商品经济的发展，马克思说过“它是每个单个资本登上舞台，作为资本开始它的过程的形式。因此，它表现为发动整个过程的第一推动力”。[②] 马克思曾在《资本论》的前几章中详细地阐述自己的货币理论。而弗里德曼作为货币学派最重要的代表人物，他的货币理论也具有较大的影响力，各国在制定货币政策时也都会参考其“一个稳定的可预测的货币政策”这一建议。两者的货币理论都值得我们深入研究。自从我国改革开放，并重新将市场作为最重要的分配手段以来，货币就重新进入了我们的生活，并且和每个人的生活息息相关。想要发展具有中国特色的社会主义货币理论，我们就必须以马克思的货币理论为基础，同时学习、吸收西方其他货币理论的优点与长处。通过对比马克思货币理论与弗里德曼货币理论，我们可以更加清晰地了解货币的起源、本质、职能及其是如何影响经济运行的，从而更好地发展中国特色社会主义货币理论，构建中国特色社会主义市场经济体系。

二、文献综述

围绕本主题的文献大致集中在以下三个方向：马克思的货币理论、弗

---

① 赵麦茹（1975—　），女，汉族，陕西临潼人，西北大学经济管理学院副教授、经济学博士、博士生导师，研究方向为政治经济学；赵治博（1994—　），男，汉族，陕西榆林人，西北大学经济管理学院2020级硕士研究生，研究方向为政治经济学。

② 马克思，恩格斯．马克思恩格斯全集：第24卷［M］．北京：人民出版社，1975：393.

里德曼的货币理论，以及两种货币理论的比较分析。

（一）马克思货币理论的相关文献

我国对于马克思货币理论的研究有着漫长的历史，周诚君（2001）将研究重点放在了马克思货币理论的货币供给上，他认为货币无论是在金属货币时代还是纸币时代都是内生于经济活动的。白暴力、吴红梅（2003）则重点研究了马克思货币理论中货币流通量与价格水平之间的关系。他们分别在金属货币体系和纸币体系下建立了马克思的货币流通量与价格模型，从而得出了在不同体系下的货币流通规律，即在金属货币体系下，商品的价格取决于商品与货币的价值量之比，而流通中所需的货币量与社会价值总量 W 呈正比例关系。在纸币体系下，商品的价格与商品所含价值量、纸币的流通速度以及纸币的总量都呈正比例关系，而与社会的价值总量呈反比例关系。李怀涛（2017）研究了马克思对于货币拜物教的批判，马克思认为金银之所以能够成为货币并不是因为其自然属性，而是商品矛盾发展的产物，货币仅仅是用物的形式掩盖了私人劳动向社会劳动转化的过程。蒋海曦（2018）将研究重点放在了货币形式上，分析了从金属货币、纸币到电子货币，再到如今的数字化货币的成本及其发展。王国刚（2019）在以马克思货币理论为基础的前提下，着重围绕货币界定、货币供应量的确定以及防范金融风险、加强金融监管等几个方面分析了马克思货币理论的实践价值。

（二）弗里德曼货币理论的相关文献

对弗里德曼货币理论进行专门研究的文章较少，相关研究主要掺杂在对弗里德曼整体经济思想的研究和西方主流货币理论的研究中。易定红、郭树华（1999）对于西方货币理论主要流派进行了比较分析，他们以货币中性与非中性作为主线探讨研究了西方各货币理论，认为弗里德曼的货币理论存在短期货币非中性与长期货币中性。陶江（2003）的研究关注弗里德曼货币理论中的一个问题，即“弗里德曼悖论”：在弗里德曼的货币理论中，他所期望的长期缓慢下降的货币流通速度是与常识相悖的。徐则荣（2007）在分析了弗里德曼自由化的主张及其基础的前提下，批判其颠倒了货币与经济的关系，歪曲了货币流通从属于商品流通的事实。邱营（2008）着重阐述了弗里德曼的货币理论对于通货膨胀的分析，探讨了该理论在中国经济转型中的应用与局限性。江建民（2012）在研究弗里德曼货币理论的基础上，结合金融危机背景下我国通货膨胀数据进行了实证分析。

（三）对两种货币理论进行比较分析的相关文献

对两种理论进行比较分析的文献主要分为两种：一种是马克思货币理论与西方货币理论在某一方面的比较分析，这其中掺杂着对弗里德曼货币理论的比较；另一种是马克思货币理论直接与弗里德曼货币理论的整体比较分析。王嘉（2007）对马克思货币理论和西方有关货币理论进行了比较研究，他主要围绕货币定义与职能进行了比较分析。陈伟华、张红伟（2012）对马克思与西方货币理论中的危机理论进行了比较研究，分析了两种危机理论的差异性与互补性。赵燕梅（2014）比较全面地对比分析了马克思货币理论与弗里德曼货币理论，她主要对两种货币理论中货币的数量、定义、本质、职能、通货膨胀、货币危机等问题以及两种理论的研究方法等方面作了比较。刘河北、葛浩阳、蔡超（2016）则关注了两种货币理论的货币需求，对比分析了两种理论的研究范式、货币传导机制、经济危机等方面的问题。

现有文献对马克思货币理论的研究虽然较为全面，但是对于弗里德曼的货币理论的研究较为欠缺。同时，对于两种理论的比较分析都集中于理论的部分内容上，对于整体的比较分析较为欠缺。本文则较为全面地对两种货币理论进行了比较分析，着重阐述了两种理论的内容，比较分析了两种理论的不同点及其产生不同的原因，最后结合实际分析了两种货币理论的现实借鉴意义。

三、两种货币理论的主要内容

（一）马克思的货币理论

马克思的货币理论来源于他对商品的分析，并结合了其劳动价值论。他的货币理论包括货币起源、货币本质、货币职能以及货币流通规律等理论。

1. 货币起源：解决商品经济内在矛盾

马克思的劳动价值论是其货币理论的基础。货币并不是从来就有的，只有当以交换为目的的商品经济取代了自给自足的自然经济之后，货币才有了出现的基本条件。"货币形式只是其他一切商品的关系固定在一种商品上面的反映。"[①]马克思认为，商品在商品经济中具有使用价值和价值这两种因素。商品的使用价值指的是商品的有用性，是商品满足人们某些需求的能力，它体现了商品的自然属性。商品的价值指的是凝结在商品中的抽象劳动，在量上与社会必要劳动时间成正比，体现了商品的社会属性。在商品交换过程中，两种商品交换的比例虽是由商品价值量的比例决定的，但商品的使用价值才是交换目的。这样的交换过程带来了两个问题。首先，两种需要被交换商品的交换价值并不总是对等的，需要被度量和分割。其次，交换需要买卖双方同时对商品的价值和交换价值达成一致，即买家需要找到刚好愿意以自己心仪的价格交换自己需要商品的卖家。为了解决这两个问题，在交易过程中往往会用第三种商品来度量交换价值，充当交换媒介，而这种固定充当一般等价物的商品，就是货币。马克思认为，"货币是这样一种物质媒介，交换价值隐藏在它身上，从而取得了一种符合自己一般规定的形态"。[②] 当然，并不是所有的商品都适合作为货币，在历史上，金银这种贵金属由于其优秀的可分割性与稀缺性，才成为货币首选。

2. 货币本质：固定充当一般等价物的特殊商品

马克思通过对货币起源的分析，揭示了货币的本质，即货币是固定充当一般等价物的商品。随着货币的出现，商品世界分化为普通商品和货币这一特殊商品的两类。虽然货币从其他普通商品中分化出来充当了一般等价物，但其本质上依然是一种商品。"货币形式只是其他一切商品的关系固定在一种商品上面的反映。"[③]例如，金、银等贵金属货币仍然具有价值与使用价值，即获取贵金属也需要付出劳动（价值），同时金、银也拥有装饰以及其他工业用途（使用价值）。当然，马克思关于货币的理解不仅仅局限于金属货币时代，他也对银行券、支票、汇票等非货币形式进行了考察，这些非传统的货币在形式上与传统的金属货币大为不同，其本身并没有使用价值，但是这并不代表马克思的货币理论已经过时了。马克思认为，这些非传统货币其实仅仅是传统金属货币的象征与延伸，"用一种象

---

①③　马克思．资本论：第1卷［M］．北京：人民出版社，2004：109.

②　马克思，恩格斯．马克思恩格斯全集：第46卷上［M］．北京：人民出版社，1958：114.

征性的货币来代表另一种象征性的货币是一个永无止境的过程”①。而通过这种象征的方式，货币的形式就会有无限种可能与表达形式，但其本质上依然是一种固定充当交易媒介的商品，其背后代表的依然是凝结在其中的一般社会劳动。

3. 货币职能：以价值尺度、流通手段为主的五种职能

马克思认为，货币有价值尺度、流通手段、贮藏手段、支付手段和世界货币五种职能。在这五种职能中，价值尺度与流通手段是货币的最基本职能，而贮藏手段、支付手段与世界货币则是货币的派生职能。货币的价值尺度职能解决了商品交换中的第一个问题，也就是交换中的价值度量问题，所有的商品都可以用其与货币的交换比例来表示，从而确定各商品间的交换比例。流通手段则解决了商品交换中的第二个问题，即寻找交换对象的问题，当货币成为中间品进入商品流通后，商品不再需要寻找其对应的买家，而是直接将生产出来的商品交换成为货币，然后用货币购买自己需要的商品，从而将自己的私人劳动转化为社会劳动。贮藏手段指的是货币作为一种价值被广泛认同的商品，退出流通领域，作为财富的一种形式被贮藏起来。而随着商品经济的发展，很多交易开始出现了延时支付，形成了各式各样的账单，在用货币对此类账单进行支付时，货币就行使了其支付手段的职能，与流通手段的区别是，支付手段并不是一手交钱、一手交货的直接交换，而是在时空上存在差异的延时交换。世界货币的职能伴随着国际贸易的兴起而出现，当各国通过货币达成跨国的商品交换时，货币就行使其世界货币的职能，这时货币“把财富从一个国家转移到另一个国家”②。

4. 货币流通：关注货币需求

马克思认为，货币供给是内生的，市场中的货币会随着需求的改变而自动调整供给量。因此，马克思对于流通的分析主要集中在市场上到底需要多少货币这一问题，即货币需求。

从质上讲，马克思认为货币需求可以分为三种类型：交易需求、投资需求和投机需求。货币的交易需求体现在马克思对于简单商品流通的分析

---

① 马克思．资本论：第6卷［M］. 北京：人民出版社，1976：95.

② 马克思．资本论：第1卷［M］. 北京：人民出版社，2004：168.

之中，在简单商品流通中，商品间的直接交换往往会遇到重重阻碍，这时人们就需要货币行使其价格尺度和交易媒介的职能来顺利完成商品的交换。这种情况下货币的流通形式为 $W—G—W$，即商品—货币—商品，货币仅仅作为简单商品交换过程中的媒介，在交换前后的价值量并不会发生改变。货币的投资需求来源于货币作为资本参与资本流通的过程。马克思认为："货币是商品流通的这个最后产物是资本的最初的表现形式。"① 也就是说，货币是一种资本。货币作为资本在市场上流通时的形式变化为：$G—W—G'$（货币—商品—货币）。这个循环的开始与结束都是货币，而且结束时的货币量要大于开始时的货币量，即 $G'>G$，这个增加量就是剩余价值，即 $m=G'-G$。当货币作为资本参与商品流通时，其目的便是获得剩余价值，从而完成资本的增殖。马克思认为货币的投机需求是随着现代信用制度出现的，在此期间有一部分货币会转化为以生息为目的的借贷资本。在流通过程中，借贷资本本身并不参与商品交换，而是以借贷生息的方式完成其流通，因此表现为 $G—G'$，即货币—更多的货币。货币的交易需求、投资需求和投机需求共同构成了马克思对货币需求质的分析。

从量上讲，马克思认为"流通手段量决定于流通商品的价格总额和货币的流通速度的这一规律"。② 货币需求量是市场上用以完成所有交易所需要的货币量。具体来说，货币需求量由市场上的商品总量、单位商品价格和单位货币平均流通速度三个因素决定，用公式可以表示为

$$M=PQ/V$$

其中，M 表示货币需求，P 表示商品单位价格，Q 表示市场上的商品总量，V 表示单位货币的平均流动速度。从货币的支付方式出发，这个公式也可以写为

$$\text{货币需要量}=\frac{\text{待售商品价格总额}-\text{赊售商品价格总额}+\text{到期支付总额}-\text{彼此抵销的支付总额}}{\text{同一单位货币的流通速度（次数）}}$$

马克思认为货币流通来源于商品流通，商品流通从质上确定了货币流通的产生和形式，货币流通从量上决定了货币流通的速度和规模。

5. 通货膨胀：信用货币价值储藏功能的丧失

在马克思的货币理论中，物价水平的变动是社会生产率水平的变化所

① 马克思，恩格斯．马克思恩格斯全集：第 23 卷［M］．北京：人民出版社，1972：167.

② 马克思．资本论：第 1 卷［M］．北京：人民出版社，1972：142.

导致的：随着生产力与生产方式的发展，制造流通中的各个商品所需要的相对社会必要劳动时间发生改变，即各商品所蕴含的价值量发生相对变动。而货币作为一种商品，与其他商品的交换比率也会发生变化，从而导致社会整体物价水平发生变动。在马克思的理论中，货币会通过行使其价值储藏职能自动加入或退出流通领域，从而适应商品流通的需要。而在现代社会，通货膨胀是随着以纸币为代表的信用货币的出现而出现的，由于纸币本身不具有价值，仅仅是金属货币的代表，这使得纸币并不具有价值储藏的功能，从而无法对于市场上的流通量进行自我调节。因此，马克思认为，要解决通货膨胀问题，需要在流通领域建立一个类似蓄水池的储藏体系，使得其可以自动调节数量。同时，需要严格控制纸币的发行，避免货币的增长速度与货币流通速度之和超过经济增长的速度。

6. 经济危机：商品内在矛盾的爆发

在商品经济中，人们以交换为目的进行生产，通过将自己的私人劳动转化为社会劳动从而参与到整个社会化的大生产中。而这一惊险的跳跃，在商品经济的流通中就表示为 *W*—*G*，就是从普通商品到货币的跳跃。然而，在资本主义经济下，大量的生产资料被少部分逐利的资本家所占有，这就导致了社会化的大生产无法被统一调控，仅仅追求自身利益最大化的资本家所主导的生产无法满足社会化大生产需求。盲目生产会导致私人劳动无法顺利地转化为社会劳动，也就表现为生产出的商品无法被售出，无法转化为货币，从而导致了整个经济危机。用马克思的话说，就是“乍看起来，好像整个危机只表现为信用危机和货币危机”①，但是实际上，这是资本主义的基本矛盾，也就是社会化大生产与生产资料私人占有之间矛盾的集聚与爆发。之所以表现为货币危机的形式，主要是因为货币作为支付中介，在方便交换的过程中，也成为商品交换中最危险的一环，承担了将私人劳动转化为社会劳动的任务。在经济危机爆发时，最先破裂的也往往是这一环。

（二）弗里德曼的货币理论

弗里德曼的货币理论在20世纪大萧条之后成为主流，以他为代表的货币主义主张一个长期稳定的货币政策，并且将大萧条的发生归咎于货币当

① 马克思．资本论：第3卷［M］．北京：人民出版社，1975：555.

局对于货币供应量的大幅减少。因此，他的货币理论十分注重对货币量的分析与研究，注重解决现实中的货币问题。

1. 货币起源：降低交易成本

弗里德曼本人并没有对货币的起源进行单独分析，他关于货币起源的观点与西方主流经济学的各种货币理论类似，是从交易成本的角度进行分析的。他们将货币作为一种交易工具，其本身并不存在任何实际价值，而货币出现的最重要原因就是可以降低交易成本。虽然他们没有具体从历史的角度进行考证和分析，但是由“物物交换”进化到“货币交换”的时代，人们交易成本的下降是显而易见的，即货币的出现是历史的必然。

2. 货币本质：购买力的暂栖所

弗里德曼对于货币本质的理解是以货币名目论为基础的。货币名目论认为，“货币无需内在价值，是国家强制履行的契约，只要有政府名目的规定，完全没有价值的纸币也可以和有价值的商品进行交换”①。弗里德曼持有的也是这种观点，即货币本身没有价值，更不是商品，它仅仅是名目上存在的一种象征、一种票证、一种价值符号。从交换的角度讲，货币是为了克服物物交换障碍的一种技术工具，为人们的交换提供便利。从价值储藏的角度讲，他认为货币也是一种资产，是人们持有财富的一种形式，认为“货币是购买力的暂栖所，这是货币比交换媒介更基本的特性”②，即价值储藏才是货币最重要的职能。

3. 货币职能：以价值储藏为主的三种职能

弗里德曼对于货币的观点大致与其他西方经济学对于货币职能的观点类似，他认为货币职能主要有三种，即“货币的功能是交易媒介、计算单位、价值储藏”③。其中，交易媒介指的是货币充当一种交易工具，将简单的物物交换变成了商品—货币—商品的过程，从而节省了人们寻找交换对象的成本，这也是西方经济学对货币职能的分析涉及货币起源的原因。交易媒介的职能也可以将货币与其他资产，如股票、债券、房产等区分开。计算单位职能可以将生活中的交易具体化，提供交易信息，从而使市场可以更好地配置资源，提高经济效率。价值储藏是弗里德曼最关注的货币职

①② 胡海鸥，贾德奎．货币理论与货币政策［M］．上海：上海人民出版社，2007：5.
③ 弗雷得里克．货币金融学［M］．北京：中国人民大学出版社，2001：55.

能，货币的存在使得物物交换出现了时滞，即从换出自己的商品到换得自己需要的商品存在一定的时间差，人们在交换过程中会持有一定时间的货币，在持有货币的这段时间，货币就展现了其价值储藏的职能。因此，这就是弗里德曼所说的购买力的暂栖所的意义。

4. 货币流通：关注货币供给

在弗里德曼的货币理论中，货币需求的变化相对较小，是较为稳定的，而货币供给是外生的，独立于经济活动本身，是由货币当局所决定的。因此，在其流通理论中，货币供给是其分析的重点，也是其货币政策的理论依据。

弗里德曼的货币需求理论可以表示为

$$\frac{M}{P}=f\left(y,\ w,\ r_m,\ r_b,\ r_c,\ \frac{1}{P}\frac{\mathrm{d}P}{\mathrm{d}t};\ u\right)$$

其中，M 表示所持有的货币量；P 表示价格水平；y 表示实际收入；w 表示非人力财富占总财富的比例；r_m，r_b，r_c 分别表示货币、债券、股票的预期名义收益率；$\frac{1}{P}\frac{\mathrm{d}P}{\mathrm{d}t}$为价格变化率；$u$ 为影响货币需求在非收入方面的因素。在弗里德曼的分析中，首先，他用实际收入代替了财富进行分析，同时区分了永久性收入与暂时性收入，并提出了稳定的永久性收入才会影响货币需求，将永久性收入假说纳入了货币需求理论。其次，由于财富的种类众多，货币仅仅是其中的一种表现形式，这就导致了利率对于货币需求的影响较小。另外，个人的偏好对于整体需求量的影响也十分有限，而人们的整体偏好在一定时间范围内是稳定的。弗里德曼的货币需求函数虽然变量众多，但是里面的大多数变量对于货币需求的影响较小且可以相互抵销，整个公式可以简化为

$$\frac{M}{P}=f(y_p)$$

其中，y_p 表示持久收入。从而弗里德曼得出了一个重要结论，即货币的需求量是稳定的、可预测的。

弗里德曼认为影响价格变化的主要原因是货币供给的变动。货币供给是外生可控的，主要由基础货币、存款-准备金率与存货-通货比率决定。其中，基础货币指的是公众持有的货币与银行准备金之和，也就是央行直接发行的货币数量，又称“高能货币”。存款-准备金率是银行的存款总额

与准备金总额之比。存款-通货比率是整个社会的存款总额与市场上流通中的货币总额之比。因此，货币需求量可以表示为

$$M=H\frac{rr(1+\mathrm{d}r)}{rr+\mathrm{d}r}$$

其中，M 表示货币供给，H 表示基础货币，rr 表示存款—准备金率，$\mathrm{d}r$ 表示存款—通货比率。因此，货币当局可以通过影响基础货币数量 H、存款—准备金率 rr 与存款—通货比率 $\mathrm{d}r$ 来影响货币供给 M，从而影响整个经济。具体来讲，货币当局可以通过公开市场操纵（影响基础货币），调整准备金率（影响存款—准备金比率）与贴现率（影响基础货币）来控制货币供给，进而稳定经济。

5. 通货膨胀：超发货币导致的货币现象

弗里德曼的货币理论认为供给量是由货币当局外生给定的，社会整体物价水平会随着货币供给量的上升而上升。因此，弗里德曼认为通货膨胀是一个单纯的货币问题，造成通货膨胀的最主要原因便是政府错误且不负责任的货币政策。由于价格在短期内呈现出黏性，这就使得在短期内，货币量的上升会在一定程度上刺激经济，带来产出的上升。但是在长期，货币呈现出弹性，过量的货币供给只会导致价格水平的上升。正是由于货币政策的这一特性，导致了政府往往为了追求短期利益而过度使用货币政策，从而导致了越来越严重的通货膨胀。弗里德曼认为，治理通货膨胀行为必须从货币政策的角度切入，通过制定长期、稳定的“单一规则”货币政策稳定货币供给。

6. 经济危机：不当的货币政策

弗里德曼认为，资本主义经济本身是长期稳定的，危机的出现具有一定的偶然性，并不是必然会发生的。他对于经济危机的分析主要来源于他对 1929—1933 年大萧条的分析。弗里德曼认为大萧条的最主要原因是政府的过分干预与失败的货币政策。20 世纪 30 年代，联邦政府将货币供给量猛然减少了 1/3 才是导致这场史上最严重经济危机的罪魁祸首。由于在短期内货币量与产出成正比，短期内货币供给的大幅下降导致了产出的大幅下降，从而导致了经济危机。

四、两种货币理论的不同之处

两种货币理论的不同之处主要体现在理论基础、研究方法、货币数量

分析理论的逻辑落脚点与侧重点等方面。

（一）理论基础不同

1. 马克思：劳动价值论

马克思货币理论的基础是劳动价值论。马克思认为，货币是一种固定作为一般等价物的商品，是商品经济时代的产物。只要是商品，就存在价值与使用价值两种属性，这两种属性又来源于劳动的二重性，抽象劳动创造商品的价值而具体劳动创造商品的使用价值。在货币参与的商品交换过程中，会经历商品—货币—商品这样的形式，商品既是交换的起点，也是交换的终点。但是，这两次交换的意义并不一样，第一次交换（商品—货币）的难度要远远大于第二次交换（货币—商品）的难度。其原因就在于，人们将商品转化为货币的过程，其实也是将自己的私人劳动转化为社会一般劳动的过程。因此，货币的交换其实是其背后的社会劳动的交换，代表了一种社会生产关系。

2. 弗里德曼：货币数量论

弗里德曼对于货币的研究基础是货币数量论，这是一个分析货币数量、货币价值、市场价值之间相互影响的理论。他将货币作为一种与其他资产形式并列的资产，从理性人效用最大化的角度，在量上进行了关于货币数量需求、供给的分析，得出了货币需求稳定，货币冲击主要来源于货币供给变动的结论，并以此为基础发展出了他关于货币政策、通货膨胀、经济危机的理解。

马克思的货币理论是从研究货币是什么、怎么来的、是做什么开始的，更多的是关于货币抽象的、本质上的研究。而弗里德曼的货币理论，是从研究需要多少货币、如何正确地供给货币开始的，仅仅是量上的研究，对于货币究竟是什么这一问题则缺乏更加深入的探讨。

（二）研究方法不同

1. 马克思：唯物辩证法

马克思对于货币的研究遵循的是唯物辩证法，他按照从商品到货币、从微观到宏观的顺序，得出了货币起源于人们对于商品交换的需求，其本质上是一种从普通商品中被选出来的，作为一般等价物的商品，也拥有价值和使用价值。货币的交换，本质上依然是其中所凝结的社会一般劳动的交换。由于货币的出现只是为了满足商品流通的需要，货币流通是商品流通的另一种形式，而且由于货币的价值贮藏职能，使其可以自动调整数量，因此通货膨胀是失去了自身价值的符号货币时代才有的产物。由于商品流通的第一性，马克思关于经济危机的分析也是从商品流通领域，乃至更基本的生产领域分析的，认为货币危机仅仅是生产危机的变现，并不是原因。

马克思的唯物辩证法是一种逻辑分析方法，是一个由因推果的过程，对货币的起源、本质、职能、数量等各个方面都进行了深层次的分析，以定性分析为主。

2. 弗里德曼：实证研究法

弗里德曼的研究主要使用的就是实证研究法，即以历史数据为基础，对现实中的各种货币现象进行分析总结。在他的货币需求理论中，他通过对美国货币经济的实证研究，得出了货币需求量对于利率的弹性很小的结论，证实了货币需求的稳定性，得出货币供给外生且短期内正比于产出水平，长期正比于物价水平的结论，奠定了其货币数量论的基础。他对于经济危机的分析也是来源于其对大萧条时期的实证研究，即他发现了在大萧条时期货币供给大幅减少的证据。

弗里德曼运用的实证研究法是一种经验分析方法，是一个由果推因的过程，他所关注的是日常生活中人人都能观察到的货币现象，以定量分析为主。这种以历史经验数据为基础的研究方法往往具有严重的滞后问题。

（三）货币数量分析理论的逻辑落脚点与侧重点不同

在马克思的货币理论中，货币的需求量用公式表示为 $M=PQ/V$，而作为弗里德曼货币理论的重要来源，货币数量论用公式表示为 $MV=PT$，其中 Q 表示商品的数量，T 表示社会的实际交易量，两者是可以互相替代的。因此，在形式上两种货币数量理论十分相近，但在本质上是完全不同的。

1. 马克思：货币供给内生

在马克思的货币理论中，货币供给是内生的，在公式 $M=PQ/V$ 中，M 是因变量，而 P、Q、V 是自变量，货币的供给量主要取决于生产力与生产方式的发展，是完全内生且由市场决定的，即商品流通决定了货币流通。马克思认为，由于货币供给在市场中拥有自我调节机制，因此是商品的价格决定了市场上货币的数量，而不是市场上货币的数量决定了商品的价格。马克思认为货币是一种商品，其本身就具有价值，并不依赖于流通关系，所以马克思认为的价值储藏只有是永久的储藏，货币才可以真正地离开流通领域，从而调节货币供给。因此，在马克思的货币理论中，货币的数量是相对稳定且对于经济的影响十分有限的。

2. 弗里德曼：货币供给外生

虽然弗里德曼认为的货币职能中也有价值储藏职能，但是其仅仅是暂时的储藏，这使得货币无法真正地退出流通领域，从而达成调节货币供给的效果。因而在弗里德曼的理论中，MV 是外生给定的，而 PY 会随着 MV 的上升而上升。由于 V 和 Y 都趋向于长期稳定增长，因此 M 与 P 呈正比例关系，市场价格会随着货币供给的上升而上升。也就是说，商品价格是由市场上的货币供给量所决定的，即货币流通决定商品流通。也正是在这个前提下，弗里德曼提倡货币当局应该谨慎使用货币政策，最好使用一个稳定的可预期的货币政策，从而更好地稳定经济。

五、两种货币理论差异的原因

两种货币理论之所以有如此多的不同，很重要的原因就是两种理论诞生的时代背景以及借鉴的理论渊源不同。

（一）时代背景不同

1. 马克思：金属货币时代

在马克思的时代，货币以金属货币为主，这些金属本身就具有独特的使用价值与价值，是一种商品。虽然当时已经出现了纸币这种并没有任何价值的纯符号货币，但是这些纸币往往会与金属货币保持一个稳定的汇率，通过金属货币作为背书来获得价值。在马克思的时代，纸币只是金属货币的延伸，本身并不能单独执行货币的全部职能。

2. 弗里德曼：信用货币时代

弗里德曼的货币理论诞生于 20 世纪 60 年代。在这一时期，布雷顿森林体系彻底崩溃，美元与黄金脱钩，货币彻底进入了信用货币时代。货币成为一种单纯的以国家信用背书的交易票据，本身不再具有任何价值。同时，由于纸币的印刷成本要远远低于金属货币的制造成本，这就使得在信用货币时代，货币的供给可以在短期内大幅度地发生改变，从而改变整个经济。因此，讨论货币的数量问题成为这一时期的主流。

（二）理论渊源不同

一切伟大的理论都不是凭空产生的，它们往往是建立在前人的理论基础之上，并对其进行了批判、继承和发展的。

1. 马克思：英国的古典货币理论

马克思的货币理论主要受到英国古典货币理论三位代表人物——威廉·配第、亚当·斯密和大卫·李嘉图的影响。威廉·配第的理论中，清晰地阐述了金属货币，如银天然就是货币，且其含有的价值与其开采成本成正比，与其开采所耗费的时间成反比。这些观点得到了恩格斯的极大认同，“配第对商品价值量作了十分正确的分析。他一开始就用需要等量劳动来生产的贵金属和谷物具有相同价值的例子来说明价值量，这样他就为贵金属的价值下了第一个也是最后一个‘理论上的’定义，而且他还确定而概括地谈到商品的价值是由等量劳动来计算”①。亚当·斯密则对货币的起源进行了系统的探讨，认为货币的出现来源于交易与分工的发展。同时，亚当·斯密还初步提出了商品的二因素，提出了“劳动是衡量一切商品交换价值的真实尺度”② 的观点。这些观点在马克思的货币理论中都得到了继承和发展。大卫·李嘉图则是古典货币理论集大成者，他在继承斯密劳动价值论的基础之上，区分了活劳动和物化劳动，并且通过对货币流通的分析提出了货币数量论。

2. 弗里德曼：西方货币理论

弗里德曼的货币理论是在现代西方经济学的货币理论基础之上发展起来的，其对于货币数量的分析主要来源于费雪方程式、剑桥方程式与凯恩斯的货币理论。费雪方程式的具体形式为

$$M\overline{V}=P\overline{T}$$

其中，M 代表货币数量，V 代表单位货币的流通速度，P 代表一般物价水平，而 T 代表商品和劳务的生产和交易量。由于 V 和 T 在短期都是恒定的，费雪方程式可以理解为货币数量与价格水平的正比例关系，这在弗里德曼的结论中得到了继承。剑桥方程式由新古典学派代表人物马歇尔在

① 马克思，恩格斯．马克思恩格斯选集：第 3 卷［M］．北京：人民出版社，1972：271-272.
② 斯密．国民财富的性质和原因的研究：上卷［M］．北京：商务印书馆，1972：26.

1917年出版的《货币的价值》一书中提出，其具体表达形式为 $M=kTP$。从形式上看，其与费雪方程式的区别在于用社会持有的货币数量占其一年内交易总量的比例 k 替代了费雪方程式的 $1/V$。从内容上看，费雪方程式强调的是货币的流通速度，关注于其交换媒介的职能；而剑桥方程式探讨的是以货币形式存在的财富占总收入比例，强调了货币的价值储藏职能，这也正是弗里德曼所关注的。凯恩斯的货币理论在继承了之前两种货币理论的基础上，提出了流动性偏好。他将货币视为一种流动性很高的资产，而人们对于货币的需求是来源于人们在各种不同流动性与利息资产中的理性选择，这一思想在弗里德曼的货币需求理论中得到了继承与发展。

（三）阶级立场不同

1. 马克思：无产阶级

马克思关于货币的分析是从无产阶级的角度出发的，证明了货币的出现虽然可以让商品经济的交换变得更加容易，但是货币本身并不能解决商品中价值与使用价值之间的矛盾，也无法彻底解决私人劳动与社会劳动之间的矛盾。货币的出现在解决交换问题的同时，也将问题掩盖了起来，并且最终以经济危机的形式爆发了出来。而经济危机在本质上是由于生产资料私有化与社会化大生产之间的矛盾所带来的生产的无序导致的，是货币本身无法解决的。因此，在资本主义世界，经济危机的周期性爆发是必然的，货币危机仅仅是其背后生产危机的一种表现形式，只有当资本主义的基本矛盾得以解决，生产资料社会化之后，经济危机才不会出现。

2. 弗里德曼：资产阶级

弗里德曼的货币理论是站在资本主义立场上的理论，他默认了资本主义经济自身具有稳定性，一切问题和危机都是偶然的、可控的。具体来说，在他的理论中，货币是一种价值符号，由政府背书发行。也就是说，在整个经济中的货币供给是外生的，而我们现实生活中的大多数经济问题是由于货币供给量出了问题。例如，通货膨胀就是由于货币当局过分地量化宽松，大量提高货币供给所造成的。

六、现实借鉴及启示

当今世界，各种新的货币现象层出不穷，货币政策也是调节经济的重要手段。通过对两种货币理论的比较学习，我们可以看清货币的本质，从而更好地应对新的货币现象；遵循可靠高效的货币政策原则，从而预防货币危机的发生。

（一）看清货币本质

自 2008 年比特币横空出世以来，人们便开始重新思考货币到底是什么。比特币这种基于区块链技术的电子加密数字“货币”，由于其拥有去中心化的支付系统、有限的储量等优点，迅速地风靡全球，被认为是新一代货币的解决方案。2021 年，萨尔瓦多甚至通过立法将比特币确定为其法定货币。但是，通过对马克思货币本质与职能等理论的分析研究，我们可以明确认识到以比特币为代表的一干数字“货币”并不是真正意义上的货币。从货币本质方面来看，首先马克思认为货币的本质是固定充当一般等价物的商品，其背后蕴含的是社会一般劳动。虽然比特币等数字“货币”由于其需要通过大量的计算，即常说的“挖矿”才能获得，也就是说，比特币确实凝结了人类劳动，但是其仅仅是私人劳动，并不是社会一般劳动。目前，比特币并没有得到最广泛的认可，并没有拥有轻易地转化为其他商品的能力。即使许多国家、平台都开通了比特币等数字“货币”的支付渠道，但是其成交数量仍然十分有限，并且在支付逻辑上依然是先将比特币兑换为其他法定货币，然后进行支付，其本质上依然是一种投资品。从货币职能来看，马克思认为货币最基础的职能是流通手段与价值尺度。在目前的基础设施条件下，比特币这种数字“货币”作为主要流通媒介依然是不成熟的，世界上大多数的交易都无法满足数字货币交易的基础条件，即网络与电子设备。而比特币无法作为真正的货币存在的最重要原因，就是其目前完全无法承担价值尺度的职能。近些年，数字货币的比值变化巨大，10 年前 1 比特币仅仅能买一份比萨，而现今超过了 4.5 万美元。这种变化使得其完全无法表示其他商品的价格。正是由于我们国家清楚地理解了比特币这种数字“货币”并不是货币，而仅仅是一种投资行为的事实，才能时刻保持对其的警惕，严查非法“挖矿”等行为。

（二）预防货币危机

马克思货币理论与弗里德曼货币理论都包含了对于货币危机的描述与分析。马克思的危机理论直击货币问题背后的生产问题，证明了货币危机产生的根本原因是其生产危机，是资本主义经济的基本矛盾，其提出的是长期彻底解决货币危机的根本办法。弗里德曼对于货币危机的分析虽然浮于表面，是就货币问题谈货币问题，但是其对于货币供给的研究分析也有一定的参考价值，对于货币政策的指导更加直接有效，其提出的是短期避免货币危机发生的直接办法。结合两者的货币理论，借鉴弗里德曼稳定的可预测的货币政策建议，我国政府应不乱发、不超发货币，并确保市场上稳定适度的货币供应量。同时，更要牢记马克思一切问题的根本在生产的观点，在坚持以市场“无形的手”为主的基础上，发挥政府“有形的手”对于市场的监管、规制、扶持。通过强有力的政府解决社会化的整体规划问题，确保生产的有计划性，将货币危机彻底扼杀在摇篮中。

七、结语

马克思与弗里德曼的货币理论都是十分成功的货币理论。马克思的货币理论站在无产阶级的立场，运用唯物辩证法，通过对货币的起源、本质、流通等方面的研究，证明了经济危机并不是货币所引起的，而是资本主义基本矛盾的积聚与爆发，证明了资本主义的内在不稳定性。弗里德曼的货币理论虽然是站在资本主义的立场上为其开脱，否认了经济危机是资本主义生产关系的必然产物，但是他对于数量的研究依然具有一定的参考价值。

我国仍然处于社会主义初级阶段，货币本身是没有社会属性的，在社会主义市场经济阶段，货币依然是我们发展社会主义经济的强大工具。在当今信用货币，乃至虚拟货币横行的时代，各国对于货币的管控都十分严格，每次货币政策的变动都是举国瞩目的大事。我国的社会主义市场经济较其他国家的市场经济有着显著的区别，因此在货币政策的使用上，我们不应该直接照搬西方的理论，也不能照本宣科地只看马克思的货币理论，而是应该在继承和发展马克思货币理论的基础之上，吸收西方各种理论的精髓并加以应用，从而更好地发挥货币在市场经济中的作用。

参考文献

[1] 马克思，恩格斯．马克思恩格斯全集：第 24 卷［M］．北京：人民出版社，1975.

[2] 周诚君．货币供给的内生性与货币政策研究：马克思货币理论的

分析与启示 [J]. 当代经济研究，2001 (4).

[3] 白暴力，吴红梅. 马克思的货币流通量与价格总水平模型：兼与货币数量论比较 [J]. 当代经济研究，2003 (5).

[4] 李怀涛. 论马克思对货币拜物教的批判 [J]. 马克思主义研究，2017 (1).

[5] 蒋海曦. 当代货币形式的演变及成本：基于马克思货币理论视角 [J]. 政治经济学评论，2018，9 (5).

[6] 王国刚. 马克思的货币理论及其实践价值 [J]. 金融评论，2019，11 (1).

[7] 易定红，郭树华. 西方货币理论主要流派的比较 [J]. 中国人民大学学报，1999 (1).

[8] 陶江. 货币的速度与“弗里德曼悖论” [J]. 南开经济研究，2003 (5).

[9] 徐则荣. 米尔顿·弗里德曼的经济思想评析 [J]. 经济评论，2007 (5).

[10] 邱营. 弗里德曼货币与通货膨胀理论研究：基于中国经济转型下其理论局限性的分析 [D]. 杭州：浙江大学，2008.

[11] 江建民. 金融危机后我国通货膨胀的成因和治理：基于弗里德曼货币理论的实证检验 [D]. 延吉：延边大学，2012.

[12] 王嘉. 马克思货币理论和西方有关货币理论比较研究 [J]. 中国农业银行武汉培训学院学报，2007 (6).

[13] 陈伟华，张红伟. 马克思货币危机理论与西方货币危机理论比较研究 [J]. 四川师范大学学报（社会科学版），2012，39 (2).

[14] 赵燕梅. 马克思货币理论与弗里德曼货币理论的比较研究 [D]. 长春：吉林财经大学，2014.

[15] 刘河北，葛浩阳，蔡超. 马克思货币需求理论与弗里德曼货币需求理论的比较 [J]. 财经科学，2016 (1).

[16] 马克思. 资本论：第 1 卷 [M]. 北京：人民出版社，2004.

[17] 马克思，恩格斯. 马克思恩格斯全集：第 46 卷上 [M]. 北京：人民出版社，1958.

[18] 马克思. 资本论：第 6 卷 [M]. 北京：人民出版社，1976.

[19] 马克思，恩格斯. 马克思恩格斯全集：第 23 卷 [M]. 北京：人

民出版社，1972.

[20] 马克思．资本论：第 1 卷 [M]. 北京：人民出版社，1972.

[21] 马克思．资本论：第 3 卷 [M]. 北京：人民出版社，1975.

[22] 胡海鸥，贾德奎．货币理论与货币政策 [M]. 上海：上海人民出版社，2007.

[23] 弗雷得里克．货币金融学 [M]. 北京：中国人民大学出版社，2001.

[24] 马克思，恩格斯．马克思恩格斯选集：第 3 卷 [M]. 北京：人民出版社，1972.

[25] 斯密．国民财富的性质和原因的研究：上卷 [M]. 北京：商务印书馆，1972.

马克思与新兴古典经济学国际贸易理论的比较分析

赵麦茹　张春晓[①]

一、引言

改革开放40多年以来，我国对外贸易得到了迅速发展，极大地推动了国民经济的发展。各国对外贸易的不断发展加速了经济全球化，世界各国、各经济主体之间的依赖和联系更加密切，经济全球化已成为不可逆的时代潮流。马克思的国际贸易理论是我国对外贸易的指导理论，西方经济学的国际贸易理论在国际贸易理论中也占据十分重要的地位。马克思经济学与西方经济学派作为世界两大主流理论体系，对它们的理论内容进行比较分析，有益于发现各理论的长处，从而将两大理论体系的可取之处完美结合，共同助力于经济的发展。新兴古典经济学派作为西方经济学派中的新起之秀，颇受各国经济学家推崇，对分析国际贸易提供了新思路，其具有代表性的超边际分析更是大受欢迎，是当前西方经济学流派中较受关注的理论。因此，本文选择新兴古典学派与马克思的国际贸易理论进行比较分析。

当前学术界关于国际贸易理论的研究有很多，尤其是马克思作为我国主流思想，一直颇受我国学者关注。在对马克思贸易思想的研究方面，袁志田、刘厚俊（2006）和杨圣明（2014）论证了马克思国际贸易理论的实践性、阶级性、批判性与时代性。李铮（2013），周经、李勇刚（2015）认为马克思的贸易理论主要分析了国际价值和贸易政策等内容。徐雅

① 赵麦茹（1975—　），女，汉族，陕西临潼人，西北大学经济管理学院副教授、经济学博士、博士生导师，研究方向为政治经济学；张春晓（1998—　），女，汉族，山东聊城人，西北大学经济管理学院2020级硕士研究生，研究方向为政治经济学。

（2020）认为马克思国际贸易思想的本质即资本逐利，追求最大的剩余价值。国际贸易是互惠的，并且遵循利润平均化规律和不平等发展规律。罗云、戴铁、蒋琳莉（2020）论述了经典马克思国际贸易思想的贸易政策观，即保护主义是后发国家快速发展的过程和捷径，是走向自由贸易的必由之路，并且经济发展过程中比较优势的转变也会引起贸易政策在自由主义和保护主义上的相互转化。

作为西方经济学流派的新兴流派，新兴古典经济学派的国际贸易理论也已走进学者的研究视野。在新兴古典贸易理论方面，吴总建、聂思泉、向辉（2003）对新兴古典贸易理论和传统贸易理论在理论的思想渊源、前提假设、分析方法、对贸易基础的认识、对贸易利益的主张等方面进行了比较分析。张明洲（2007）对交易费用和效率进行了分析，发现交易费用和交易效率呈负相关关系。孙黎（2009）详细分析了新兴古典贸易理论的内容，并以此为依据对企业服务外包业务的产生、发展历程和发展现状以及服务外包的未来发展提出了建议。

在对不同流派国际贸易理论的比较分析方面，吴总建、聂思泉、向辉（2003），侯蕾（2005）分别对新兴古典贸易理论和绝对优势理论、比较优势理论、新兴古典贸易理论及新贸易理论进行了比较分析，大多集中于理论特点、理论基础、贸易基础研究对象等方面。刘厚俊、袁志田（2006），张志敏、何爱平（2013），刘国晖、吴易风（2015）等在研究方法、研究对象、贸易动因、贸易政策选择等方面对马克思国际贸易理论和西方国际贸易理论进行了详细的比较分析。多数比较类文章虽直接将马克思与整个西方经济学的贸易理论进行比较，但专注于某个西方经济学流派与马克思的贸易思想进行比较分析的文献极少，而西方经济学流派众多，这种对西方经济学流派进行整体考察的方式容易造成分析的细节不够。因此，本文通过借鉴其他比较类文章的分析方法，展开对马克思国际贸易理论和新兴古典贸易理论的比较分析。

二、马克思与新兴古典经济学国际贸易理论的主要内容

（一）马克思的国际贸易理论

马克思通过总结、归纳并扬弃前人的国际贸易理论，加上对现实的具体分析，建立了自己的国际贸易理论。其内容主要包括国际分工理论、世

界市场理论及国家价值与国际信用理论。

1. 国际分工理论

马克思的国际分工理论是其国际贸易理论的有机组成。马克思认为，社会成员分别在不同行业进行生产活动，也就是劳动在社会范围内的分工，这是社会生产发展到一定水平的必然结果。劳动的自然分工是劳动分工最先出现的表现形式，也就是按照从事生产活动的人的性别和年龄自然形成的分工。这种自然分工使劳动力按照年龄和性别分别得到了合理的配置，不仅有助于提高劳动者的劳动熟练程度，而且有助于生产力的提高。随着生产力的不断发展，不同生产领域开始发生交换行为，社会分工随之出现。此时，各个生产部门相互独立，有用劳动在质上产生分化，分别从事独立生产者的私人事务，从而发展成为一种具有庞大分支系统，转变成一种社会劳动分工。可以说，正是社会分工的出现推动了商品经济的形成。

当社会分工范围不断扩大，以至于突破了国家界限时，就形成了覆盖全世界范围的分工形式。国际分工是资本主义社会机器化大生产水平进步的必然结果，各国生产力水平不断提高，对原材料和低价劳动力的需求不断提高，商品的生产和流通逐渐突破国家界限。国际分工是国际贸易的起因，国际分工将各个国家和地区联系起来，分别从事不同行业的生产活动，进而促使各国之间开展贸易活动，扩大贸易规模和范围，为国际贸易的形成和发展创造条件。国际分工也会影响一国国际贸易政策的制定，一般来说，在国际分工中居于主导地位的国家，倾向于自由贸易政策；在国际分工中处于弱势地位的国家，倾向于保护贸易政策。

2. 世界市场理论

马克思认为，国际分工、世界市场和国际贸易之间具有一定的辩证关系，国际分工为世界市场和国际贸易二者的产生与发展创造条件，世界市场则为国际分工和国际贸易提供场所，三者相互影响，共同促进。世界市场实质上是资本家通过剥削工人而实现资本的无限扩张。当资本主义社会再生产发展到一定程度时，国内生产条件会阻碍资本增殖速度的加快，资本的逐利性将使资本冲破国界的限制涌向国外市场寻求新的发展，从而将国内外市场联合起来形成统一的世界市场。可以说，经济全球化的结果就是产生了世界市场，世界市场为国际贸易提供了环境和空间。

此外，马克思也说明了经济危机会爆发的原因。资本主义生产无限扩张，加上人民的支付能力不足使得资本主义社会出现了生产的相对过剩，这种矛盾使资本主义不得不采取对外贸易和资本输出的方式侵占世界市场，转移过剩商品。但这种向世界市场倾销过剩商品的行为会造成其他资本主义国家的生产相对过剩问题。由于世界市场将资本主义各国联结在一起，导致资本主义国家整体的过剩问题越发严重。并且，世界市场也会推动资本主义社会生产力飞速发展，有利于资源在全球范围内的合理配置，使各国的联系越来越紧密。国内市场延伸至世界市场，帮助资本主义国家缓解过剩问题，可以延缓资本主义危机在一国内的爆发，但世界市场这种延缓危机的作用有限，全球性的资本主义经济危机终究会频繁而剧烈地爆发。

3. 国际价值理论与国际信用理论

商品、资本等在世界范围内的流动、交换和转移必然遵循世界市场的运行规律，从而使国际贸易活动得以在世界市场上顺利进行。国际价值理论和国际信用理论即世界市场上国际贸易活动得以顺利进行的两大重要保障。

（1）国际价值理论

商品经济的发展离不开有效的经济规律引导，这些规律中首要的便是价值规律，即商品的价值量由生产商品所需要的社会必要劳动时间决定，根据商品自身所含有的价值量确定交换比例，价格围绕商品价值会不断产生上下波动。当商品经济的发生场所转换到世界市场时，价值规律就发展成为国际价值规律。国际价值是凝结在某种商品中的世界人民的劳动或国际社会人民的抽象劳动。马克思的劳动二重性学说在国际范围内同样适用，并且在论述国际价值如何衡量时，马克思明确地提出了“世界劳动的平均单位”这一概念。马克思说：“在以各个国家作为组成部分的世界市场上，情形不同了。国家不同，劳动的中等强度也就不同；有的国家高些，有的国家低些。于是各国的平均数形成一个阶梯，它的计量单位是世界劳动的平均单位。因此，强度较大的国民劳动比强度较小的国民劳动，会在同一时间内生产出更多的价值，而这又表现为更多的货币。”① 只有明确了国际价值如何衡量，国际贸易的商品交换才能得以顺利进行。马克思

① 马克思，恩格斯．马克思恩格斯全集：第23卷［M］．北京：人民出版社，1972：613.

认为，各国商品的价格与其所含价值的差别程度同样会影响国际价值。只要生产力较高的国家没有被竞争所强迫以与其价值相等的价格出售其产品，其劳动就会被视为世界市场上更有效的劳动，从而形成更多的国际价值。这就说明，只要价格高于价值，无论是在国内市场还是世界市场上，都会获取巨额利润。

（2）国际信用理论

各国之间贸易活动的规模越来越大，贸易活动越来越复杂，为了减少可能出现的摩擦，国际商业信用应运而生。“要使一国的资本增加一倍，以便商业能够用自由的资本把全国的产品买去并且再卖掉，这是不可能的。在这里，信用就是不可避免的了。”[①]国际信用是国际贸易顺利进行的又一重要保障，国际信用的出现使世界各个国家和地区的陌生人之间的交易活动安全得以保证，从而推动世界市场和国际贸易的迅速发展。

另外，马克思提到，国际信用也有可能造成经济危机在世界范围内的爆发。世界市场的扩大使贸易各国之间的距离被不断拉伸，信用期限不可避免地被延长，从而造成信用的过度膨胀。“一旦那些把货物运销远处（或存货在国内堆积起来）的商人的资本回流如此缓慢，数量如此之少，以致银行催收货款，或者为购买商品而开出的汇票在商品再卖出去以前已经到期，危机就会发生。这时，强制拍卖，为支付而进行的出售开始了。于是崩溃爆发了，它一下子就结束了虚假的繁荣。”[②]一系列不利于贸易活动的情况出现，都有可能成为资本主义经济危机的催化剂。

（二）新兴古典经济学派的国际贸易理论

通过阅读分析新兴古典经济学派有关国际贸易理论的文献资料，其将该学派的国际贸易理论归纳为如下三个部分：直观模型、国际贸易演化理论、内生贸易理论模型。

1. 新兴古典贸易理论的直观模型

从自给自足到局部分工的产生，最终达到完全分工状态，以这种分工的演进为核心的理论模型就是新兴古典贸易理论模型。该模型有两个基本假定：第一，个体既是消费者，又是生产者，消费特点具有多样性；第二，专业化经济和交易费用存在于分工的各个阶段。在该模型中，消费者

---

①② 马克思，恩格斯．马克思恩格斯全集：第25卷［M］．北京：人民出版社，1972：341，496.

和生产者的合二为一消除了外生优势，专业化经济代替以往的规模经济概念，交易次数随分工程度的加深而增加，交易费用随之增加。

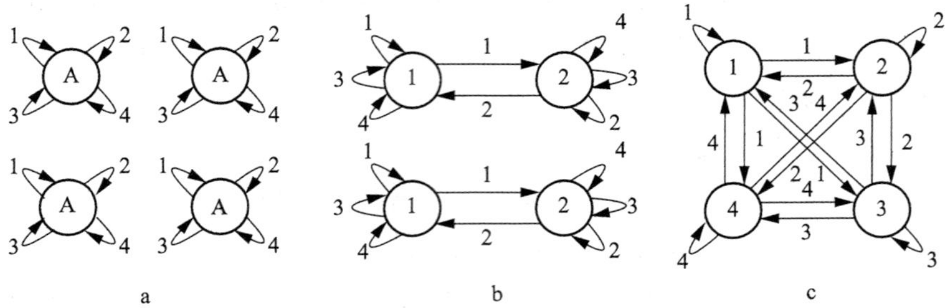

图 1-1　新兴古典贸易理论分析框架

在图 1-1 中，我们假设经济中有 4 个消费者（生产者），有 4 种不同类型的产品供人消费，且每人都可以选择生产不同种类数量的产品。根据有无分工或者分工的水平，我们将经济体划分为自给自足、局部分工和完全分工三种状态，分别用图 a、图 b、图 c 表示。在图 a 中，每个人都选择生产全部 4 种产品，此时没有市场，整个经济体被割裂为 4 个相互隔绝的部分，经济体各自独立，没有一体化、商业化，无法集中生产某种商品，每个人都不具有良好的专业化生产能力。如果我们假设可以通过提高实践和在职学习的效率来提高生产率，那么图 a 中人均生产率很低，且根本没有产生交易活动和交易成本，人们都是一样的生产消费结构，并且十分单一。在图 b 中，每人生产的产品种类都变为 3 种，因此每个人对某种产品生产的专业化程度有所提高，生产力得到发展，市场开始出现，交易活动从原来的没有增加到每人交易两次，并产生了交易成本。经济变成两个相互隔绝的部分，市场规模有所扩大，市场一体化水平有所提高。产品 1 和产品 2 的生产有所集中，生产者数量由 4 个集中到 2 个，同时出现两类生产结构不同的经济体，结构呈多元化趋势。图 c 是完全分工的状态，每人只选择生产一种特定产品，专业化程度提高，人们必须依赖于贸易活动才能满足自身需求，社会结构变得越来越多样，商品化程度得到极大提高，经济一体化的程度、生产的集中程度也大幅提升，交易活动产生的次数及总交易成本也都大幅增加。

2. 国际贸易演化理论

新兴古典经济学派的贸易理论为解释贸易如何从国内向国际演化提供

了新思路。新兴古典经济学派代表人物杨小凯在其《新兴古典经济学与超边际分析》一书中提到："传统贸易理论认为，国际贸易起因于国与国之间的外生比较优势和资源禀赋差别等原因。按照这种理论，发达国家和发展中国家具有各自不同的生产和禀赋条件，它们之间应该比具有相同生产条件的发达国家之间的贸易量更大。但实际上，发达国家同发展中国家之间的贸易量，远远小于发达国家之间的贸易量，这就是有名的林达贸易模式。对此，传统贸易理论无法做出很好的解释。这种现象产生的真正原因在于，发展中国家的交易效率要比发达国家的交易效率低。"① 因此，根据新兴古典贸易理论，提高交易效率会导致市场规模不断扩大，促进各独立市场加速整合，最终使各个分离的小市场逐渐发展成为一个完整的大市场。此时，一个大市场可以更好地缓解劳动利益分工与交易成本之间的困境，因此国内贸易就会演化为国际贸易。

传统贸易理论之所以无法解释贸易的这种演化过程，是因为它们把消费者和生产者严格分开，在国内生产者和消费者必须进行贸易才能生存，但在国际贸易中，每个国家既是生产者又是消费者，所以可以不进行国际贸易，贸易因而不会从国内转移到国际。在新兴古典贸易理论中，每个人既是消费者又是生产者，当交易活动难以发生时，人们自给自足，不会产生商品交换。随着交易越来越容易发生，小规模的市场出现并逐渐整合形成统一的国内大市场。国际贸易之所以出现，是因为国内市场规模狭小，限制了分工的继续发展。由于交易效率提高和深化分工的需要，市场范围开始由国内向国际拓展，因此可以用各国的分工水平和交易效率来衡量一个国家国际贸易的发展程度。

3. 内生贸易理论模型

内生贸易理论认为，提高交易效率也有利于均衡状态下的产品种类数量增加。杨小凯、史鹤凌通过创建模型，揭示了产品种类数随分工水平的提高而增加这一现象，斯迈思将该模型称为"内生贸易理论模型"。该模型认为，经济活动中存在着多种因素之间相互作用造成的两难困境，包括专业化经济、交易费用、多样化消费的好处及管理多样化消费的费用。这四个因素可以相互组合成多种两难困境，如专业化经济和降低交易成本之

① 杨小凯，张永生．新兴古典经济学与超边际分析［M］．北京：社会科学文献出版社，2020：87.

间的矛盾；多元化消费的好处和专业化经济之间的矛盾。

人们缓解这些两难困境的途径，显然离不开交易费用参数及多样化消费管理费用系数。当交易费用的系数比较高时，总交易费用就会超过分工给贸易带来的好处，所以人们只能自给自足。在自给自足状况下，由于每个人的时间有限，如果他生产很多产品，则生产率一定会非常低下。也就是说，在自给自足条件下，人们只能保持单一的消费结构，只生产少数几种必需品。当交易费用的系数比较低时，分工带来的收益超过交易成本，人们可以使分工的水平不断提高。产品种类数增加能通过不同的人专业化生产不同种类的产品来实现，因此低交易费用系数情况也可以实现专业化与产品种类的增加。

三、两种国际贸易理论的不同之处

通过对马克思与新兴古典经济学派各自的国际贸易理论进行梳理归纳，发现二者在理论特征、研究对象、研究方法、对贸易推动力量的理解以及对贸易政策的认知五个方面具有较大差异。

（一）理论特征不同

1. 马克思国际贸易理论特征

第一，实践性。马克思理论体系的一个典型特征就是它的实践性，国际贸易理论也不例外。马克思国际贸易理论以实践为基础，随着实践不断发展。马克思和恩格斯全面系统地考察了以欧美国家为主的国际贸易、世界市场的发展变化情况，从而归纳总结了他们的国际贸易理论。同时，又对重商主义的贸易理论、重农学派和古典学派等西方传统的国际贸易理论，尤其是亚当·斯密和大卫·李嘉图的国际贸易理论进行了选择性的吸收。可以说，马克思的国际贸易理论更加丰富和实用。

第二，阶级性与批判性。对于政治经济学的阶级性，马克思曾说："政治经济学所研究的材料的特殊性，把人们心中最激烈、最卑鄙、最恶劣的感情，把代表私人利益的复仇女神召唤到战场上来反对自由的科学研究。今天，同批评传统的财产关系相比，无神论本身是一种很轻的罪。"① 由此可见，马克思理论的阶级性在于它是服务于工人阶级和劳动人

① 马克思，恩格斯．马克思恩格斯全集：第 23 卷［M］．北京：人民出版社，1972：12.

民的利益。马克思的贸易理论是在马克思完成了对传统贸易理论的吸收和扬弃之后发展起来的，因此马克思在国际贸易方面的理论内容也具有鲜明的批判性。

2. 新兴古典贸易理论特征

第一，消费者与生产者融为一体。在该理论中，每个人作为消费者的同时，也担任着生产者的角色，在纯粹的消费者和生产者之间没有绝对的界限分明。这意味着，厂商的最优决策永远是角点解。只有既是生产者又是消费者的个人是一个预定的角色，而厂商不是，他们如何组织厂商是可以内生解释的。消费者与生产者的整合是新兴古典经济学派的贸易理论与传统的西方其他学派贸易理论的主要区别。

第二，消费多元性与专业化经济。在该理论中，作为消费者的个人偏好多元性的消费，同时又作为生产者从事专业化经济。专业化经济会受到进行生产工作的范围大小的影响，而不是厂商扩大生产规模的结果。如果将所有人的专业化经济进行整合，就是我们所说的分工经济，它与生产力提高的潜力有关，因为人们变得更加相互依赖，所以它是一种社会网络效应，而不是一个纯粹的技术概念，如规模经济。这一假设加上交易成本假设和每个人既是消费者又是生产者的假设，在专业化经济和降低交易成本之间造成了一个两难境地。这个困境可以用来解释社会究竟有什么样的分工水平，继而用分工水平解释需求和供给。

（二）研究对象不同

1. 马克思：资本主义国际交换关系

马克思政治经济学研究社会的生产关系。同样，其贸易理论研究的也是一种关系，即世界市场上生产者和消费者之间的交换关系。在这里，资本家代表的生产者处于支配地位，消费者处于从属地位，资本家又被深深卷入了世界性的资本运动中。国际贸易理论的核心是资本主义的交换目的。马克思的剩余价值学说深刻揭示了资本主义社会的矛盾归根结底是如何产生的，资本主义进行交换活动最终也是为了追求剩余价值。资本主义的交换过程就是价值增殖后的实现过程。当这种交换进入世界范围后，剩余价值的生产、流通和分配开始主导整个世界的经济运行。

2. 新兴古典经济学：资源配置问题

新兴古典贸易理论正如同其他传统西方国际贸易理论一样，以服务资产阶级为目的，将对资源配置问题的研究放在世界市场上并以此研究国际贸易，主要目的是探究一国究竟采用何种贸易政策来参与国际贸易。新兴古典经济学的分析框架向我们展示了有效率的市场分工的动态演进过程，是从区域市场到国内市场，再到世界市场的过程，呈现逐渐扩张的演变趋势。在新兴古典经济学派看来，随着交易效率的不断提高，贸易范围不断扩大，各个互相独立的市场会最终蜕变成一个统一的世界市场。因此，市场可以有效地确定产品类型的数量和交易范围，杨小凯等称其为“有别于传统配置效率的市场组织效率”。

（三）研究方法不同

1. 马克思国际贸易理论的研究方法

（1）总体研究

马克思在研究国际贸易时，将资产阶级社会看作一个整体范畴进行考察，将各种不同的经济范畴都纳入这个整体。世界市场范围内的贸易和分工只是资本主义社会历程中的某两个因素，正是这些因素使得资产阶级社会逐渐扩大成为一个整体，最终形成了一个最复杂的统一体。马克思认为，社会生产力的飞速发展和资本主义性质的生产方式在全球范围内的扩张影响了分工在国际范围内的发展趋势，历史是不断发展变化的，世界市场范围内的贸易和分工也随之发展变化。因此，马克思全面、系统地观察和分析了国际贸易是如何运行的，从而形成了一个完整全面的贸易理论框架。

（2）历史唯物主义和辩证唯物主义

历史唯物主义和辩证唯物主义的分析方法可谓贯穿了马克思整个学说体系。正如恩格斯所说：“历史从哪里开始，思想进程也应当从哪里开始。”① 只有深入研究贸易从古至今发展的历史进程和动态，才能准确发现国际贸易的一般规律。例如，在分析贸易动力时，马克思不仅发现贸易可以推动贸易双方生产力的发展，而且指出在不同生产力发展水平国家之间贸易利益的分配同样存在不同。

2. 新兴古典贸易理论的研究方法

（1）个体研究

西方国际贸易理论大多采用孤立的、个体的研究方法，主要研究的是

① 马克思，恩格斯. 马克思恩格斯全集：第13卷［M］. 北京：人民出版社，1962：532.

在资本主义生产方式下资源如何有效配置和利用的问题，研究个体的经济行为。在新兴古典贸易理论的分析中，同样把国际分工和国际贸易简单列为经济主体之间的经济技术问题，并没有将它们与资本主义生产方式联系到一起。在其理论假设中，基本局限于两个或几个国家、只采用一种或几种要素、生产一种或几种产品等微观视角，因此其研究结论并不能反映问题的整体情况。

（2）角点解非线性分析与超边际分析

新兴古典贸易理论最典型的研究方法是超边际分析，角点解非线性分析为超边际分析提供了数学工具，超边际分析通过对所有可能的角点解进行比较，得出能实现利润最大化的最优解。根据新兴古典经济学的介绍，超边际分析共分为三个步骤。第一步，明确何为最优决策，即每个经济人每次只能买或卖一种商品，也就是不能同时买卖同一种商品，据此可排除一些出现在角点位置的非最优解。第二步，将剩下的角点进行边际分析，计算函数值。第三步，比较每个角点位置的函数值大小，即可得出最优均衡解，

（四）对贸易推动力量的理解不同

1. 马克思国际贸易理论：资本的逐利性

根据马克思国际贸易理论，资本的逐利性是推动国际贸易发展的真正原因，资本在全球范围内的流动产生了世界市场。马克思解释了对外贸易在提高利润率方面的三个作用。第一，资本家可以通过对外贸易获取更廉价的生产资料和生活资料。第二，在国际贸易中，较发达国家比落后国家在产品质量和生产条件上明显更有优势，因此较发达国家能以更高的价格售卖同类商品，从而通过对外贸易赚取超额利润。第三，在殖民地贸易中，资本家更可以通过提高对殖民地劳动力的剥削程度来提高利润率。另外，对外贸易有助于资本主义国家减少生产相对过剩问题，从而克服资本主义生产方式的内在缺陷，缓解经济危机的产生。

2. 新兴古典贸易理论：专业化分工

包括新兴古典经济学派在内的西方经济学的贸易理论普遍认为，通过国际分工使得贸易参与国均能获利是推动国际贸易繁荣的真正动力。在该理论中，正是分工的产生导致每个个体从事专业化生产继而直接推动了贸易的产生，分工和专业化生产的内生优势是贸易的动力。理论假定每个人

天生是一样的，同一产品的生产率差异和某些优势是后天分工中不同专业的选择造成的，从而为贸易的形成创造了条件。在生产活动中这种优势与分工水平又会相互促进，产生生产率的差异，进一步促进优势的扩大，如此循环往复。由此可见，专业化分工的出现是推动国际贸易产生和发展的根本动力。

（五）对贸易政策的认知不同

1. 马克思国际贸易理论：贸易政策具有二重性

马克思认为自由贸易政策对于从资本主义经济向社会主义经济转变这一过程起着重要作用。自由贸易可以减轻甚至消除高额关税带来的负担，从而为资本创造更好的生产条件，进而加速推动资本主义世界市场一体化，资本的使命早日结束，使社会主义生产关系更快到来。但自由贸易政策也具有局限性：自由贸易会加剧竞争，引发工人的失业问题以及工资水平下降问题；自由贸易还会加剧垄断，最终引发世界范围内的经济危机。同样地，马克思认为保护贸易政策也有二重性。一方面，在一定程度上，保护关税的实施有助于弱势产业的发展；另一方面，保护关税政策把资本的利益当作国家的利益进行维护，致力于为资本家创造最大收益，巩固资产阶级的地位，从而不可避免地对其他人的利益造成损害。

通过对现实问题的犀利分析，马克思解释了资本主义自由贸易的实质是资本剥削的自由，所以他虽不赞成无条件的自由贸易，但也不赞同完全的保护贸易政策。因此，应根据行业实际发展状况切实制定贸易政策：对于具备国际竞争力的产业实施自由贸易政策，对于幼稚工业实施保护贸易政策。

2. 新兴古典贸易理论：自由贸易政策更为理想

在多数国家普遍对本国贸易采用保护手段的今天，贸易政策应该如何抉择是每个国家需要慎重考虑的问题。人们普遍认为，单方面对全部进口商品实行免税政策将对一个国家不利。但是根据杨小凯等的观点，免税会对均衡分工水平和生产力产生影响从而使贸易国家都获利。该理论认为，政府的税收也会影响交易效率。如果一个国家强加征税的贸易额，将导致交易效率下降，但只要税收公平地参与所有产品贸易，就不会影响商品的相对价格，也不会导致分配效率低下。但是，这种税收的实施会通过降低劳动报酬导致生产率下降，从而造成“组织扭曲和组织无效率”①。因此，政府应该通过降低税收来提高组织效率。在信息不对称的情况下，实行自由贸易政策会比实行保护贸易政策容易获得更多收益，因此新兴古典贸易理论更加推崇自由贸易政策。

四、比较分析两种国际贸易理论的现实意义

国际贸易理论是马克思经济学和新兴古典经济学必不可少的一大重要组成内容。这两大理论体系各自从不同的分析视角对国际贸易中的一系列问题进行了深入分析，并对国际贸易的发展做出了巨大贡献，已成为当代国际贸易发展不可缺少的指导理论。虽然新兴古典贸易理论仍有它的理论缺陷，但也说明这种理论仍有较大的进步空间。对马克思的国际贸易理论和新兴古典经济学的国际贸易理论从多方面进行比较分析，对当前我国具有如下较强的现实借鉴意义。

第一，借鉴理论的有益成分，助力经济发展。对两大理论学派国际贸易理论的比较分析，理解马克思经济学国际贸易理论的深刻内涵，借鉴新兴古典贸易理论的有用成分，对促进我国经济发展具有重要意义。不只新兴古典经济学，当代西方经济学其他流派的国际贸易理论也多研究国际贸易与要素禀赋、技术差异、专业化分工、规模经济等的关系，同样得出了许多科学有益的结论，对推动我国经济发展有着重要的参考和借鉴作用。

第二，完善对外贸易政策，应对复杂多变的国际形势。在全球竞争日益激烈的今天，我国提出新发展格局的建设，即以一个更高水平的开放姿态参与国际贸易的战略选择。马克思对国际贸易政策的看法也值得我们借鉴。马克思认为自由贸易政策有利于一国先进产业的发展，提高优势产业的国际竞争力，从而推动一国的经济发展。我国自由贸易区的建设正好符合马克思自由贸易政策观点，当前我国的自贸区仍与世界贸易组织所倡导的自由贸易原则存在差距，存在这样或那样的问题。在马克思国际贸易理论的指导下，我国应加快构建更加成熟的开放型经济体制，提升对外开放水平，推进机制体制创新，进一步推动我国自由贸易区的发展。因此，在党的十九大报告中也赋予了自由贸易港更大自主权利，为我国的自由贸易

① 陈铭，刘仲英．国际贸易的内生化新体系：新兴古典贸易理论［J］．经济经纬，2006（4）：40-43.

试验区提出了更加明确的发展目标，这离不开国际贸易理论的指导。

第三，在经济发展各时期实行不同的贸易政策。马克思与新兴古典经济学派对待贸易政策的看法，对世界上其他较落后发展中国家的经济发展有重要的指导意义。马克思认为保护贸易政策能够推动幼稚工业的快速发展，当幼稚工业成长之后，为了避免阻碍其继续发展，转而实行自由贸易政策。在世界市场上，发展中国家基于自然禀赋差异等进行自由竞争，更有利于促进发展中国家之间的资源优化配置，从而推动自身经济发展。在南北贸易过程中，自由贸易政策只会不断拉大各国的贫富差距，因此不发达国家采取适当的保护贸易政策手段才能在一定程度上缓解两极分化的局面，当具有一定的竞争实力之后，再转为实行自由贸易政策，实现更加快速的发展。

参考文献

［1］袁志田，刘厚俊．马克思国际贸易理论的时代性与实践性：兼论中国开放型经济［J］．马克思研究，2006（2）．

［2］杨圣明．马克思国际贸易理论的基本特征［J］．财贸经济，2014（2）．

［3］李铮．马克思国际贸易理论及其对中国对外贸易战略研究的启示［D］．开封：河南大学，2013．

［4］周经，李勇刚．马克思国际经济贸易理论及其现实意义［J］．社会科学家，2015（4）．

［5］徐雅．马克思国际贸易思想研究［D］．大连：东北财经大学，2020．

［6］罗云，戴轶，蒋琳莉．论经典马克思的国际贸易思想［J］．人民论坛，2020（Z1）．

［7］吴总建，聂思泉，向辉．对新兴古典经济学与传统贸易理论的比较研究［J］．理论与改革，2003（3）．

［8］张明洲．新兴古典贸易理论中的交易费用与效率［J］．商业时代，2007（28）．

［9］孙黎．新兴古典贸易理论框架下的服务外包分析［D］．长春：吉林大学，2009．

［10］侯蕾．新兴古典贸易理论述评［D］．长春：吉林大学，2005．

［11］刘厚俊，袁志田．马克思国际贸易理论与西方国际贸易理论的比较［J］．当代经济研究，2006（1）．

［12］张志敏，何爱平．马克思经济学与西方经济学国际贸易理论比较研究［J］．经济纵横，2013（8）．

［13］刘国晖，吴易风．国际贸易理论：马克思经济学与西方经济学的比较［J］．政治经济学评论，2015，6（4）．

［14］马克思．资本论：第1卷［M］．北京：人民出版社，1975．

［15］马克思，恩格斯．马克思恩格斯全集：第23卷［M］．北京：人民出版社，1972．

［16］马克思，恩格斯．马克思恩格斯全集：第25卷［M］．北京：人民出版社，1972．

［17］杨小凯，张永生．新兴古典经济学与超边际分析［M］．北京：社会科学文献出版社，2020．

［18］马克思，恩格斯．马克思恩格斯全集：第13卷［M］．北京：人民出版社，1962．

［19］陈铭，刘仲英．国际贸易的内生化新体系：新兴古典贸易理论［J］．经济经纬，2006（4）．

马克思与凯恩斯消费理论的比较分析

赵麦茹　郭宇杰[①]

一、引言

伴随着“十四五”的到来，我们开启了全面建设社会主义现代化国家新征程，消费作为拉动经济增长的“主引擎”，稳定经济运行的“压舱石”，因此也站在了新的起点道路之上。在新发展格局背景下，加快形成强大的国内消费市场，更好地满足人民美好生活向往的客观需要，提高经济发展韧性、加强经济发展活力、实现更高水平的供需动态平衡，迫切需要发挥消费的“主引擎”作用，进一步增强消费对经济发展的基础性作用，促进经济高质量发展。

在生产、交换、分配、消费的经济循环中，消费既是终点也是新的起点，能更好地助力推动经济良性循环。对于普通百姓，衣、食、住、行、医疗、教育都离不开消费。对于国家经济发展，消费已连续多年成为拉动经济增长的第一动力，对经济发展的基础性作用不言而喻。众多学者对消费理论的研究也与日俱增，其中马克思消费理论和凯恩斯消费理论是具有代表性的两大理论，这两大理论从属于不同的理论体系。马克思和凯恩斯都在各自所处的时代为社会和经济发展做出了巨大贡献，结合我国当前经济发展中遇到的现实问题，联系不断扩大内需市场的迫切需求，梳理并比较两位经济学代表人物在消费问题上的经典理论，对发展中国特色社会主义政治经济学和有效解决现实问题具有重要的指导意义。

国内学者以现有文献为依据，从不同角度对马克思与凯恩斯的消费思

---

① 赵麦茹（1975—　），女，汉族，陕西临潼人，西北大学经济管理学院副教授、经济学博士、博士生导师，研究方向为政治经济学；郭宇杰（1995—　），男，汉族，山西临汾人，西北大学经济管理学院2019级硕士研究生，研究方向为政治经济学。

想进行探究，其中对马克思消费思想的研究多集中在生产与消费的比例关系、消费异化、消费在社会生产中的作用等方面，对凯恩斯消费理论的研究主要涵盖于整个西方消费思想的发展以及与经济危机的关系之中。

赵东安、杨春（2009）根据马克思消费理论中消费对生产的反作用，说明要重视消费者主体地位，平衡收入差距，合理分配收入，建立完善的社会保障体系，引导高质量消费，促进经济健康发展。白雪秋、谭祖开（2011）认为，马克思消费理论将消费科学分类，并分析了消费在社会再生产中的作用，明确提出了适度消费观，深入探讨了影响消费的制度因素。马克思消费理论的社会主义指向是消费为了实现人的自由而全面发展。魏红霞（2012）从经济学和伦理学两个维度研究马克思消费思想，提出两个维度的内涵与相互关系，指出消费的经济价值维度和伦理维度是辩证统一的关系，一方面消费的伦理价值离不开经济价值，另一方面消费的伦理价值引导经济价值。陈羲（2013）认为，马克思消费理论批判地继承了古典经济学的理论，而当代西方主流消费理论实际上是受马克思消费理论的启发，马克思的异化消费理论也深深影响了西方异化消费理论。

总之，我国关于马克思消费理论的研究在不断深入发展，大部分学者肯定了马克思消费理论的历史地位和现实意义，正确总结了马克思消费理论的内容和实质，也探讨了马克思消费理论在我国社会主义现代化建设中的重要指导作用和实践价值。但是，对马克思消费理论与凯恩斯消费理论之间的比较研究较少，更多比较的是马克思与整个西方经济发展以及失业理论、经济周期理论等理论的研究。本文基于此研究马克思与凯恩斯关于消费思想的区别，探讨不同消费思想对我国经济发展的指导和借鉴价值。

马克思消费理论是马克思主义政治经济学的重要组成部分，其对资本主义社会消费问题的深入分析，对资产阶级消费理论的强烈批判和关于消费问题的一些经典论述，对于我国社会主义经济建设，特别是转变经济发展方式、扩大内需等都具有现实意义。凯恩斯消费理论与投资理论共同构成有效需求理论的核心，在一定程度上揭示了市场经济的一般运行规则，在整个西方经济学史上占据着非常重要的历史地位。本文将通过对比马克思和凯恩斯的消费理论，从对消费理念的认知、阶级、视角、方法及造成差异性的原因等方面的分析来发现它们的不同之处。

二、马克思与凯恩斯消费理论的内容

马克思的消费理论是马克思在对资本主义社会消费问题进行剖析和批判中产生的，他不但解释了消费在社会再生产过程中的辩证关系与比例关系，更进一步说明了消费对人的自由全面发展的重要意义。

（一）马克思的消费理论

1. 消费与生产、交换、分配的辩证关系

马克思的消费理论把消费问题放在更大的、更宏观的体系中加以研究，尤其是通过联系社会再生产的过程，即生产、分配、交换和消费的辩证关系来揭示消费在社会再生产中的作用，而非仅仅就消费研究消费。

（1）消费与生产

马克思的消费思想首先体现在生产与消费的辩证关系上。一方面，马克思说“生产直接是消费，消费直接是生产。每一方直接是它的对方”。[①] 生产过程是对原材料的消费过程，同时也消费着劳动者的体力和脑力。同样地，人们通过吃喝等消费形式也在生产着自己的身体。这样一来，生产和消费在社会再生产过程中就具有内在的同一性。另一方面，生产决定消费，消费对生产有巨大的反作用。生产为消费提供消费对象，决定消费方式、消费质量和消费水平，创造消费动力。生产是真正的主动因素、是“实际的起点”、是“实现的起点”，因而是“居于支配地位的要素”，是“实现的起支配作用的要素”。[②] 消费产品只有通过消费过程才能成为现实的产品，实现现实意义和价值。消费还为生产创造出新的需要，创造出生产在观念上的内在动力。

（2）消费与交换

交换作为生产与消费之间的桥梁和媒介，正如马克思所说：“交换只是生产以及生产决定的分配一方的和消费一方之间的媒介要素。”[③] 生产出的产品必须通过市场交换过程才能进入市场流通，形成消费。同时，交换又是由不同行为人主体间的需要引起的，没有消费需要也就没有交换的发

---

① 马克思，恩格斯．马克思恩格斯选集：第2卷［M］．北京：人民出版社，1995.

② 刘仁营，朱有志．重温马克思关于生产与消费辩证关系思想［N］．光明日报，2016-02-03（13）.

③ 马克思，恩格斯．马克思恩格斯选集：第2卷［M］．北京：人民出版社，1972.

生。马克思指出："商人资本的周转最终要受全部个人消费的速度和规模的限制，因为商品资本中加入消费基金的整个部分，取决于这种速度和规模。"① 交换的速度和规模受到消费速度和规模的限制。消费速度和规模越大，市场交换的速度和规模也就越大。同时，消费对生产的反作用也离不开交换，消费产品的市场供求变化就是要通过交换过程反馈给生产，从而调整生产与交换之间的比例关系。

（3）消费与分配

马克思指出，"分配借社会规律决定生产者在产品世界的份额，因而出现在生产和消费之间"。② 也就是说，消费是分配的基础，分配决定着消费，分配以消费作为最终实现形式，两者相互作用。分配制度的合理与否直接关系到消费的水平和质量。合理的分配制度有助于生活水平的提高和改善；相反，不合理的分配制度会导致异化和扭曲的消费现象。一定的消费总是建立在一定的社会分配关系基础之上。在资本主义社会实行的是按资分配，资本家占有生产资料，从而分配到绝大多数的社会产品，劳动者只会分配到一少部分。在社会主义社会中，生产资料公有制决定了按劳分配的分配原则，人们在社会生活中的消费关系是平等的，没有表现出对抗性的阶级性的消费差异。

2. 消费与生产在社会再生产中的比例关系

在《资本论》第 2 卷中，马克思将社会总产品按照实物形态分为生产生产资料的第Ⅰ部类和生产消费资料的第Ⅱ部类，第Ⅰ部类的产品用于生产消费，第Ⅱ部类的产品用于个人消费，社会再生产要顺利运转，两大部类必须保持合理协调的比例关系。简单再生产实现的基本条件是第Ⅰ部类的可变资本价值和剩余价值之和，必须等于第Ⅱ部类的不变资本价值。用公式表示为

$$\text{Ⅰ}(v+m)=\text{Ⅱ}(c)$$

如果Ⅰ$(v+m)$ <Ⅱ(c)，第Ⅱ部类生产的消费资料就不能全部售卖，实现价值，出现生产过剩的现象，同时第Ⅱ部类所消耗的生产资料也不能得到充分的替换和补偿。同样地，如果Ⅰ$(v+m)$>Ⅱ(c)，则第Ⅰ部类所生产的部分生产资料就不能全部得到实现，也会出现过剩，同时第Ⅰ部类所

① 马克思，恩格斯．马克思恩格斯选集：第 3 卷［M］．北京：人民出版社，1972：399.
② 马克思，恩格斯．马克思恩格斯全集：第 12 卷［M］．北京：人民出版社，1996：744.

消耗的生活资料也不能得到充分补充。

马克思进而又分析了社会扩大再生产，同样可以看出保持一定比例关系的基本条件。社会扩大再生产的顺利进行，必须使第Ⅰ部类原有的可变资本价值、追加的可变资本价值以及本部类投资者用于个人消费的剩余价值三者之和等于第Ⅱ部类投资者原有的不变资本价值和追加的不变资本价值之和。用公式表示为

$$\text{Ⅰ}(v+\Delta v+m/x)=\text{Ⅱ}(c+\Delta c)$$

以上两个公式表明生产和消费既要在总量上保持协调，同时在结构上也要分配合理，这样社会再生产才能实现良性循环。盲目放任地各自发展则会阻碍生产、流通、分配、消费的各个环节，造成经济危机，使社会再生产陷入恶性循环，严重影响社会进步和经济发展。

3. 消费与人的全面发展之间的关系

马克思认为消费需求的满足是人的全面发展中的一个部分，而不是最终目的。消费对于人的全面发展的意义在于人们通过消费过程实现体力、智力和精神等方面素质的提高，进而获得充分自由的发展。马克思反对资本主义社会中存在的过度消费以及资本家和工人阶级之间的巨大消费差异和消费异化。资本家的过度消费违背了消费与人的全面发展之间的关系，是一种放纵的短暂的个人行为，是对劳动价值的浪费与不尊重，严重影响生产关系的和谐。过度的消费和过度的节俭都不利于社会再生产的运转，适应生产力发展的合理的消费才是正确的消费。

除此之外，马克思还在《1844 年经济学哲学手稿》中阐述了关于消费异化的理论。在这本手稿中，马克思详细论证了资本主义制度下的消费异化现象。马克思认为异化是人的物质生产和精神生产及产品反过来支配人的一种不良社会现象。资本主义制度下人们失去了对其真正需求的产品的支配，反而受到产品的支配，对消费产品从主动的需求变成被动的依赖。更为严重的是，马克思指出，资本主义社会的消费关系是一种假象，人们在社会再生产中用交换与消费来满足需要的背后是种种的欺骗、掠夺与奴役。马克思认为只有废除资本主义私有制才能真正消除消费异化的现象。

（二）凯恩斯的消费理论

20 世纪 30 年代，西方资本主义国家遭受了严重的经济危机，西方古

典经济学的萨伊定律无法对其进行解释，经济社会的大萧条给供给创造需求的萨伊定律重重一击。凯恩斯结合当时的局面，认为在现实经济生活中，需求并不总是被动的，总需求对于总供给的影响十分重要且不可忽略。基于此，凯恩斯提出通过扩张总需求来拉动经济增长，实施需求管理的宏观经济政策。从凯恩斯开始，西方经济学者大多将需求管理作为宏观经济调控的重要手段。

1. 消费理论的微观基础——消费函数

西方经济学关于需求的理论模型多数建立在反映消费需求与收入的关系，即消费函数的基础之上。消费函数更能直观描述收入与消费之间的联系，是消费理论的微观基础。凯恩斯最先提出自己的消费函数理论。

凯恩斯的消费理论在他整个宏观经济学理论体系中占据十分重要的地位。在《就业、利息和货币通论》一书中，凯恩斯创造性地将“收入”变量引入对消费需求的分析中，提出了著名的绝对收入假说。该假说认为，消费与收入之间存在稳定的函数关系，其函数表达式为

$$C_t=\alpha+\beta Y_t$$

其中，C_t 表示 t 时期的消费；α 表示自发性消费；β 表示消费随收入变化而变化的程度，即边际消费倾向；Y_t 表示 t 时期的收入。凯恩斯假定 $0<\beta<1$，表明随着收入的增加，消费也会增加，但消费的增加量比收入的增加量小，消费增加量占收入增加量的比重是递减的，即边际消费倾向递减规律。边际消费倾向递减规律是凯恩斯分析导致有效需求不足的三大心理规律之一。

平均消费倾向是指当期的消费与当期收入的比重。由于边际消费倾向是递减的，平均消费倾向也是递减的，因此收入越高，消费与收入的比重越低。这表明高收入家庭的消费倾向较低，低收入家庭的边际消费倾向较高。因此，如果社会分配制度不合理，收入集中在少数高收入家庭手中，则全社会的边际消费倾向也会降低。另外，消费与储蓄存在此消彼长的关系，储蓄动机强烈也是造成边际消费倾向不高的原因之一。

2. 消费理论的现实需要——消费需求不足

凯恩斯在《就业、利息和货币通论》中指出，经济中的有效需求可以分为消费需求和投资需求两大部分，如果出现有效需求不足的情况，就会不可避免地发生非自愿失业，进而社会经济不能达到充分就业状态，甚至

会引发经济危机。凯恩斯通过概括人们基于天性的三大心理规律，即边际消费倾向递减规律、资本边际效率递减规律和流动性偏好来解释说明有效需求不足。就消费而言，在短期内由收入决定。由于消费者普遍受边际消费倾向递减的心理规律影响，即当人们收入增加时，他们的消费也会增加，但消费的增加不像收入增加得那么多。短期内会引起消费需求不足，使市场上与消费有关的各行各业陷入萎靡，投资者对产业也产生悲观的预期，大大降低资本边际效率，产生更强的流动偏好，导致投资需求不足，通过乘数效应引发恶性循环。

凯恩斯提出政府不能甘当“守夜人”，要施加政府干预，疏通经济流通渠道，提高边际消费倾向，带动生产。凯恩斯主要从两个方面出发刺激消费。第一，增加消费支出。凯恩斯反复引用英国作家孟德维尔《蜜蜂的寓言》，说明奢侈性消费虽在道德上是不提倡的行为，但是有利于经济发展。节俭和储蓄虽是美德，但不利于经济发展。当然，这是在当时有效需求严重不足的情况下提出的。凯恩斯不同意自亚当·斯密以来传统经济学所标榜的“节俭的美德”，倡导人们加大消费与投资力度。第二，改变收入分配格局，提高社会消费倾向。在凯恩斯看来，社会财富和收入分配的不合理是现实社会的一大缺陷。分配不合理严重阻碍了经济发展，影响了全社会的消费倾向。于是，凯恩斯把改革税收体系作为国家干预经济促使消费倾向增加的主要办法，国家必须用改变租税体系指导消费倾向，增加消费。社会中存在的一个矛盾点是富人的消费倾向低，只把一小部分钱用于消费，剩余的大部分储蓄起来；穷人虽然消费倾向高，但是他们新增的收入十分有限。凯恩斯主张通过收入再分配来处理这个矛盾，把富人收入的一部分用累进税的方法集中于国家，通过政府转移支付给穷人，或由政府兴办公共工程，这样既可解决由消费倾向过低造成的消费需求不足，也可以增加政府投资，从而达到刺激需求，促使供求平衡和增加就业的目的。

三、马克思与凯恩斯消费理论的不同之处

通过以上对马克思与凯恩斯消费理论主要内容的概述，本部分将以理念认知、阶级立场、研究视角和研究方法等作为切入点来比较两种消费理论的不同之处。

（一）消费理念认知不同

1. 两者的消费主张不同

（1）马克思的消费主张：适度消费

反对过度消费是马克思消费理论的题中应有之义。马克思充分肯定了消费在社会再生产过程中的重要作用，认为适度消费在人类社会发展中具有积极意义；同时，马克思坚决反对以过度消费为主要表现形式的消费异化，认为过度消费严重违背和阻碍了人的全面发展。马克思曾有力地对异化消费所包含的过度消费进行批判："享受过度消费的人，……把别人的劳动、血汗看作自己的食欲的虏获物……他把人本质力量的实现，仅仅看作自己放纵的欲望、古怪的癖好和离奇的念头的实现。"① 追求过度消费的人满足的早已不是自己正常的消费需求，而是他无限的消费欲望，过度消费使消费变成满足无限欲望的手段和途径，使商品的使用价值和人的真实需求渐行渐远，使消费的本质和人的本质背道而驰。与此同时，在社会再生产过程中，一旦消费不足或消费过度问题发生，皆会导致消费与生产比例失衡，进而导致比例失衡的商品被阻塞在流通领域，严重制约生产和分工，甚至会引发经济危机，造成更大的社会问题。

（2）凯恩斯的消费主张：积极消费

凯恩斯反对节俭消费主张高消费的消费观在当时的社会引发了强烈反响。因为在社会总需求小于社会总供给的情况下，积极消费甚至奢侈消费对扩大就业、促进经济和激发市场活力具有促进和推动作用。面对经济日益萧条的局面，西方资本主义国家正是通过积极的经济政策刺激消费来促进总供给和总需求达到平衡，使社会逐步达到充分就业的水平，同时也维持了社会稳定。因此，从这个角度来说凯恩斯的消费观是值得肯定的。然而，积极消费甚至奢侈消费所附带的一系列资源浪费和生态破坏问题随之凸显，不利于经济的可持续发展。奢侈性消费不可避免地需要向自然界获取更多的原材料，以后代的福利损失和生态环境的破坏为代价，加快了地球资源的消耗，造成了严重的环境污染和资源浪费，破坏了生态平衡，使人们的生存环境逐步恶化。因此，它是一种不符合可持续发展和绿色发展要求的消费观。

---

① 马克思，恩格斯．马克思恩格斯全集：第42卷［M］．北京：人民出版社，1979：141-142.

2. 两者对现实消费问题的理解不同

（1）马克思：生产相对过剩

马克思消费理论是在马克思对资本主义消费的批判中产生的，揭示了资本主义消费的种种不合理性，在对消费问题的论述中更多地考虑到制度因素的影响。“工人的消费能力一方面受工资规律的限制，另一方面受以下事实的限制，就是他们只有在他们能够为资本家阶级带来利润的时候才能被雇佣。”[①]

因此，为了满足资本家无限的欲望，社会生产不断扩张，然而整个社会的消费能力并不能与之相匹配，生产与消费比例严重失衡，不可避免地产生生产相对过剩问题。这就造成劳动人民支付能力的相对减弱与狭隘的消费和市场，生产与消费的矛盾越积越深，最后发展成经济危机。所以马克思说：“一切真正的危机的最根本的原因，总不外乎群众的贫困和他们的有限的消费，资本主义生产却不顾这种情况而力图发展生产力，好像只有社会的绝对的消费能力才是生产力发展的界限。”[②]在这里社会生产的商品不是与劳动人民实际需求相比的绝对过剩而是相对于劳动人民有限的购买能力显得相对过剩。资本主义私有制割裂了生产和消费的关系，造成生产资料私人占有和生产日益社会化的基本矛盾，单靠刺激消费不能解决消费的相对不足问题，更不能解决消费差距的问题，只有用社会主义替换资本主义制度，才能真正解决生产与消费之间的矛盾。

（2）凯恩斯：边际消费倾向递减导致消费需求不足

对于资本主义消费不足问题，凯恩斯没有从制度方面，从根本上去否定，而是试图寻找恰当的解决现实问题的宏观经济政策加以弥补。凯恩斯主张通过政府宏观调控纠正市场失灵。他认为有效需求不足造成总需求和总供给失衡，产生生产过剩和失业，引发经济危机，而消费需求不足是有效需求不足的重要一环。凯恩斯指出，在市场机制本身无法做到实现充分就业和增加有效需求的情况下，政府一定要通过财政政策和货币政策等宏观调控进行干预，使经济达到充分就业水平，总需求与总供给保持平衡。凯恩斯以国家干预为核心的宏观经济政策要求政府不断刺激鼓励消费，提高消费倾向，激发市场活力，疏通流通渠道，调动社会生产，使经济重回正轨。

---

①② 马克思．资本论：第3卷［M］．北京：人民出版社，2004：278-279.

比较两者的理论我们发现，马克思和凯恩斯在对消费问题的理解认知上和解决消费不足的方法上存在巨大差异。马克思消费理论从更深层次的制度方面出发，指出资本主义制度存在的缺陷和漏洞，具有普遍适用性；而凯恩斯的消费理论只揭示了短期内资本主义发展遇到的危机，适用的范围也仅仅局限于当时的时代条件，总体来看具有一定的历史局限性。所以说，马克思从本质上揭示了资本主义的病因所在，凯恩斯是为当期资本主义的病症对症下药。两者都以自己的视角揭示资本主义的消费问题，对资本主义经济社会研究都具有重大意义。

（二）阶级立场不同

1. 马克思消费理论：无产阶级立场

马克思和凯恩斯对消费理论的不同解释也与他们代表的不同阶级相关。人既是生产者，又是消费者。这里的“人”，不是西方经济学假设的孤立、自利的理性经济人，而是归属于特定社会生产关系的社会人，“是经济范畴的人格化，是一定的阶级关系和利益的承担者”。① 马克思站在无产阶级立场上，在方法论的运用、消费在社会再生产中的作用以及解决消费不足问题等方面，处处反映并代表着无产阶级和劳动群众的根本利益。资本主义私有制下资产阶级和无产阶级的利益是根本对立的关系。马克思把个人消费分为资产阶级的消费和工人阶级的消费，并且将研究的侧重点放在不同阶级的消费差异以及引发这种消费差异的制度因素和收入分配等方面，资产阶级永远追求剩余价值，工人阶级除了劳动力从来都是一无所有，以此揭示资本家通过对工人的剥削压迫来攫取更多的剩余价值和财富利益。从资产阶级和无产阶级消费的巨大差异发展出消费产品供给和需求的矛盾，必然造成市场失衡和危机的爆发。消费理论与马克思主义政治经济学中的其他理论一样，体现着阶级性与科学性的统一。

2. 凯恩斯消费理论：资产阶级立场

凯恩斯认为资产阶级和工人阶级的差异及生产、交换、分配、消费行为是人类社会发展的政策规律，出现矛盾与问题时需要政府干预引导。凯恩斯消费理论掩盖了资本主义社会中消费主体的阶级差异，把实际上只适

① 朱方明，刘丸源．马克思的经济发展理论与西方经济发展理论比较：兼论中国经济高质量发展的路径［J］．政治经济学评论，2019，10（1）：54-72.

用于少数人群的消费倾向当作社会普遍适用的消费倾向规律。凯恩斯用抽象的心理描述代替了客观的社会阶级和经济规律的分析，他完全没有或不愿意看到，人们的消费心理和消费行为会因为消费主体的阶级地位和经济实力等因素产生较大差异。凯恩斯研究消费理论是站在政府立场上，从宏观经济政策角度研究经济制度政策，没有切实考虑到不同阶级的消费和分配差异，更没有考虑到不同阶级差异反映的是社会中人的关系以及制度的缺陷，所以他只能看到收入决定消费的表象。因此，他也就不可能从本质上说明消费者行为的差异。

（三）研究视角不同

1. 马克思消费理论：全面的社会行为视角

马克思认为消费不仅是一种纯粹的经济行为，更是整个社会经济和再生产活动顺利运转的重要环节。马克思说，“不管个人在主观上怎样超脱各种关系，他在社会意义上总是这些关系的产物”。[①] 消费表面上表现为社会再生产的终点，实质上与生产、交换、分配相互作用、相互影响，反映的是社会的生产关系、交换关系以及人的社会关系，是一种受社会生产方式制约的社会行为。从马克思的研究方法和视角来看，马克思对消费问题的研究不囿于经济学领域，而是把消费问题放在更宏观的领域研究，把消费也看作社会和哲学问题，与人的全面发展相联系的问题。正如马克思所说：“消费这个不仅被看成终点而且被看成最后目的的结束行为，除了它又会反过来作用于起点并重新引起整个过程之外，本来不属于经济学的范围。”[②] 马克思的这些思想和视角表明，经济学本身虽然具有特定的研究方法和对象，但是不能将一个具体的现实经济问题仅简单看作单一的经济学问题，它必然是一个广义且全面的社会问题。

2. 凯恩斯消费理论：单一的经济行为视角

凯恩斯与马克思关于消费理论的研究视角有很大不同。在凯恩斯消费理论中，消费被看作物质产品和服务的消耗及使用，用来满足消费行为主体的效用。消费行为完全是经济过程中的一部分，是构成经济行为的必要环节。在宏观经济政策中，凯恩斯把过度消费视为促使经济恢复的重要途

① 马克思．资本论：第1卷［M］．北京：人民出版社，2004：10.

② 马克思，恩格斯．马克思恩格斯选集：第2卷［M］．北京：人民出版社，2012：689.

径，虽然暂时起到明显的效果，但是长期会导致挥霍型、奢侈型的消费模式，加剧资源消耗和环境破坏。凯恩斯还将消费和收入水平联系起来，认为消费和收入之间存在稳定的函数关系，诸如此类的消费理论研究只是从单一的经济行为视角出发，只会将引起消费差异的收入分配和制度等因素掩盖，提出的政策建议也只能暂缓经济危机带来的负面影响，起到治标的作用，只能部分触及资本主义制度的基础，无法更深层次地解决资本主义社会的矛盾所在。

（四）研究方法不同

1. *马克思消费理论：辩证唯物主义和历史唯物主义*

马克思以客观现实为出发点，站在无产阶级立场上，重视人的劳动、人的价值、人的全面发展，通过对资本主义社会再生产的考察，揭示出资本主义生产与消费、资产阶级消费与工人阶级消费等一系列矛盾关系。马克思始终将消费放在整个再生产过程中进行研究，辩证地看待生产、交换、分配、消费之间的关系，得出社会主义定会取代资本主义的必然性结论。马克思消费理论虽然充满了抽象的哲学视角分析，对消费的本质、消费的阶级、消费与其他环节的辩证关系等进行了深刻探讨，但他同时坚持历史唯物主义方法，认为生产与消费是与社会制度紧密联系的，单独孤立地研究消费问题并不能看到问题的本质，必须联系所有制关系进行研究。

2. *凯恩斯消费理论：主观唯心主义*

凯恩斯从人的心理规律推导出有效需求不足理论，并以此为基点分析资本主义经济。基于三个心理规律，凯恩斯分析发现，随着收入的不断增加，消费占收入的比重逐渐下降；随着投资的不断增加，每增加一单位资本所获得的收益逐渐减少，这可能导致资本家不再去投资。消费、投资的减少直接导致社会总需求下降，即需求不足，于是市场失衡、经济停滞、失业人数增加。他的这个规律是建立在所谓“先验人性”的基础上，即从所谓储蓄和消费的主观动机出发推演出来的，带有主观的唯心主义色彩，所以凯恩斯只揭示了收入决定消费的表象，没有看出人在社会中的相互关系。

马克思分析问题的视野并不仅仅局限于他所处的时代，他关于消费的思考是更加全面的、发展的、辩证的。因此，马克思的消费思想具有扎实的理论根基，他对消费的论述更加深刻、彻底、全面，并富有理论创新性，他的消费思想不但可以解释今天的消费现象，还给我们提出了符合人类社会发展的理想消费观，进而很好地指导我们的消费活动。

四、马克思与凯恩斯差异性消费理论的原因分析

（一）理论产生现实背景不同

1. 马克思消费理论产生背景：资本主义自由竞争时期

马克思的消费理论主要集中于《1844年经济学哲学手稿》《政治经济学批判》《资本论》及其手稿中，是在当时资本主义发展过程中对遇到的包括消费在内的社会问题与经济问题进行深刻剖析中产生的。马克思所处的时代是资本主义自由竞争时期，生产相对落后，社会财富较为匮乏，在这样的历史背景下，资本家和工人的消费呈现出明显的两极分化。资本家拥有大量的物质财富，剥削劳动者获取更多的剩余价值，肆意消费满足自己的欲望，而工人只能通过出卖自己的劳动力维持生计，没有也不能有额外的消费享受。在此背景下，马克思从不同阶级角度深入分析社会的缺陷与制度的弊端，力图从制度层面、从根本上揭示资本主义制度的矛盾所在，对当时的社会制度进行抨击，他的消费理论就在这一过程中应运而生。

2. 凯恩斯消费理论产生背景：资本主义垄断时期

生产社会化和资本主义私人占有之间的矛盾在垄断资本主义时期尤为显现，最终引发经济危机。

凯恩斯消费理论是时代的产物，大萧条及社会矛盾引发的工人运动高涨，使资本主义制度岌岌可危，消费需求不足，产品大量滞销，失业和生产过剩等社会现象屡屡发生，从亚当·斯密到马歇尔等占主流地位的经济学家都无法也无力解释当时的社会和经济问题。在这样的历史背景下，从亚当·斯密到马歇尔等提出的经济理论都无力解释当时的经济问题，现实迫切需要一种新的理论出现。凯恩斯在1936年撰写的《就业、利息和货币通论》一书中用总量分析的方法把整个经济放在研究范围内，提出资本主义国家出现非充分就业的经济危机是因为有效需求不足，有效需求不足又是由消费需求不足和投资需求不足构成的。在市场机制本身无法实现充分就业的情况下，政府需要站出来制定宏观经济政策进行干预，使总需求

和总供给重新达到平衡。如此一来，凯恩斯提出的有效需求理论对当时发生的经济危机做出合理解释，为当权者调控国民经济使经济重回正轨提供了有力的理论依据，在西方经济史上具有十分重大的影响，被誉为“凯恩斯革命”。在二战后，尤其在20世纪五六十年代，凯恩斯的经济理论成为西方经济学新的主流思想。

（二）理论渊源不同

1. 马克思消费思想的理论渊源

（1）空想社会主义消费思想

空想社会主义学家欧文、圣西门、傅里叶等都对资本主义制度进行过批判，他们十分同情劳动者一无所有只能出卖劳动力的现实，批判资本家对劳动者过度的剥削和压榨。圣西门意识到资产阶级几乎完全占有了法国大革命胜利所获得的社会财富，而群众基本没有受益。他还指出社会消费品要按需分配，充分保证人人分配到同等数量消费品的权利。傅里叶认为资本主义生产过程中生产与消费脱节，生产出来的产品远多于工人需要的产品，导致消费量小于生产量。马克思在空想社会主义学家对生产、交换、分配和消费描述的基础上更深层次地指出各个环节的辩证关系，共同组成一个有机整体，相互作用不可分割。同时，他否定了欧文关于跳过生产与消费中间环节的思想，在圣西门对消费品分配的基础上发展出按劳分配原则。

（2）西方古典经济学派的消费思想

古典经济学产生于17世纪下半叶，既注重物质的生产，也注重消费的作用。亚当·斯密倡导节俭消费思想，注重对财富的积累。他认为资本主义社会生产的目的就是消费，生产和消费保持着相等的关系。大卫·李嘉图主张以扩大生产为目的，并将消费视作生产的唯一目的。秉承“少消费、多积累”的核心思想，古典经济学家虽然对生产的根本目的是消费有了一定的认识，但总体上还是将生产与消费割裂开，认为消费是对资源和能源的消耗，不利于财富的增长和经济发展。在这一时期，经济学家的首要目的是提高社会的生产效率，促进社会财富增长。站在三位空想社会主义思想家绝对平均思想的肩膀上，汲取古典政治经济学家关于生产目的的认识后，马克思开辟出自己的消费思想理论，用辩证方法将消费放置于整个社会再生产过程中，揭示了资本主义制度的弊端和缺陷。

2. 凯恩斯消费思想的理论渊源

（1）孟德维尔的奢侈消费思想

18 世纪初，荷兰作家和经济学家孟德维尔发表了一首名为《蜜蜂的寓言》的寓言诗。在该寓言诗中，孟德维尔阐述了人类的天性在于追求自己的利益，节俭消费不利于社会发展，高消费才能促进社会经济发展与繁荣。由于该消费理论与主流理论背离，遭到了严厉的批判。凯恩斯继承了部分孟德维尔关于奢侈消费的思想，他在《就业、利息和货币通论》中同样描述到过多的人崇尚节俭和储蓄，奢侈品无人问津，虽然这是一种道义上的美德，但是对经济发展毫无益处。

（2）马尔萨斯的消费不足思想

马尔萨斯的有效需求不足论是凯恩斯消费理论的重要思想来源之一。马尔萨斯把有效需求不足归因于生产与消费不平衡的基础上。他认为，如果生产的增长速度持续高于消费的增长速度，那么社会就持续出现生产过剩与消费不足。马尔萨斯在《政治经济学原理》中认为在资本主义社会，资本积累和机器化生产往往使社会生产的速度很快，而有效需求则因为消费热情的缺乏总是相对不足，这种不平衡的生产与消费会严重影响财富增长，导致出现生产过剩、工人失业的危机局面。所以马尔萨斯认为，要防止资本主义经济危机出现、实现经济持续稳定增长，就要持续增加有效需求。

在借鉴前人关于消费思想的基础上，结合当时的经济危机现状，凯恩斯看到了消费不足如何导致经济危机，以及鼓励消费、促进消费是摆脱经济危机的重要途径，勇敢地挑战经典，提出了系统的凯恩斯消费理论。他的许多观点都是从当时资本主义所处的困境出发的，为当时西方资本主义国家提供了有力的理论依据和解决方案，使遭受危机影响的国家摆脱危机经济重回正轨，也为后来的经济学家研究宏观经济学提供了理论渊源。

五、马克思与凯恩斯消费理论的当代启示

当前在我国产能过剩、消费不足两大难题依然存在，坚持马克思消费理论的思想和方法，结合我国具体实际情况，制定符合我国发展的消费政策，这就要求我们重温马克思关于消费的思想理论，学习马克思主义政治经济学基本原理和方法，从马克思消费理论和凯恩斯消费理论的比较中得

到启发，从西方资本主义国家发展过程中出现的消费问题中吸取经验教训，正确处理消费理论中人与人、人与社会、人与自然的和谐关系，掌握科学的经济分析方法，更好地回答这一突出的实践和现实问题。

1. 树立正确的消费观，积极引导消费

马克思在批判资本主义社会的奢侈消费、不公平消费的同时号召公平、适度、绿色的消费观念，对于我们认识并形成正确的消费观具有重要的指导作用。要树立正确的消费观就是要让消费行为符合人自身的发展，也就是马克思所说的体现人的本质。消费异化的现象不仅存在于西方社会，在我国也有所显现，餐饮浪费、校园贷、炫耀型和挥霍型消费等不良消费现象屡屡发生，这些问题归根结底是人们没有形成正确的消费观。这些不良的消费现象会导致人们身心健康受损，带来不良的社会风气，不利于人的全面发展，甚至还会造成资源消耗和环境污染，与理性消费、绿色消费的理念背道而驰。所以，我们要更加警惕不良消费习惯的蔓延，做理性消费者，以马克思消费理论为指导，彰显其时代价值和指导意义，这也是我们研究马克思消费理论的应有之义。

2. 制定合理的政策，促进消费

扩大内需促进消费，从需求方面看，要着眼于提高居民收入水平、稳定就业、完善农村等地区的社会保障制度等。要持续优化居民收入分配结构，在确保作为主要消费力量的中等收入群体收入水平稳定增长的同时，加大对低收入群体的转移支付。同时，对农民工市民化过程中遇到的类似不合理户籍约束、资源不均等制度漏洞要及时发现和有效控制，让农民尽可能地享受到城市化的便利和红利，增强其边际消费倾向和能力。从供给方面看，要丰富消费市场和消费产品种类，提升消费产品质量，从而调动居民消费积极性。重点推进5G、人工智能、大数据等新基建投资，促进新型产业的崛起与发展，带动催生新消费。充分运用科技手段支持消费模式创新，实现线上、线下的消费转型升级，注重参与和感受的体验式消费，升级消费体验。加快补齐医疗卫生、社会保障、公共教育等公共产品短板，构建优质均衡的公共服务体系，不断提高服务质量，让公众敢于消费、放心消费。从消费环境看，政府部门要继续推进消费市场的公平竞争，强化政策监管，提升和扩大消费品牌和消费品质量，加大对假冒伪劣商品的打击力度，构建放心消费、绿色消费的消费环境。

3. 加强需求侧管理与供给侧结构性改革，提升消费质量

进入新发展阶段，实现高质量发展，把需求侧管理和供给侧结构性改革结合起来是大势所趋。近年来，我国不断推进和深化供给侧结构性改革，消费产品供给的效率和质量大幅度提升。但受如今外部环境变化和全球疫情冲击的较大影响，国内市场消费需求在一定程度上被压抑，因此加强需求侧管理，扩大内需助力消费成为当前和今后需要坚持的政策着眼点，也是构建新发展格局的迫切要求。需求侧管理的核心是要引导和创造新型消费，强调依靠深化改革打开内需的增长空间，在加快培育完整内需体系基础上，更好地协调供给与需求、投资与消费、内需与外需之间的关系，而不是简单地将改革发展重点从供给转向需求。不断促进消费创新、激发新消费，持续扩大既有消费市场规模，形成多元化、多样性的消费格局。通过结合需求侧管理和供给侧结构性改革，合理引导消费、储蓄和投资，在激活潜在需求、释放新需求的同时，促进消费规模的扩大和消费质量的提升。

六、结论

尽管凯恩斯对消费的分析不是以社会主义制度为对象的，但由于市场经济体系的相通性，其中还是有一些值得我国经济发展所借鉴的部分。凯恩斯提出的不同阶层消费者的边际消费倾向不同，低收入者的消费倾向高，高收入者的消费倾向低，这为宏观消费的结构性调整和收入分配政策指明了方向。有效需求理论阐明了消费对于投资及整个经济发展的拉动作用，并形成了宏观经济政策调节工具调节消费与投资需求，从而实现经济平稳较快发展的理论工具和实践经验。经济发展并不是持续稳定的过程，会出现发展不平衡的矛盾和冲突，所以政府的干预和宏观调控是十分必要的。这些理论经验对于我国制定消费政策具有重要的指导价值。

总之，从以上分析可以看出，马克思和凯恩斯在对消费问题的研究上既存在内容上和消费主张的区别，又有立场、视角和方法等异处，但是抛开各自的时代背景和价值取向，两者对消费的研究都形成了丰富的理论基础，都涉及消费的方方面面，所以也具有一定的相通性。目前我国正处于经济高质量发展转型的关键阶段，扩大消费需求在其中扮演着十分重要的角色。始终坚持把马克思消费理论同中国实际相结合，不断推进马克思主

义中国化，既由我国的国情决定，也由马克思消费理论本身的科学性所决定，是符合我国经济社会发展规律的。加强马克思消费理论的研究有利于扩大国内消费市场，顺应消费结构转型升级，特别是与高新技术相关的新兴消费，实现消费与生产的协调发展，投资与消费的持续拉动，促进我国经济社会又好又快发展。

参考文献

[1] 赵东安，杨春．马克思消费理论及其对目前形势的指导意义［J］．贵州社会科学，2009（7）．

[2] 白雪秋，谭祖开．马克思主义消费理论及现实指导意义［J］．商业研究，2011（2）．

[3] 魏红霞．马克思消费理论中的两个维度及其现实意义［J］．科学社会主义，2012（2）．

[4] 陈羲．马克思的消费理论及对我国的启示［J］．兰州商学院学报，2013，29（4）．

[5] 马克思，恩格斯．马克思恩格斯选集：第2卷［M］．北京：人民出版社，1995.

[6] 刘仁营，朱有志．重温马克思关于生产与消费辩证关系思想［N］．光明日报，2016-02-03（013）．

[7] 马克思，恩格斯．马克思恩格斯选集：第2卷［M］．北京：人民出版社，1972.

[8] 马克思，恩格斯．马克思恩格斯选集：第3卷［M］．北京：人民出版社，1972.

[9] 马克思，恩格斯．马克思恩格斯全集：第12卷［M］．北京：人民出版社，1996.

[10] 臧旭恒，贺洋．坚持用马克思主义政治经济学指导消费经济理论研究［J］．马克思主义与现实，2016（5）．

[11] 马克思，恩格斯．马克思恩格斯全集：第42卷［M］．北京：人民出版社，1979.

[12] 马克思．资本论：第3卷［M］．北京：人民出版社，2004.

[13] 朱方明，刘丸源．马克思的经济发展理论与西方经济发展理论比

较：兼论中国经济高质量发展的路径［J］. 政治经济学评论，2019，10（1）.

［14］马克思. 资本论：第1卷［M］. 北京：人民出版社，2004.

［15］马克思，恩格斯. 马克思恩格斯选集：第2卷［M］. 北京：人民出版社，2012.

［16］刘静暖. 透析凯恩斯“消费不足危机论”：一个可持续发展的视角［J］. 当代经济研究，2007（5）.

第二篇

国家职能与调控

马克思主义政治经济学与新制度经济学的国家理论比较分析

赵麦茹　赵治博①

一、引言

当今世界，随着全球化的发展与深入，各国之间的关系变得愈加紧密而复杂，每个国家都在面临着更大的挑战，科技战、贸易战、金融战、网络战、舆论战，每时每刻都在威胁着国家安全。在如此多的考验下，国家这一制度安排作为竞争主体，开始凸显其重要地位。而2020年的新冠肺炎疫情更是对全球各个国家能力的一次集中考验。

要了解一个国家的构建与运行方式，首先要从其建立和运行的理论开始。国家理论在马克思主义政治经济学中占据了重要地位，其从阶级分析的角度出发，对国家的起源、发展、职能和消亡进行了探究与阐述。这一国家理论不仅为新中国的成立、改革与发展提供了强有力的理论依据，而且为在社会主义市场经济条件下，国家和政府应该扮演什么样的角色提供了理论指导。而在20世纪六七十年代出现的新制度经济学则将制度作为研究的对象，通过对交易费用的分析，着重探究了国家、产权与经济的技术生产之间的关系，从而建立了新制度经济学独特的国家理论。该理论也对各国的政府构架、国家行为产生了一定的影响。事实上，两种国家理论之间有很多相似之处，其主要原因是新制度经济学借鉴了马克思对于产权制度的分析。然而，两种国家理论也存在着明显的不同。本文通过对这两种国家理论及其现实影响的比较分析，使我们更加清晰地了解国家存在的本

---

① 赵麦茹（1975—　），女，汉族，陕西临潼人，西北大学经济管理学院副教授、经济学博士、博士生导师，研究方向为政治经济学；赵治博（1994—　），男，汉族，陕西榆林人，西北大学经济管理学院2020级硕士研究生，研究方向为政治经济学。

质、国家的职能以及国家该如何发展。

二、文献综述

学术界目前围绕这两种理论的研究集中在以下三个方向：马克思主义政治经济学国家理论、新制度经济学国家理论和对两种国家理论进行比较分析。

（一）马克思主义政治经济学国家理论的相关研究

荣剑（2001）从国家与社会的关系角度阐述了社会决定国家，国家不等同于社会，国家源于社会且在经历一定时期的二元化之后最终会走向统一的观点。郁建兴（2001）认为，正是国家理论的缺失导致了国家权力的过分膨胀，马克思的国家理论需要在这种情况下被重新整理、研究和发展。杨雪冬（2004）整理了西方对马克思主义关于国家理论的研究，认为虽然国家理论是西方对马克思理论研究的一个重点，但是它们的研究往往只是马克思某一时期理论的单独发展，并不能真正了解马克思国家理论的全貌与本质。仰海峰（2005）将研究的重点放在了马克思国家理论中国家的消亡上，他从国家与社会的关系出发，整理分析了国家消亡的两个过程，即政治解放与社会解放。刘军（2006）分析探究了马克思国家理论的三个创新点，即国家起源和本质论、国家职能和异化论、新兴国家和民主论。郁建兴（2007）研究了在全球化时代对马克思国家理论的探索和重建的路径，认为应该将重点放在由资本主义向社会主义过渡时期的政治经济形式与无产阶级专政的形式上。李晓乐（2016）分析了马克思主义政治经济学国家理论中国家从统治到管理，再到治理的发展过程。方浩伟、颜佳华（2018）将研究重点放在了国家职能上，他们在总结了政府政治统治职能与社会管理职能的基础上，提出了优化政府经济职能、强化政府服务职能、科学配置政府机构职能的发展方向。

（二）新制度经济学国家理论的相关研究

唐兴霖（2000）对新制度经济学代表人物诺斯的国家模型、国家目标、国家与产权关系、制度与政府职能等理论进行了分析评述。高萍（2000）在研究新制度经济学国家理论时，重点分析了其国家起源理论与诺斯悖论，并结合理论提出了对于中国制度变迁的一些启示。卢现祥

(2004) 分析了新制度经济学与西方其他经济流派之间的理论渊源，他认为新制度经济学是在保持新古典经济学框架不变的前提下，引入了信息、交易成本、产权等概念，同时马克思唯物主义的框架也对新制度经济学产生了一定的影响。朱巧玲、卢现祥（2006）认为，新制度经济学缺乏一个公认的国家理论，他们在分析新制度经济学国家的定义与制度分析模型的基础上，提出了通过结合奥尔森公共选择理论，完善、发展新制度经济学国家理论的观点。崔兵、卢现祥（2008）着重研究了新制度经济学家巴尔泽的国家模型，阐述了其包括产权、交易费用、契约、组织等要素在内的产权分析方法与开放、包容的理论框架。

（三）对两种国家理论进行比较分析的相关研究

卢现祥（1996）从多方面比较分析了马克思理论与新制度经济学。在国家理论方面，他认为两种理论的国家都是以暴力机构的形式存在的，两者对于国家的起源、功能等方面有着不同的理解。王小映（2001）从制度变迁的角度比较分析了马克思主义与新制度经济学，他认为国家既是制度变迁的一种结果，也是推动制度变迁的动力。黄新华（2002）从国家起源与本质、职能与目的、国家权力与经济发展、国家与制度变迁等角度完整比较了两种国家理论。冯新舟、何自力（2010）从时代背景、理论基础、研究方法、理论内容等方面对两种国家理论进行了比较分析。

现有文献对于两种国家理论的比较分析虽然已经比较全面，但是存在以下两个问题：第一，之前的比较分析大多集中于两种理论的理论内容和不同点上，缺少对两种理论不同原因进行深层分析和探究；第二，对于两种理论进行比较分析的文献大多较为陈旧，与现实的发展存在一定的脱节。本文从两种理论的内容出发，全面、仔细地比较分析了两种理论的不同点以及两者不同的原因，最后结合现实分析了理论比较对于现实发展的意义。

三、马克思主义政治经济学与新制度经济学国家理论的主要内容

（一）马克思主义政治经济学国家理论

马克思主义政治经济学认为，分工的出现使得人们逐渐分化为不同的阶级，从而产生了逐渐尖锐的阶级矛盾。由于阶级之间的尖锐矛盾，国家作为一种缓和矛盾的统治工具出现。

1. 国家起源：阶级冲突

马克思主义政治经济学的国家理论认为，国家的产生是需要以一定的生产条件作为基础的。具体来说，这个基础就是恩格斯提出的两种生产和社会分工："一方面是生活资料即食物、衣服、住房以及为此所必需的工具的生产；另一方面是人自身的生产，即种族的繁衍。一定历史时代和一定地区内的人们生活于其下的社会制度，受着两种生产的制约：一方面受劳动的发展阶段的制约；另一方面受家庭的发展阶段的制约。"[①]国家的起源和人类历史上的三次大分工息息相关。在最早的氏族社会，人与人之间是靠血缘关系联系在一起的，不存在利益相关的根本冲突。但随着第一次社会大分工（畜牧业与农业的分离）的发展，交换开始出现，劳动力成为重要的生产要素，人与人之间出现了征服与被征服的关系，出现了主人与奴隶、剥削者与被剥削者。在第二次大分工中，手工业从农业中分离出来，产生了专门为交换生产的商品，有了穷人与富人的概念。同时，原本松散的个体家庭融合成了一个民族，出现了专门处理公共事务的公职人员。为了获得更多的财富，开始出现频繁的战争，社会组织"从一个自由处理自己事务的部落组织转变为掠夺和压迫邻人的组织，而他的各机关也相应地从人民意志的工具转变为旨在反对自己人民的一个独立的统治和压迫机关了"。[②]在第三次社会大分工中，商业从农业、手工业中分离，产生了专门从事交换的商人阶级。财富开始逐渐向社会中的少数人集中，穷人和奴隶越来越多，他们之间的矛盾冲突也越来越尖锐，迫切需要一种新的第三方力量也就是国家来处理。

恩格斯认为"国家是社会在一定发展阶段上的产物"[③]，只有当生产力的发展达到了一定的水平时，人们才能脱离简单的自给自足的生活，参与到了分工合作的社会化大生产中。随着制造与交换的范围不断扩大，人们便会缔结出多种多样的相互关系。这些具有相互关系的个体结合起来就组成了社会，形成了不同的阶级，最终形成国家这个政治集合体。同时，由于社会结构变得越来越复杂，社会中的各个个体、各利益集团之间存在的矛盾越来越尖锐，达到了一种无法调和的程度，也需要国家通过其行政、法律等手段来缓和矛盾、分配利益。

---

①②③ 马克思，恩格斯．马克思恩格斯选集：第4卷［M］．北京：人民出版社，1995：2，165，170.

2. 国家本质：阶级统治工具

马克思与恩格斯认为国家在很大程度上表现为一种“公共权力”。这种“公共权力”是作为一个缓和阶级矛盾、平衡各方利益的力量出现的。恩格斯指出：“国家的本质特征，是和人民大众分离的公共权力。”[①]马克思也提出了相似的观点：“正是由于特殊利益和共同利益之间的这种矛盾，共同利益才采取国家这种与实际单个利益和全体利益相脱离的独立行使，同时采取虚幻共同体的形式。”[②]虽然国家这种“公共权力”是脱离了人民大众的、凌驾于社会之上的、异化了的权力，但掌握了这种“公共权力”的阶级会利用这种国家机器为自己的阶级攫取利益，因此国家会表现出其阶级性。同时，国家也具有社会属性。在资本主义世界中，生产社会化与生产资料被私人占有导致了“无产阶级和资产阶级的对立”。[③]具体表现为“个别工厂中生产的组织性和整个社会中生产的无政府状态之间的对立”[④]，这使得现代国家也需要肩负起管理社会生产的责任。

然而，这两种属性的重要性并不相同，社会性并不是国家的本质，只有阶级性才是国家的本质。恩格斯认为，“现代国家也只是资产阶级社会为了维护资本主义生产方式的一般外部条件实质不受工人和个别资本家侵犯而建立的组织”。[⑤]国家虽然表面上是中立的第三方机构，但是“中立”仅仅是表象，其“作为表面上的调停人”的形象出现，只是为了获得“合法性”，从而掩盖了国家作为统治阶级工具的本质，在其“表面的调停人”的背后，其实扮演的是一个“不公的裁判”。正如《共产党宣言》中所说的那样，“现代的国家政权不过是管理整个资产阶级的共同事务的委员会罢了”。[⑥] 国家在实质上依然代表了统治阶级（少数人）利益，是用来剥削其他阶级（多数人）、维护其统治地位、确保其阶级利益的工具。

3. 国家职能：政治统治与社会管理

马克思认为国家职能主要由国家的政治统治职能和国家的社会管理职能两个部分组成。马克思认为，国家职能“包含一切社会的性质所产生的各种公共事物，又包含由各种特殊的因政府与人民大众相互对立起来的职

---

①② 马克思，恩格斯．马克思恩格斯选集：第4卷［M］．北京：人民出版社，1995：116，347.

③④⑤ 马克思，恩格斯．社会主义从空想到科学的发展［M］．北京：人民出版社，1997：60，68，74.

⑥ 马克思，恩格斯．马克思恩格斯选集：第1卷［M］．北京：人民出版社，1995，274.

能”。[①] 首先，也是最重要的是国家的政治统治职能，因为国家的本质是阶级统治的工具，其最根本的作用就是调和、处理阶级矛盾，从而保证统治阶级的统治。其次，是国家的社会管理职能。恩格斯认为，“社会创立一个机关来保护自己的共同利益，免遭内部和外部的侵犯，这种机关就是国家政权”。[②]对内，国家需要构建良好的社会生产生活秩序，提供公共物品。对外，作为全体人的代表进行和平或者暴力的交流和交换。恩格斯认为，“政治统治到处都是以执行某种社会职能为基础，而且政治统治只有在它执行了它的这种社会职能时才能持续下去”。[③]因此，国家的社会管理职能仅仅是政治统治职能的副产品，前者是为后者服务的。国家只有进行一定的社会管理，提供秩序、公共服务与国防设施，才能获得统治的合法性，从而更好地进行政治统治。

4. 国家发展趋势：自行消亡

马克思主义政治经济学也从阶级的角度去分析解决国家带来的不平等问题，即通过消灭阶级对立来使国家从部分人利益的代表转变为所有人利益的代表，进而解决国家成为阶级剥削工具的问题。在马克思、恩格斯的时代，社会化大生产逐渐取代了自给自足的自然经济，资本的拥有者即资产阶级开始掌握国家力量并使其成为统治无产阶级的工具。而要解决这个剥削问题，就要消灭这种阶级对立，打破资本与劳动的对立，让生产资料归全社会所有，让每个人都变为无产阶级，也就是说，“无产阶级将取得国家政权，并且首先把生产资料变为国家财产”。[④]因此，马克思主义政治经济学的无产阶级国家是以生产资料公有制为基础的，无产阶级作为社会的大多数人掌握国家政权，彻底改变了之前资产阶级国家少数人剥削多数人的局面。

在资产阶级国家，阶级矛盾只会随着时间的推移越来越严重。受压迫的无产阶级会不可避免地组织起来利用暴力或非暴力的手段改变国家的性质，也就是“无产阶级将取得公共权力，并且利用这个权力把脱离资产阶级掌握的社会化生产资料变为公共财产”。[⑤]只有这样阶级对立和生产无序化的问题才会彻底消失，资本主义社会的根本问题才会最终得到解决。随

① 马克思，恩格斯．马克思恩格斯选集：第25卷［M］．北京：人民出版社，1995：432.

②③ 马克思，恩格斯．马克思恩格斯选集：第4卷［M］．北京：人民出版社，1995：253，559.

④⑤ 马克思，恩格斯．马克思恩格斯文集：第12卷［M］．北京：人民出版社，2009：81，297.

着生产资料公有化的逐步实现，“国家政权对社会关系的干预在各个领域中将先后成为多余的事情而自行停止下来”。[①] 这时，社会占有了生产资料，社会生产摆脱了无序状态，社会组织会自发地组织起社会生产，国家的角色逐渐被各种社会组织所取代并慢慢退出历史舞台。

（二）新制度经济学国家理论

1. 国家起源：暴力潜能说

新制度经济学的国家起源理论结合了西方传统的契约论和掠夺论。契约论的国家起源理论在古希腊柏拉图、亚里士多德时期就有了萌芽，并在中世纪文艺复兴时期得到发展，主要以英国哲学家霍布斯的理论为典型代表。契约论认为，国家产生的原因是：人们为了在无秩序的“霍布斯丛林”里保护自己的生命和各种权利而选择共同订立契约，将自己的部分权利让渡给一些人，并由他们来保护每个个体的生命财产安全。国家的存在可以大大地减少交易费用，使得其他契约的签署和执行成为可能。掠夺论关于国家起源的观点源于黑格尔，认为国家源于人们利用暴力的相互征服。部落之间的相互征服、统治，形成了阶级与国家。国家仅仅是掌握在统治阶级手中的工具，它代表的仅仅是该阶级的利益而不是全社会的利益。新制度经济学的国家起源理论结合了契约论与掠夺论。诺斯认为，“契约理论解释缔约的最初收益，而不是不同利益的选民后来使利益最大化的行为，掠夺理论则不考虑缔约的最初收益，而专注与操纵国家的那些人如何榨取选民的租税”。[②] 契约论和掠夺论都无法概括、解释历史上所有的国家形式。契约论虽解释了国家的创立可以使大多数人从中得利，但忽略了各利益集团为了各自利益而在国家层面的博弈。而剥削论则过分强调了国家的剥削属性，忽略了国家的建立是一个互惠互利的、远远比无国家状态更好的政治安排的事实。

新制度经济学的国家起源理论将契约论和掠夺论有机结合起来，认为国家是各个个体、利益集团、阶级通过博弈争取自身利益最大化的场所。其中“暴力潜能”的分配成为决定国家性质的关键性因素。暴力潜能作为一种资源，在国家产生之前便已然分配在了各个个人和组织的手中。在一

① 马克思，恩格斯．社会主义从空想到科学的发展［M］．北京：人民出版社，1997：76.

② 诺斯．经济史中的结构与变革［M］．厉以平，译．北京：商务印书馆，1992：27.

定的地理范围中，人们往往会利用手中的各种资源，发挥其暴力潜能，进行各种形式的权力斗争。若暴力潜能能够平均分配给各个竞争者，人们之间相互征服的成本将是巨大的，乃至无法实现，这时竞争的成本往往要大于竞争的利润。各个参与者为了生产生活的有序进行，不得不选择合作，缔结契约，形成契约型国家来决定秩序，提供公共产品。这样的国家往往对国家内的各个个体、利益集团、阶级都是较为公平的。若暴力潜能未被平均分配，即人们之间的暴力潜力存在明显区别，则拥有较强暴力潜能的个体可以较为轻易地将较弱的个体征服。这时，征服与统治就不可避免了。这样的结果往往就是在暴力潜能上具有明显优势的团体最终会征服其他团体，从而掌握公共权力，建立代表性的掠夺型国家，并制定一套有利于自己的产权制度和交易方法。这种通过掠夺、征服建立的国家，代表的就是统治阶级的利益。

2. 国家本质：歧视性的垄断者

诺斯认为，国家往往由一个追求自身福利最大化或效用最大化的统治者控制，它垄断着暴力的行使权和公共服务的供给，会对不同的团体制定不同的制度和行为准则，是一个带有歧视性的垄断者。作为国家实际控制人的垄断者与国家的主要组成部分，即选民是一种长期契约关系，该契约的核心是关于公共服务数量与税收数量的交易，即选民应该向统治者掌控的国家机构交多少税，而统治者利用国家机器与税收来向公民提供多少公共服务。同时，这个统治者也会面临国内外各种潜在竞争者的压力。

国家最大的特点就是其强制性。国家是在暴力方面具有优势的组织，其占据绝对优势的国家暴力可以确保其政策、法律得到强制实施。与之前分散配置的私人暴力相比，国家暴力具有如下特点。首先，国家暴力具有合法性，是被大众广泛接受、认可的暴力机构。其次，国家暴力的使用具有谨慎性，往往是在比其他社会制度（如市场和其他民间组织）更加有效时，才会被使用。再次，国家暴力具有规模经济，与国家出现之前暴力资源广泛分配在各个个体之间相比，由国家统一集中使用的暴力资源会具有较大的规模经济效应，可减少成本。最后，国家暴力资源可以有效防止“搭便车”行为，如安全等公共产品由国家统一提供可以避免“搭便车”行为。

诺斯认为，国家之所以会出现是因为其具有改善社会秩序有益的一面。但是，由于其也有从社会交易中攫取利益以满足自身利益的一面，所以国家也并不总是令人满意。在诺斯的国家模型中，国家与个人会存在一个基本的交换，即国家通过税收获得收入，并向公众提供公共服务。由于规模经济的存在，国家成为这一交换中公共服务的供给者便是最有效的安排。然而，由于国家在公共服务市场上的垄断势力，它也会像一个普通的带有歧视的垄断者一样，将公众分为各个不同的集团，并为不同的集团制定不同的规则，设定不同的产权，从而使国家利润最大化。当然，国家的垄断势力也不是无限大的，他的大小受制于选民的机会成本。一方面，国家具有掠夺性：为不同的利益集团设计不同的产权，从而确保统治者自身的利益，这时国家就成为"掠夺之手"。另一方面，国家具有契约性：国家的出现降低了契约的成本，为选民提供公正和保障，这时国家就变成了"扶持之手"。

3. 国家职能：制度供给与产权界定

新制度经济学对于国家的职能分析主要是从产权与制度的设计、执行等角度分析的。国家职能主要可以分为以下四点。

首先，国家是最大制度的供给者。国家的出现使得人们从混乱无序的"霍布斯丛林"里解脱出来，使得社会的生产生活有了基本的秩序。这是国家出现的重要原因，也是国家最重要的职能。只有国家给社会供给了有利于社会生产、数量合适、行之有效的制度，社会中的生产者才能主动、高效地参与到社会生产中，从而促进国家的发展。

其次，国家是产权的界定者、保护者。国家作为一个在暴力上具有相对优势的组织，可以利用其暴力优势来遏止人们之间无序的相互偷窃与抢夺，从而对产权进行有效的界定和保护，可以大幅节省人们在产权保护上所花费的成本，使人们从原始的"霍布斯式丛林"那种需要花费大量精力来保护自己财产的困境中脱离出来，从而集中精力创造财富而不是保护、抢夺财富。

再次，国家是第三方实施者。在社会大生产的资本主义社会，当产权可以被清晰地界定和保护时，人们之间的交易就成为必然。而为了使交易有效进行，就需要有交易的标准和确保标准可以被有效实施的机构。国家作为标准的制定者（制度的供给者）与强力执行者，可以从以下两个方面最大限度地降低交易费用：第一，国家建立并且实施的标准，可以在国家最广泛的范围内得以实施，最大限度地降低标准的学习成本，因此标准这一产品是具有规模经济的；第二，国家作为交易市场外的第三方，可以相对客观地确保标准被公众合理地实施。

最后，国家是不同利益集团的协调者。一个国家的建立往往是不同利益集团相互博弈的结果。每个人、每个利益集团既在现有制度下参与生产，同时也试图通过各种方式对各个国家机构施加影响来使制度朝着有利于自己的方向改变。因此，各个利益集团之间尖锐的、直接的矛盾转化为各个政府机构直接较为缓和的、间接的权力斗争，国家机构由此承担起了调节、缓和阶级矛盾的职责。

4. 国家发展趋势：从自然国到宪政国

新制度经济学认为，国家的发展方向取决于国家、产权与经济的技术生产之间的相互关系。经济的技术性生产边界就是指由技术发展水平和资源禀赋等决定的生产效率和产出量的上限。而结构性生产边界是已知的产权结构下，整个社会可以以最小成本达到的最大产出。结构性生产边界处于技术性生产边界内，在技术水平一定的情况下，不同的国家政治体制、产权结构，会带来不同的结构性生产边界。为了适应不同技术的发展，使得结构性生产边界实现最大化，就需要改变政治体制，这也是国家制度变迁的动力。

然而，由于国家的统治者是一个具有歧视性的公共服务的垄断供给者，也就导致了国家的组织体制安排、产权结构往往都不是最有效的安排，也就无法使得结构性生产边界靠近技术性生产边界。但是，历史上有无数的例证可以证明，国家并不总能供给使经济接近其技术性生产边界的适宜的产权结构。因此，为了使国家可以提供有效的产权结构，需要给予统治者、代理人一定的激励与限制。宪政国这一国家结构，可以通过选举、立法等手段，将统治者的利益与大众的利益以及国家的利益极大地统一化，从而使得国家可以供给出相较于之前的自然国更适合当前技术发展水平的制度，进而带来国家的发展。

四、马克思主义政治经济学与新制度经济学国家理论的差异

虽然两种国家理论都看重对产权的分析，强调国家的二重性，但是两者还是有着很大的不同。本文从理论立场、分析方法和关注点三个方面分析了两种国家理论的差异。

（一）理论立场不同

两种国家理论从立场上就有着很大的不同，马克思主义政治经济学站在无产阶级立场上，代表了受压迫的大多数人，因此马克思的国家理论是一个革命的理论，追求的是更加平等的世界；而新制度经济学站在资产阶级立场上，代表了少数现行制度的既得利益者，因此新制度经济学的国家理论是一个改良的理论，追求的是一个更加高效的世界。

1. 马克思主义政治经济学：无产阶级立场

国家理论是马克思主义政治经济学的重要组成部分，是站在无产阶级的立场上，为无产阶级摆脱物的束缚，建立一个人人公平且自由的自由王国而服务的理论。在资产阶级国家里，国家机器既是经济发展的动力，同时也是经济发展的阻碍。在资本主义国家中，大多数工人阶级仅仅是生产要素而不是生产目的，他们虽然创造了大量的财富却无法真正地占有这些财富，这样的剥削是无法长久的。随着资本主义的发展，当生产资料私人占有的形式无法满足社会化大生产的需求时，经济危机就会产生，这时代表大多数人利益的无产阶级便会掌握国家政权，以国家的身份领导生产，资本主义社会也会逐步向社会主义社会转变。

2. 新制度经济学：资产阶级立场

新制度经济学派并没有脱离新古典的理论框架，其目的是寻找一套高效的、自发均衡的制度。诺斯并没有试图从根本上解决他的诺斯悖论，即“国家的存在对于经济增长来说是必不可少的；但国家又是人为的经济衰退的根源”。[①] 也就是说，新制度经济学在承认了国家剥削性的同时，并没有试图真正地解决国家的剥削问题，而是把它理解为一种虽然有缺陷，但是不得不接受的制度安排。其本质上还是在维护统治阶级的利益，默认了其剥削地位，并在此基础上寻求发展。

由于两者的理论立场不同，导致了两者在处理掠夺这一问题上的思路和方式截然不同。马克思主义政治经济学主张通过消灭阶级矛盾的方法，彻底消除社会利益团体之间相互剥削的根源，从而使得掌握国家政权的机构代表全体人民的利益。马克思认为只要有阶级存在，社会剥削就会存在，而且国家会继续作为这种剥削工具存在。而新制度经济学则主张倾向

① 诺斯．经济史中的结构与变革［M］．厉以平，译．北京：商务印书馆，1992：25.

于通过制度设计去除国家的阶级属性，将其进化成为一种中立第三方的组织，使其成为市场外的、单纯的制度供给者。他们试图通过严格的制度来限制国家、政府的行为，将掠夺型国家转化为契约型国家，强调国家的契约属性，而避免其掠夺属性。这两种不同的态度也造就了不同的国家职能、政府责任与社会监管体系。

（二）分析方法不同

马克思主义政治经济学与新制度经济学的国家理论最大的区别就是两者的分析方法不同。马克思主义政治经济学的国家理论运用的是阶级分析方法，而新制度经济学的国家理论使用的是交易费用分析方法。

1. 马克思主义政治经济学：阶级分析

马克思主义政治经济学国家理论的基本分析方法是阶级分析。阶级分析的方法贯穿了马克思经济学分析国家的起源、发展、演化乃至消亡的全部过程。马克思认为国家的本质属性是其阶级性。国家与社会并不是统一的、不可分离的，国家仅仅是社会中独立出来的异化了的“公共权力”。表面上，国家虽然会向社会提供公共服务，但其本质依然是剥削阶级的统治工具。因此，马克思认为只要有阶级的存在，社会剥削就会存在，而且国家会继续作为这种剥削工具而存在。要想从根本上解决国家的剥削问题，就必须消灭问题的根源，即阶级对立。当阶级对立不再存在时，国家这一伴随着阶级矛盾的激化而产生的制度安排，也会随着矛盾的解决而自行消亡。

2. 新制度经济学：交易费用分析

新制度经济学是将制度作为研究对象的经济学，其理论的核心是交易费用理论，研究目标是寻找使交易费用最小化的制度安排。新制度经济学认为，清晰的产权与有序的交换秩序是减少交易费用的前提条件，而且在新制度经济学中，国家被认为是提供制度并确保制度运行的最好安排。最初，部分或者全部人民主动把一部分个人权利让渡给国家，就是为了结束混乱的产权、无效的市场，从而更好、更有效地从事生产生活。国家可以利用其市场第三方的身份公平地划分产权，并依赖其暴力优势来确保有序的市场交换。然而，正如诺斯所说，“没有国家办不成的事，有了国家又会有很多麻烦”。[①] 新制度经济学认为，国家是那个虽无奈但是必需的选择。国家的存在会提供降低交易费用的制度，然而国家的掌控者往往会利用其制度垄断供给者的地位使统治集团的利益最大化，这也就是所谓的“诺斯悖论”。因此，新制度经济学的国家理论更多的是在寻求解决、处理“诺斯悖论”的办法和路径。新制度经济学框架下国家的建立与发展、制度的变迁与改良也都是为了最小化交易费用这一目标，其目的是寻求在现有的资本主义市场经济框架下对国家的改进。

（三）理论关注点不同

马克思主义政治经济学与新制度经济学的国家理论在关注点上有很大的不同。马克思主义政治经济学国家理论是一个关注阶级关系的理论，将公平放在了效率之前。而新制度经济学是一个讲求效率的理论，认为效率是国家首先应该追求的目标，而公平是在达到了高效的基础上进行的分配调整。

1. 马克思主义政治经济学：公平

马克思主义政治经济学的国家理论是一个变革的国家理论，是对当时的资产阶级国家的全面否定，并提出了由资产阶级国家到无产阶级国家，最终国家作为一个历史的存在，逐步走向消亡的过程。之所以要变革，最重要的原因就是马克思发现了在资本主义社会中，虽然社会生产生活都更加高效了，但出现了严重的阶级剥削问题，这导致社会的不公正、不平等。而社会的变革是摆脱这种不公平社会的必要前提。马克思认为：“真正的自由和真正的平等只有在共产主义制度下才可能实现；而这样的制度是正义所要求的。”[②] 在马克思关于无产阶级国家的构想中，公平才是最重要的考量因素。只有当国家政权被无产阶级掌握，实现生产资料公有化时，在生产活动中，人们才能达到真正的公平。只有当政府充分地发挥其社会管理职能，摆脱其阶级统治职能时，人们才能获得真正公平的社会环境。马克思的国家理论是马克思主义的重要组成部分，其目的就是指导人们建设一个真正平等、公正的社会，从而达到解放全人类的最终目的。

---

① 诺斯．经济史中的结构与变革［M］．厉以平，译．北京：商务印书馆，1992：23-24.

② 马克思，恩格斯．马克思恩格斯全集：第1卷［M］．北京：人民出版社，1956：443.

2. 新制度经济学：效率

新制度经济学的国家理论是一个优化国家效率的理论。他们认为国家是一个虽不完美但是必须存在的制度安排。为了降低交易费用从而使人们更好地互通有无，人们不得不将自己的部分权利让渡给国家。国家作为制度的供给者、市场秩序的维护者、各方利益的协调者将长期发挥作用。但是，新制度经济学往往会夸大制度的作用，诺斯认为，“西方世界兴起的原因在于发展了一种有效率的经济组织”①，“正是组织的成功或失败决定着社会是进步还是倒退”。② 他认为一个制度好坏是一个国家发展水平高低的原因，好的制度带来先进的生产力而不是先进的生产力促进了与之相适应的制度产生。也就是说，他们认为上层建筑（制度）对经济基础具有决定性作用，这正是新制度经济学与马克思主义政治经济学的根本矛盾，也是两者虽然都对产权进行了分析，但是得出了完全不同的结论的重要原因。新制度经济学需要的是强化市场型政府：一种只提供有效的产权界定，不进行任何形式的利益窃取的政府。他们试图通过一些严密的制度设计来限制当权者的权力，使其无法利用手上的权力来为自己牟利，即他们要求作为制度垄断供给者的国家自身不是任何利益集团的代表，而仅仅作为制度供给的市场外第三方存在，从而避免国家成为剥削工具的问题。

五、两种国家理论异质性的原因

两种国家理论之所以有如此多的不同，其中很大的原因是两种理论的时代背景、理论渊源不同。

（一）时代背景不同

不同的时代背景是两种国家理论不同的重要原因。马克思主义政治经济学的国家理论诞生于资本主义初期，而新制度经济学诞生于资本主义成熟的20世纪中后期。

1. 马克思主义政治经济学：资本主义初期

马克思主义政治经济学国家理论起源于19世纪40年代，随着工业革

① 诺斯．西方世界的兴起［M］．北京：华夏出版社，1999：5.

② 诺斯．经济史上的结构与变迁［M］．上海：上海三联书店，1994：56.

命的推进，纺纱机、蒸汽机、蒸汽轮船、火车等的出现，使社会生产力得到了快速发展，随之带来了生产方式的变革。这是社会生产力、生产方式大变革的时代。阶级矛盾格外激烈，各种经济、政治理论的发展还不完善。资本主义正处于一个蓬勃发展，走向成熟的时期。资产阶级对无产阶级的剥削开始从明处走向暗处。资产阶级作为剥削阶级，在经历了多次无产阶级的反抗之后，虽然进行了一定程度的妥协，但更多的是利用国家工具来掩盖其剥削事实，从而保持其剥削地位。马克思、恩格斯等马克思主义者亲身经历了这一时代，因此可以看清资产阶级国家阶级剥削工具的本质，从而提出属于无产阶级的国家理论。

2. 新制度经济学：资本主义成熟期

新制度经济学诞生于20世纪中后期，此时资产阶级国家已经经过了数百年的发展，形成了属于自己的经济理论和话语体系。同时，阶级矛盾在数百年的阶级斗争中变得较为缓和，剥削变得更加隐蔽，掩藏在层层制度之下，并逐步变得合理化、合法化。同时，在冷战的大背景下，资本主义与社会主义两大阵营之间的制度竞争成为时代的主题。因此，新制度虽然也将产权、制度作为研究对象，但是由于其与马克思主义政治经济学诞生的时代完全不同，使得两者虽然有一定程度上的相似乃至借鉴关系，但本质上是完全不同的两种国家理论。

（二）理论渊源不同

不同的理论渊源也是两种国家理论不同的重要原因。马克思主义政治经济学的国家理论主要来源于对黑格尔的批判，同时吸收了古希腊政治思想和空想社会主义的部分理论。新制度经济学最主要的理论来源于新古典经济学，马克思主义政治经济学也对其产生了一定的影响。

1. 马克思主义政治经济学：古希腊政治思想、黑格尔哲学与空想社会主义理论

马克思主义政治经济学的理论来源主要有三个，即古希腊政治思想、黑格尔哲学与空想社会主义理论。其中，古希腊政治思想是其重要的思想来源，马克思的思想和亚里士多德有着重要的联系。马克思与亚里士多德都注重通过历史主义和道德主义来探讨人的本质。同时，马克思对理想国的构想在很大程度上受到了雅典城邦的影响。黑格尔哲学被认为是马克思主义政治经济学国家理论最直接的理论来源。黑格尔将市民社会与政治国

家分离的观点在马克思的国家理论中得到了继承与发展，但是在具体的分析方法上，马克思不同于黑格尔注重伦理、逻辑的方法，而是站在唯物史观的立场上，从历史和社会的角度对国家与社会进行分析。空想社会主义者对资本主义进行了全面批判，虽然他们并没有提出具体的理论方法，但是他们对社会主义、共产主义的探索对于马克思后来的研究仍然有着重要的作用。

2. 新制度经济学：新古典经济学

新制度经济学是在对新古典经济学进行批判、继承中发展起来的。诺斯认为“新制度经济学不像早期一些理论那样试图推翻或取代新古典经济理论，而是力图在古典经济理论基础上，通过修正和扩展新古典经济学理论，使人们能够把握和处理迄今为止还处于其分析范围之外的大量问题”。[①] 他坚持了新古典经济学关于资源稀缺性与竞争性的假设，追寻的也是和新古典经济学类似的效率问题。不同的是新制度经济学将制度这一要素纳入了分析范围，放弃了新古典经济学机械理性主义的假设。另外，新制度经济学对于制度和产权的关注也受到了马克思主义政治经济学的启发。但诺斯毕竟不是马克思主义者，他的关注点是国家、产权与经济的技术生产之间的互动关系，而不是像马克思一样更加关注其背后的阶级矛盾、社会公平等问题。

六、两种国家理论的现实意义

国家理论是马克思主义政治经济学和新制度经济学理论体系的重要组成部分。马克思的国家理论出现于资本主义高速发展，社会化大生产在全球范围内逐渐形成的历史背景下，从阶级分析的角度对现代资产阶级国家的起源、本质，国家的职能、发展直到最终消亡等问题做出了科学、严密的解释。新制度经济学从交易费用最小化的角度，将国家作为产权界定者、交易秩序提供者的身份纳入分析框架，并详细阐述了国家作为必要的制度安排在产权制度变迁过程中的重要作用。因此，两种国家理论对当代中国的借鉴意义重大。

① 诺斯．新制度经济学及其发展［J］．路平，何玮，译．经济社会体制比较，2002（5）：5-10.

（一）坚持中国共产党的领导

马克思主义政治经济学和新制度经济学都提出了国家双重性。马克思主义政治经济学认为国家存在阶级性与社会性两种属性，这与新制度经济学认为的国家具有契约性与掠夺性这一双重属性的表达具有相似的意义。阶级性对应了掠夺性，即国家是统治阶级的国家，是其剥削、掠夺其他阶级的工具。而社会性对应了契约性，即让国家组织社会生产生活、调节阶级矛盾，是社会各界达成的共同契约。如果国家机器掌握在只代表少数人利益的资产阶级手中，就会表现出更多的剥削性，成为其剥削他人的工具。只有无产阶级政党掌握国家政权，国家才能更多地表现社会性，为整个社会提供良好的公共产品。在中国，就是要坚持中国共产党的领导。中国共产党作为一个无产阶级政党，自建立之时就鲜明地展现出了无产阶级属性，把反侵略、反剥削作为自己的目标。同时，只有在党的领导下，国家政权才不会被个别势力所利用，成为满足其自身利益、剥削他人的工具。

（二）坚持效率与公平并重的分配方式

马克思的国家理论是一个长期的、科学的理论。在中国共产党的领导下，我国进入了全面建设社会主义现代化强国的新发展阶段。在新发展阶段，我国应继续坚持马克思国家理论的指导，沿着社会主义国家的道路继续前行。在具体的发展方式上，我国应该充分借用新制度经济学在交易费用分析框架下达到的效率优势。既要发挥“有为政府”的主观能动性，也要发挥“有效市场”所带来的效率优势。我们要重视社会分化问题，利用国家在二次分配、三次分配中发挥的重要作用，缩小贫富差距。重视意识形态教育，杜绝分裂主义、破坏主义的出现，从而更好地开展社会主义现代化强国的建设。

七、结语

新中国自成立以来就一直坚持对马克思主义的继承和发展。三大改造将新民主主义新中国改造成了以公有制为主体的社会主义国家，改革开放为新中国带来了社会主义市场经济与40多年的发展奇迹。这与我们按照马克思主义政治经济学的国家理论，坚持中国共产党这一无产阶级政党的领导，坚持以公有制为主体、多种所有制共同发展的所有制结构是分不开的。新中国是一个无产阶级国家，代表的是全体公民的利益。国家的目的并不是剥削他人，而是在充分发挥其社会管理职能的同时，继续带领人民走向那个人人平等、人人自由的共产主义社会。

随着党的十九大的成功召开，中国特色社会主义进入新时代，这对我们的国家机构也提出了新的要求。首先，我们应该坚持中国共产党的领导。在党的统一领导下，发挥"集中力量办大事"的制度优势，朝着共产主义的道路大踏步前进。其次，坚持从严治党，发展适应新时代的人民代表制度，确保党永远代表全体人民的利益。最后，我国依然处于社会主义初级阶段，我们应该继续让市场在分配过程中起决定性作用，借鉴新制度经济学的制度分析方法，在确保市场得到合理监管的前提下，提供最有利于市场活力并能与国际接轨的制度。

参考文献

[1] 荣剑．马克思的国家和社会理论［J］．中国社会科学，2001（3）．

[2] 郁建兴．国际理论的复兴与马克思主义国家理论［J］．东南学术，2001（5）．

[3] 杨雪冬．西方马克思主义的国家理论简评［J］．马克思主义与现实，2004（2）．

[4] 仰海峰．超越市民社会与国家：从政治解放到社会解放：马克思的国家与市民社会理论探析［J］．东岳论丛，2005（2）．

[5] 刘军．马克思国家观的三大理论创新［J］．河北学刊，2006（6）．

[6] 郁建兴．论全球化时代的马克思主义国家理论［J］．中国社会科学，2007（2）．

[7] 李晓乐．马克思主义国家治理理论的历史逻辑［D］．南京：东南大学，2016．

[8] 方浩伟，颜佳华．马克思政府职能理论与新时代政府职能转变［J］．湖湘论坛，2018，31（3）．

[9] 唐兴霖．诺思的国家与政府理论述评［J］．中国矿业大学学报

(社会科学版), 2000 (2).

[10] 高萍. 新制度经济学的国家理论及其启示 [J]. 中南财经大学学报, 2000 (6).

[11] 卢现祥. 西方新制度经济学的流派渊源关系及其发展趋势 [J]. 经济评论, 2004 (5).

[12] 朱巧玲, 卢现祥. 新制度经济学国家理论的构建: 核心问题与框架 [J]. 经济评论, 2006 (5).

[13] 崔兵, 卢现祥. 巴泽尔新制度经济学理论架构探索 [J]. 经济评论, 2008 (5).

[14] 卢现祥. 马克思理论与西方新制度经济学 [J]. 马克思主义研究, 1996 (6).

[15] 王小映. 马克思主义与新制度经济学制度变迁理论的比较 [J]. 中国农村观察, 2001 (4).

[16] 黄新华. 马克思主义国家学说与新制度经济学国家理论之比较分析 [J]. 宁夏大学学报 (人文社会科学版), 2002 (2).

[17] 冯新舟, 何自力. 马克思国家理论与新制度经济学国家学说: 一个比较分析的视角 [J]. 社会科学, 2010 (9).

[18] 马克思, 恩格斯. 马克思恩格斯选集: 第 4 卷 [M]. 北京: 人民出版社, 1995.

[19] 马克思, 恩格斯. 社会主义从空想到科学的发展 [M]. 北京: 人民出版社, 1997.

[20] 马克思, 恩格斯. 马克思恩格斯选集: 第 1 卷 [M]. 北京: 人民出版社, 1995.

[21] 马克思, 恩格斯. 马克思恩格斯选集: 第 25 卷 [M]. 北京: 人民出版社, 1995.

[22] 马克思, 恩格斯. 马克思恩格斯文集: 第 12 卷 [M]. 北京: 人民出版社, 2009.

[23] 诺斯. 经济史中的结构与变革 [M]. 厉以平, 译. 北京: 商务印书馆, 1992.

[24] 马克思, 恩格斯. 马克思恩格斯全集: 第 1 卷 [M]. 北京: 人

民出版社，1956.

［25］诺斯．西方世界的兴起［M］．北京：华夏出版社，1999.

［26］诺斯．经济史上的结构与变迁［M］．上海：上海三联书店，1994.

［27］诺斯．新制度经济学及其发展［J］．路平，何玮，译．经济社会体制比较，2002（5）.

马克思与法国调节学派调节思想的比较分析

赵麦茹　薛娜娜①

一、引言

法国调节学派产生于20世纪70年代，其主要代表人物有法国的经济学家米歇尔·阿格利埃塔（Michel Aglietta）、阿兰·利皮茨（Alain Lipietz）、罗伯特·博耶（Robert Boyer）等。调节理论框架的构建是该学派最大的贡献，他们利用这个框架对二战后的美国和欧洲资本主义国家为什么由福特制转向后福特制进行了鞭辟入里的分析。调节理论的观点不但对马克思主义进行了理论补充，而且其影响波及了社会科学的其他领域。90年代以来，调节学派更是得到了长足的发展，他们的理论也经常被拿来对一些全新的问题进行分析，如转型经济、发展中经济、亚洲金融危机、区域经济一体化等。

法国调节学派理论被引入我国后，受到了经济学、哲学和政治学等领域特别是马克思主义研究领域学者的关注。但综观已有的研究成果，国内外学术界似乎对于法国调节学派的研究尚未给予充分的重视，发表的相关论文数量不多。

一部分学者对法国调节学派的内容进行了梳理和评述。贾根良（2003）最早从制度与演化经济学的视角阐述了该学派的起源、研究纲领的形成以及分析框架和理论观点。李其庆（2004）对该学派的由来、代表人物进行了介绍，并阐述了该学派的理论观点和政策主张。胡海峰（2005a，2005b）对该学派的分析方法、观点主张进行了阐

① 赵麦茹（1975—　），女，汉族，陕西临潼人，西北大学经济管理学院副教授、经济学博士、博士生导师，研究方向为政治经济学；薛娜娜（1998—　），女，汉族，河南洛阳人，西北大学经济管理学院2020级硕士研究生，研究方向为政治经济学。

述，并对该学派针对美、欧资本主义社会的两种主要发展形态的分析进行了述评。夏明（2006）对该学派的增长理论和模型进行了述评。陈叶盛、胡若南（2008）对该学派的危机理论作了详细介绍，并说明其理论借鉴意义。唐正东（2010）对博耶的调节理论进行了述评。Natalia 和 Gajst（2010）对法国调节学派的贡献进行了批判性的修正，集中于它所发展的概念框架。Neilson（2012）反对由博耶领导的法国调节学派将当代的特点描述为国家资本主义的多样性而忽视对“发展模式”关注的方向。吕守军、严成男（2013）对法国调节学派的学派定位进行了考察，并对他们的创新内容进行了归纳。吕守军（2015）认为法国调节学派的理论特色在于中观层面，并对该学派理论体系的演进做了梳理。于珊、张嘉昕（2018）对法国调节学派第二代学者的制度形成理论和资本主义多样性理论进行了分析。任保平（2019）认为我们在研究中国特色社会主义政治经济学的过程中可以从法国调节学派那里吸收思想。

一部分学者试图利用法国调节学派的理论对一些经济现象进行解读和分析。唐正东（2009）介绍了博耶对美国的“新经济”危机及以人为本的生产模式的历史经验主义的解读方法，并阐述了法国调节学派在方法论上走向历史经验主义的原因。吕守军（2009，2011）介绍了该学派第二代学者的制度形成理论，并运用该理论分析了日本劳资关系变化的相关问题。赵超（2011）对该学派的三位创始人如何利用该学派的理论框架对 2008 年国际金融危机进行解读做了阐述。段平方（2012）阐述了该学派是如何解释资本主义金融化和金融危机的。胡琨（2014）依据法国调节学派的危机理论和路径依赖理论，对德国传统工业地区鲁尔区的两种转型战略进行了分析。吕守军、严成男（2014）基于法国调节学派的分析框架分析了安倍经济学是如何对日本的劳动力市场进行结构性改革的。吕守军、严成男（2015a，2015b）基于法国调节学派的循环累积因果论和资本主义多样性理论对《21 世纪资本论》进行了理论上的剖析和补充，深化了对资本主义本质的理解。张嘉昕、于珊（2020）系统梳理了法国调节学派的劳动关系理论并从该理论的视角分析了法国的“黄马甲运动”。

一部分学者将法国调节学派的理论与另一种学派或者理论进行比较。Schefold（2002）介绍了法国和德国的制度经济学，并将德国统制主义与法国调节学派进行了对比。孙寿涛（2010）比较了发达国家马克思主义经济学派的两种劳动关系研究方法。吕守军（2014）对《21世纪资本论》与法国调节学派的理论关联进行了梳理。马艳、科兹、麦克唐纳（2016）对SSA学派与法国调节学派的关系及SSA学派在若干领域的创新和发展进行了阐述。科茨、田方萌、孟捷（2018）比较了法国调节学派和美国积累的社会结构学派的共性和差异。Reitmayer（2019）研究了由法国社会学家皮埃尔·布迪厄提出的社会领域概念与由法国调节学派提出的生产模式概念相结合的可能性。

一部分学者对马克思的调节思想进行了梳理，并将其迁移到我国的实践指导中。洪银兴（1986）介绍了马克思的宏观调节理论，并阐述了该理论如何在社会主义国家应用。胡炳麟（1992）对马克思总结的商品生产的调节公式作了介绍，并参考该公式对我国商品经济的调节模式作了概述。成保良（2000）对马克思在社会经济方面的调节理论的共有规律以及三种不同实现形式作了介绍。潘林芝、周剑（2008）阐述了马克思对国际收支不平衡的调节思想，认为重点在资本市场。丁霞、颜鹏飞（2015）介绍了马克思在三种社会经济形态下的调节规律。

只有少部分文献是写法国调节学派和马克思经济学之间的联系的。唐正东（2003，2008）从后马克思主义经济哲学的视角，对该学派从抽象走向具体的方法论及阿格利埃塔的货币哲学观进行了阐述。杨虎涛（2009）分析了马克思经济学对法国调节学派的影响。

从目前的研究成果来看，对于法国调节学派与马克思的经济学思想进行比较分析的论著数量很少，这使得我们既无法全面了解法国调节学派，也影响了对马克思主义经济学的传承与启新。本文的拟创新之处就在于在这方面补充了一些内容。通过对马克思和法国调节学派的制度理论、经济危机理论、资本主义多样性理论和经济增长理论这四个体现调节思想的理论加以介绍，并归纳出差异之处，希望能引起国内学术界的重视，特别是引起国内学者对国外马克思主义经济学这个本来应该加强的，但改革开放以来为汹涌而入的西方经济学所淹没的研究领域的重视，推动对该学派的研究，为中国特色社会主义政治经济学提供借鉴。

二、马克思与法国调节学派调节思想的主要内容

（一）马克思的调节思想

马克思虽然没有直接围绕调节进行论证，但在其思想体系中有大量有关调节思想的内容，具体体现在制度理论、经济危机理论、资本主义多样性理论和经济增长理论等理论中。

1. 制度理论

（1）基本概念

生产力、生产关系、经济基础、上层建筑是马克思关于制度分析的基本概念。马克思制度理论认为，社会制度不是因为人和人之间的交易形成的，也不是社会主体之间在考量自己的成本—收益后相互妥协的结果。它诞生于社会体系结构中生产力和生产关系、经济基础和上层建筑的矛盾运动过程中，反映的是不同利益集团间的一种生产关系。

（2）制度的起源、本质、变迁动力与方式分析

第一，马克思认为制度有两个层次的起源。在推导第一层次的起源时，他以人与自然之间的矛盾为分析的起点，从生产力的发展出发，最终得出结论：制度是在社会生产关系的形成过程中产生的。在推导第二层次的起源时，他以不同利益集团之间的矛盾和冲突为分析的起点，最终得出结论：制度起源于上层建筑，包括政治、法律和道德规范等。从本质上讲，制度反映了一种在社会分工中身处不同位置、拥有资源多寡的不同群体间的利益关系。

第二，所谓制度变迁，是指新制度产生、替代或改变旧制度的动态过程。马克思认为，制度变迁的驱动力是生产力的发展，而前者又会反作用于后者。马克思有一个非常有名的论断：无论什么样的经济体制，只要它们所能容纳的所有生产力还没有得到完全发挥，它就永远不会消亡；旧体制只有孕育出新的、更高级的经济体制所需要的物质条件，新的、更高级的经济体制才会诞生。

第三，马克思认为制度变迁的方式是阶级对抗和发动革命。被剥削阶级通过革命，翻身成为生产资料的主人，以给自己的发展创造条件。马克思反对采用温和的、改良的方式改革制度。因为在马克思看来，制度的形成并非在短时间内能实现，在它漫长的形成过程中，早已经在整个社会中

生根发芽，达到了根深蒂固、坚不可摧的程度。如果采用温和的变革方式，不仅速度缓慢，而且很容易受到利益受损者的阻挠和报复，从而起不到真正的变革效果。只有通过暴力革命这种相对激进的方式，才能在短时间内将落后的旧制度清除殆尽并建立新制度，真正实现制度的变迁和社会的发展。

（3）资本主义市场经济制度

马克思认为，资本主义及其市场经济制度的实践在人类社会进程中起着十分重要的进步作用。它使人类的生产力发生了质的飞跃：从小生产发展到社会化大生产；同时，这一制度又由于其自身的运行规律而必然走向对生产资料私有制的根本否定，并为生产资料社会占有的社会主义社会所代替。

2. 经济危机理论

（1）经济危机本质：生产相对过剩

历次爆发的经济危机充分地表现了矛盾的两个方面：一方面，大量的商品积压卖不出去，甚至大批被销毁；另一方面，劳动人民饥寒交迫、流离失所。马克思指出，“生产过剩这个词从字面上看很容易让人误会。只要社会上大量人最迫切的需求，甚至他们最直接的需求没有得到满足，就永远不会出现产品过剩。相反，从这个意义上讲，资本主义的生产往往是不足的”。① 由此可见，经济危机实质上是劳动人民没钱买商品从而造成需求不足的相对过剩的危机。

（2）经济危机根源：资本主义的基本矛盾

生产的社会化与生产资料资本主义私人占有之间的矛盾，是资本主义社会的基本矛盾。其主要表现在两个方面。一是虽然每个企业内部的生产有计划，但整个社会的生产缺乏统一调度，处于一种混乱的状态。在资本主义制度下，资本家为了获取更多的剩余价值，企业内部的生产经营活动虽然具有高度的组织性和计划性，但整个社会生产基本上处于无政府状态，这就导致社会再生产无法顺利进行。二是资本主义的生产虽然在无限扩张，但劳动群众由于受限于支付能力，其需求是相对缩小的。这就产生了矛盾，为危机的爆发种下了因。

① 马克思，恩格斯．马克思恩格斯全集：第26卷［M］．北京：人民出版社，1975：602.

3. 资本主义多样性理论

在理论上，虽然《资本论》的主要任务是阐述资本主义发展的普遍规律，但马克思仍然注意到不同国家资本主义发展的差异。例如，在《资本论》第 1 卷第 1 版序言中，马克思就论述过德国等西欧大陆国家的资本主义发展水平与英国的差异性并写道："工业较发达的国家向工业较不发达的国家所显示的，只是后者未来的图景。"① 马克思写德国"不仅苦于资本主义生产的发展，而且苦于资本主义生产的不发展"。依照马克思的理解，前资本主义国家最终必将走上资本主义发展道路，而已经走上资本主义发展道路的不同国家，它们之间的差异主要体现为资本主义经济发展水平的不同，而不会存在生产关系或经济制度的不同。可见，马克思所理解的资本主义国家的差异，从本质来说，主要是指资本主义不同国度之间的历时性差异，而非共时性差异。

4. 经济增长理论

马克思的经济增长理论内容如下。第一，个别资本再生产和社会资本再生产的关系。第二，两个基本前提和两种构成原理。社会资本能够实现再生产的两个基本前提是"实物补偿"和"价值补偿"。从物质形态角度来看，所有社会总产品由生产资料和消费资料构成；从价值形态的角度来看，所有社会总产品由不变资本（c）、可变资本（v）和剩余价值（m）构成。第三，社会资本简单再生产的平衡条件是：$\text{I}(v+m)=\text{II}(c)$。第四，社会资本扩大再生产的平衡条件是：$\text{I}(v+\Delta v+m/x)=\text{II}(c+\Delta c)$。第五，资本主义生产的平衡与波动。马克思发现了社会资本再生产的平衡条件并表示，自发的资本主义生产方式不会经常满足这种平衡条件，平衡本身就是一种偶然现象。

（二）法国调节学派的主要理论

1. 制度理论

法国调节学派第一代学者认为，法国调节学派的理论结构包括微观、中观和宏观三个层面，他们假设微观层面的经济主体是在特定环境中仅具有"有限理性"的个人和集团。宏观层面的研究对象是积累体制。他们认为出于信息不对称、外部性等原因，价格无法真实地反映供求关系，

---

① 马克思，恩格斯．马克思恩格斯选集：第 2 卷［M］．北京：人民出版社，1995：100.

从而无法保证微观主体的行为符合宏观积累体制发展的需要，这就为资本主义爆发潜在危机提供了可能。问题是，为什么资本主义能在潜在危机中实现“黄金发展”呢？他们认为，这是因为在微观层面和宏观层面之间还存在着一个中间项——中观层面，它是由“制度形式”构成的。这些制度形式调节着微观主体之间的对立和冲突，使其行为符合宏观层面积累体制发展的需要。同时，他们还提出了“积累体制”“调节模式”“发展模式”“危机分类”等概念，构建起一个较为完整的概念体系。总之，第一代学者对中观层面“制度调节”作用的研究，是其最重要的理论贡献。

21 世纪初，法国调节学派的第二代学者接过接力棒。第二代学者沿袭该学派早期建立的方法论，继续突出该学派理论的独特性，在制度理论的重建上建树颇丰。他们从社会生活中普遍的冲突入手，认为社会上每个人都有自己的利益，因此在逐利的过程中发生冲突在所难免，相互妥协后就产生了制度，其中制度形成时的政治因素和历史条件决定了形成的制度类型。他们认为在解决冲突的过程中社会主体之间都会进行博弈，而博弈的过程往往伴随着政治因素，最终冲突的解决是博弈和相互妥协的结果。另外，在不同的历史条件下制度的形成是唯一的，由于历史的不可逆性，制度的形成也是不可复制的。当制度形成后，它与意识形态和政治媒介一起来调节社会冲突。

2. 经济危机理论

调节学派既不同意新古典学派认为的危机是由外部冲击引起的解释，也不认同马克思的资本主义必亡的论断，其认为危机应区分为不同的层次。①外部干扰的危机。它是由自然灾害、气候灾害等自然因素，以及战争、引起国际贸易摩擦等人为的政治因素，对经济发展模式产生干扰而爆发的危机。②周期性危机。它属于内生危机，是即使没有发生一些无法预料的冲击也会周期性发生的危机，主要由于发展模式的内部调节出现矛盾造成的。③调节模式的危机。它是由于新的积累体制出现后，与旧的调节模式不相适应导致的。④发展模式的危机。它是由达到最本质的制度形式的极限以及这些制度形式之间的矛盾导致的。第一种类型和第二种类型的危机称为“小危机”，小危机的频繁发生会积累成“大危机”。第三种类型和第四种类型的危机称为“大危机”，大危机会对资本主义的制度形式产生结构性的影响，因此也称为“结构性危机”。⑤资本主义生产方式的终极危机，意味着资本主义“支配的生产方式的结束”和“资本主义的灭亡”。这类危机与马克思理论中的危机相似。

3. 资本主义多样性理论

法国调节学派在生物进化论的基础上，提出了“时间可变性和空间多样性”的方法论。“时间可变性”强调制度形式随着时间的变化而变化，制度形式的变化引导经济主体行动的变化，当这些行动符合积累体制发展的需要时，就会呈现经济增长；反之，则爆发危机。“空间多样性”强调各个国家和地区在制度形式等方面存在差异，每个国家和地区都有其独特的经济结构，并表现出多样性的特征。21 世纪初，法国调节学派提出了“资本主义多样性”理论，被学术界视为对其方法论的进一步阐释和运用。20 世纪 90 年代伴随着东欧剧变和苏联解体，世界格局演变成“一超多强”，美国则是那个超级大国。新古典经济学不仅形成了著名的“华盛顿共识”，而且宣称“世界正在向美国型资本主义靠拢”。它们认为，冷战的结束标志着资本主义的胜利，社会主义失败后将转向资本主义；由于经济的全球化，美国倡导的自由贸易、私有化、取消资本管制等新自由主义政策已被许多国家接受，资本主义正在向美国型资本主义转变。

针对这种看法，法国调节学派第二代学者阿玛布尔提出了“资本主义五类型说”，即以美国为代表的“市场主导型资本主义”、以日本为代表的“亚洲型资本主义”、以瑞典为代表的“社会民主主义型资本主义”、以德国为代表的“欧洲大陆型资本主义”和以意大利为代表的“地中海（南欧）型资本主义”。[①] 这被视为“资本主义多样性”理论中非常有代表性的学说。阿玛布尔经过实证分析证明，与第一种资本主义类型相比，另外四种类型的资本主义也是有效率和比较优势的，彻底否定了“世界向美国型资本主义靠拢”的趋势，得出资本主义在过去、现在和将来都只能保持多样性进化的结论。

4. 经济增长理论

法国调节学派是在解释二战后资本主义世界“黄金增长”的出现及其结束中发展起来的。他们关注资本积累，重点分析了影响它的制度和社会

---

① 吕守军，严成男．资本主义多样性理论与《21 世纪资本论》［J］．当代经济研究，2015（9）：45-50.

背景。他们还提出了资本积累的两种体制：外延型积累和内涵型积累，后者又分为没有大规模消费和有大规模消费两种。不同的积累体制潜藏着不同的危机类型，而要维持一种积累体制，必须将利润率提高到一定水平，而影响利润率的因素如各部类生产率、技术构成的变化等都会受到劳动过程以及社会制度的影响。因此，要想维持一种积累体制，“调节模式”一定要选择好。

三、马克思与法国调节学派调节思想的不同之处

（一）制度理论的概念基础与理论导向不同

1. 概念基础不同：抽象概念与具体概念

马克思制度经济理论的概念基础是高度抽象的生产力、生产关系、经济基础和上层建筑。该理论认为，社会制度不是因为人和人之间的交易形成的，不是社会主体之间考量自己的成本—收益后相互妥协的结果，而是在上述每组基础概念的矛盾运动中产生的，反映的是不同利益集团间的一种生产关系。

法国调节学派制度经济理论的概念基础是一系列具体的中间层次的概念：制度形式、积累体制和调节模式。当这三者互相补充，达到能够满足资本主义扩张必要的条件时，发展模式就诞生了。调节学派使用上述框架来分析美国和欧洲国家资本主义从福特体系向后福特体系的转变。

2. 理论导向不同：制度否定与制度改良

马克思制度经济理论的理论导向是阐述制度变迁的一般规律及资本主义发展必然走向灭亡的趋势。马克思认为，虽然资本主义及其市场经济制度的实践对人类社会的发展具有进步意义，但同时也有一系列内在不可逾越的矛盾，这种矛盾使资本主义经济制度具有发生危机的趋势。因此，资本主义制度最终必然会走向自我否定，并为生产资料社会占有的社会主义社会所代替。

法国调节学派制度经济理论的理论导向揭示了经济危机爆发的原因以及面对危机资本主义是怎么调节应对的。这一学派中的大部分学者还是寄希望于在现有资本主义框架内进行制度改良，他们认为资本主义经济制度虽然有各种弊病，但它能够自我调节、更新和发展，因而仍然是世界上最

好的制度。从这个意义上分析，调节学派的理论在本质上都没有触及资本主义的所有制，仅仅局限于资本主义经济制度的框架内，因而造成了调节学派理论的局限性。

（二）经济危机的形式不同：一种形式与不同形式

马克思认为资本主义只有一种形式的危机，即生产过剩的危机。资本主义危机根源于资本主义的基本矛盾，当矛盾积累到一定程度时，社会生产和消费严重失衡，必然会通过经济危机的形式求得经济的短暂平衡。因此，经济危机的爆发并非偶然性的，而是经常性、必然性的。资本主义发展的趋势是自我否定，最终走向制度的消亡。

调节学派定义了不同形式的危机。前四种危机表明资本主义社会关系具有能改变其确定形式的弹性，这种弹性使得资本主义可以应对一些经济危机和重大事件的影响。最后一种资本主义生产方式的终极危机类似于马克思理论中的危机。通过对危机进行不同层次的分类，调节原则动态变化，法国调节学派经过实证得出：到目前为止资本主义经历的危机都是“小危机”和“结构性危机”，在这类危机中资本主义尚具有通过发展模式的转换克服危机、复苏经济并避免崩溃的能力。

（三）资本主义多样性考察关注点不同：历时性差异与共时性差异

马克思比较的是不同资本主义国家之间的历时性差异。马克思写作鸿篇巨制《资本论》的目的虽是揭示资本主义发展的一般规律，但其仍然注意到了资本主义在不同国家发展的差异性。依照马克思的理解，前资本主义国家最终必将走上资本主义发展道路，而已经走上资本主义发展道路的不同国家，它们之间的差异主要体现为资本主义经济发展水平的不同，而不会存在生产关系或经济制度的不同。由此可以看出，马克思所理解的资本主义多样性，从本质上来说，主要是指资本主义不同国家之间的历时性差异，而非共时性差异。

法国调节学派比较的是不同资本主义国家之间的共时性差异。在进行比较时只选取了资本主义这一种社会形态，在这个横切面上强调不同的资本主义国家在制度形式等方面存在差异，每个国家和地区都有其独特的经济结构，并且这些不同的经济结构都是有效率和具有比较优势的，因此呈现出多样性的特征。

（四）看待制度影响的角度不同

1. 马克思：从生产力与生产关系的关系角度

马克思认为在资本主义制度产生初期，这种制度是进步的，对抗了封建社会制度。但是到了发展后期，随着社会化程度加深，资本主义的基本矛盾也一步步加深，资本主义制度的阻碍作用便凸显出来了。马克思试图用社会资本再生产理论证明，两大部类比例协调是宏观经济能够稳定运行的前提。然而，由于资本主义生产方式固有的内在矛盾，社会资本再生产的实现条件也蕴藏着相当的危机可能性，两大部类之间的交换很难达到平衡，经济要能够稳步增长是很困难的。因此，马克思认为要通过革命击碎旧的国家机器，进行彻底的制度变革。

2. 法国调节学派：从制度的合理性与经济增长的关系角度

法国调节学派认为，如果调节得当，即积累体制与调节模式配合得好，经济就会实现增长；相反，就会爆发经济危机。利佩兹认为，二战后法国之所以能有20年经济增长的黄金时期，是因为“福特主义”和“垄断调节”的良性配合。20世纪30年代出现大萧条的原因是当时的调节模式不再适用了，没有办法使生产和消费形成良性循环，而40年后石油危机的爆发则是由于当时的积累体制已经没有发展潜力了。

四、对两种思想进行比较分析的现实意义

法国调节学派理论认为马克思经济学不应该是一个业已完成的、封闭的理论体系，而应该是一个随着社会发展而不断完善、持续创新、开放的理论体系。对马克思与法国调节学派的调节思想进行比较，既有利于对马克思经济学的传承和启新，也能为中国特色社会主义政治经济学的发展提供一些借鉴。

（一）坚定对马克思理论科学性的信仰

综观法国调节学派的概念体系会发现，它们都是从马克思提出的原初概念中衍生出来的。法国调节学派认为，马克思在《资本论》中所使用的一些概念高度抽象，研究当代资本主义制度的复杂结构和具体运行机制，需要从马克思高度抽象的概念中衍生出一些中间层次的概念。例如，积累体制、调节模式和发展模式的概念是从生产方式中衍生出来的，外延型积

累体制的概念是从绝对剩余价值中衍生出来的，内涵型积累体制的概念是从相对剩余价值中衍生出来的，从而把马克思经济理论转化为更具体、更能针对特定时期特定资本主义形式的分析。由此可以看出，我们应该坚定对马克思理论科学性的信仰，正如博耶所言，“调节理论研究的主要特征仍是对马克思主义分析方法和主题的绝对忠诚……有必要重申，马克思的理论遗产仍然是当今社会科学研究的重要理论起点”。①

（二）不断创新和发展马克思的经济理论

诚然，马克思对资本主义的演进路径和必然趋势的研究，虽然需要继承和发展，但为了进一步丰富和完善马克思的经济理论，我们应该与时俱进为其增添新的内容。从具体特征和历史阶段考察资本主义的多样性也很有必要，因为如果没有对资本主义现实多样性的研究，单纯从一般规律的角度进行研究可能成为空谈。

此外，法国调节学派在危机理论上没有立刻得出马克思资本主义必然在不断的经济危机中走向灭亡的悲观论断，而是区分了不同层次的危机并且乐观地认为资本主义生产方式能通过发展模式的转换克服“小危机”和“结构性危机”。法国调节学派对危机的这种理解正是对资本主义特定历史条件下资本积累过程与经济发展过程的统一，以及前者作为后者的核心机制的一种把握。作为借鉴，在我们国家的经济理论研究中，了解经济结构的转变也是十分重要的。我们必须在区别经济结构转型过程中问题的不同层次和不同性质的基础上，提出对应的解决办法。

（三）注重对制度以及制度合理性的研究

马克思和法国调节学派都认为，制度对经济增长起着关键性的作用。制度合理对经济增长会产生正向的作用；否则，就会产生反向作用。在资本主义制度产生初期，马克思认为这种制度是进步的，对抗了旧的社会制度。但是到了发展后期，随着社会化程度加深，生产资料私人占有制与生产社会化的矛盾一步步加深，其阻碍作用便凸显出来了。这时，马克思主张通过革命进行制度变革。法国调节学派也认为二战后福特主义积累体制能够良性循环的关键就是合理的制度配合。这种积累体制良性循环的路径是：大批量生产—规模经济—生产能力扩大—实际工资增加—消费需求增

① BOYER R. The Regulation School：A Critical Introduction［M］. NewYork：Columbia University Press，1990.

加—生产扩大……这种良性循环并非自然而然生成的，而是需要相应制度的配合。首先，大企业要承认其内部工会并通过与工会的工资协商增加工人的实际工资，从而刺激大量的有效需求；其次，为了确保工人增加的工资能用于消费，还需要宣传一种消费文化，帮助家庭树立消费观念；最后，为了进一步刺激居民消费，国家必须提供基本的失业和退休保障，亦即通过社会福利体制巩固福特主义所需要的大规模消费结构。后来福特主义生产模式出现危机后，人们又通过对经济、社会和政治制度进行连续不断的重构和调整，使资本主义摆脱福特主义危机进入后福特主义时代。作为借鉴，在我国的发展过程中，我们也应该重视制度的重要性和合理性，适时对制度进行调整以确保其符合生产力发展的要求。

参考文献

[1] 贾根良．法国调节学派制度与演化经济学概述 [J]．经济学动态，2003 (9)．

[2] 李其庆．法国调节学派评析 [J]．经济社会体制比较，2004 (2)．

[3] 胡海峰．对法国调节学派及其理论的分析 [J]．教学与研究，2005 (3)．

[4] 胡海峰．福特主义、后福特主义与资本主义积累方式：对法国调节学派关于资本主义生产方式研究的解读 [J]．马克思主义研究，2005 (2)．

[5] 夏明．技术转变与资本积累体制：法国调节学派的经济增长理论述评 [J]．国外社会科学，2006 (4)．

[6] 陈叶盛，胡若南．法国调节学派的危机理论 [J]．经济经纬，2008 (2)．

[7] 唐正东．工资形态的变迁与劳动力的再生产：罗伯特·博耶的调节理论及其评价 [J]．东吴学术，2010 (2)．

[8] NATALIA，GAJST. The French regulation school：A critical revision [J]．Visiónde Futuro，2010，13 (1)．

[9] NEILSON. Remaking the Connections [J]．Review of Radical Political Economics，2012，44 (2)．

[10] 吕守军，严成男．法国调节学派的学派定位及其理论创新研究 [J]．上海交通大学学报（哲学社会科学版），2013，21 (3)．

[11] 吕守军．抓住中间层次剖析当代资本主义：法国调节学派理论体

系的演进［J］．中国社会科学，2015（6）．

［12］于珊，张嘉昕．法国调节学派第二代经济思想的政治经济学研究［J］．经济视角，2018（3）．

［13］任保平．法国调节学派的政治经济学理论及中国特色社会主义政治经济学对它的借鉴［J］．政治经济学季刊，2019，2（4）．

［14］唐正东．“新经济”的危机与以人为本的生产模式：罗伯特·博耶对资本主义危机的解读［J］．南京社会科学，2009（4）．

［15］吕守军．法国调节学派的制度理论［J］．上海交通大学学报（哲学社会科学版），2009，17（6）．

［16］吕守军．日本劳资关系的新变化及其对中国的启示：基于法国调节学派制度理论的研究［J］．教学与研究，2011（11）．

［17］赵超．法国调节学派论全球金融危机［J］．国外理论动态，2011（11）．

［18］段平方．西方激进经济学对资本主义金融化与金融危机研究的理论综述［J］．财政研究，2012（2）．

［19］胡琨．德国鲁尔区结构转型及启示［J］．国际展望，2014，6（5）．

［20］吕守军，严成男．安倍经济学对劳动力市场的结构性改革研究：基于法国调节学派基础理论的分析［J］．教学与研究，2014（3）．

［21］吕守军，严成男．循环累积因果论与资本主义的不平等：从法国调节学派理论看皮凯蒂的《21世纪资本论》［J］．河北经贸大学学报，2015，36（6）．

［22］吕守军，严成男．资本主义多样性理论与《21世纪资本论》［J］．当代经济研究，2015（9）．

［23］张嘉昕，于珊．法国调节学派劳动关系理论及其视角下的“黄马甲”运动透视［J］．理论视野，2020（2）．

［24］SCHEFOLD. Institutional Economics in France and Germany: German Ordoliberalism versus the French Regulation School［J］. Economic Systems，2002，26（1）．

［25］孙寿涛．发达国家马克思主义经济学派劳资关系研究的方法论比较［J］．延安大学学报（社会科学版），2010，32（4）．

［26］吕守军．注重历史与政治的经济学研究［N］．中国社会科学报，2014-12-31（B02）．

［27］马艳，科兹，麦克唐纳．资本积累的社会结构理论的创新与发展：与吕守军先生商榷［J］．中国社会科学，2016（6）．

［28］科茨，田方萌，孟捷．法国调节学派与美国积累的社会结构学派之比较［J］．西北大学学报（哲学社会科学版），2018，48（5）．

［29］REITMAYER. The concept of social fields and the productive models: Two examples from the European automobile industry［J］. Business History, 2019, 61（5）.

［30］洪银兴．马克思的宏观调节理论在社会主义经济中的运用：学习《资本论》札记［J］．财经研究，1986（4）．

［31］胡炳麟．论社会主义商品生产的价值调节：兼论马克思关于整个商品生产过程的双重递进的调节公式［J］．福建论坛（经济社会版），1992（9）．

［32］成保良．论马克思的社会经济调节理论［J］．教学与研究，2000（2）．

［33］潘林芝，周剑．马克思的国际收支非均衡调节理论研究［J］．中央财经大学学报，2008（2）．

［34］丁霞，颜鹏飞．马克思经济调节理论研究：兼论社会主义调节经济新术语［J］．福建论坛（人文社会科学版），2015（3）．

［35］唐正东．法国调节学派的后马克思主义经济哲学方法［J］．南京社会科学，2003（12）．

［36］唐正东．货币的统治与资本主义的幸存：法国调节学派阿格里塔的货币哲学观及其评价［J］．南京社会科学，2008（2）．

［37］杨虎涛．马克思经济学对法国调节学派的影响［J］．马克思主义研究，2009（9）．

［38］郝中中．我国对外直接投资的制度变迁及特点分析［J］．对外经贸实务，2014（11）．

［39］马克思，恩格斯．马克思恩格斯全集：第26卷［M］．北京：人民出版社，1975.

［40］邱海平，吴俊．资本主义多样性：马克思主义的解释［J］．当代经济研究，2014（6）．

［41］马克思，恩格斯．马克思恩格斯选集：第2卷［M］．北京：人民出版社，1995.

[42] 吴易风，朱勇．经济增长理论：马克思经济学与西方经济学的比较 [J]．当代经济研究，2015 (4)．

[43] BOYER R. The Regulation School：A Critical Introduction [M]. NewYork：Columbia University Press，1990.

[44] 骆桢．经济增长与波动理论的综述与批判：基于“资本积累”的视角 [J]．兰州学刊，2011 (5)．

第三篇

生态思想及意识形态

马克思主义与罗尔斯顿生态思想的比较分析

赵麦茹　刘　鑫[①]

一、引言

生态思想是马克思主义理论中很重要的一部分内容，是马克思围绕人、生态和社会的关系对生态问题及其解决方式的分析。“走向荒野的哲学家”罗尔斯顿的环境伦理学从哲学的角度，也重点阐释了生态问题的原因和人与生态的关系走向。我国走生态文明建设道路，离不开对这两者的应用和发展，因此我国学者对马克思主义和罗尔斯顿的生态思想也进行了不同方面的研究。

我国有不少学者从哲学的角度阐述了马克思主义生态思想，并将马克思主义生态思想和我国环境保护和生态文明建设、绿色发展理念等结合起来分析。有学者从环境哲学和环境伦理学的角度，通过分析马克思主义生态思想中人与自然之间的物质代谢理论，揭示环境问题的本质及探讨环境保护。有学者从唯物史观的角度阐释马克思主义理论中关于自然发展、人类社会发展和人自身发展的最一般规律，分析唯物史观与生态文明思想的内在联系，强调生产力在促进社会绿色发展中的决定作用。还有学者认为马克思人化自然观思想产生于马克思主义生态观的实践唯物主义基础和社会批判基础，并将马克思人化自然观思想与我国生态文明建设结合起来分析。孙道进的《马克思主义环境哲学研究》和杜向民、樊小贤、曹爱琴的《当代中国马克思主义生态观》是较有代表性的从整体上阐述马克思主义生态思想的脉络和内容的两本书，我国现有研究中对马克思主义生态观的

---

① 赵麦茹（1975—　），女，汉族，陕西临潼人，西北大学经济管理学院副教授、经济学博士、博士生导师，研究方向为政治经济学；刘鑫（1996—　），女，汉族，陕西西安人，西北大学经济管理学院2019级硕士研究生，研究方向为政治经济学。

整体研究还有些缺乏，主要内容构成上还未形成统一的认识。

罗尔斯顿曾在来华参加学术活动的访问中讲到，由于人和环境都是复杂多变的，因此探讨人与生态环境的伦理道德观也必然不都是同一模式，且不同地区的社会生态环境状态不同，那么不同地区的人对人与生态关系的看法理论也是不同的，而人与生态环境问题的解决有赖于这种多样的环境伦理观念。在对罗尔斯顿生态思想的研究中，我国学者强调其对自然系统作用和价值的阐述。除了对罗尔斯顿思想内容的梳理和阐释外，有学者从罗尔斯顿的基本观点推演出其理论困境，认为其自然内在价值论困境的主要原因是缺少实践基础，因此需要对罗尔斯顿的生态思想进行批判性分析。

由于马克思主义和罗尔斯顿的生态思想有很多共同和可借鉴之处，不少学者对二者进行了比较分析。李承宗认为，马克思和罗尔斯顿都在生态价值观方面有着十分深刻的思想，他们的异同表现在生态伦理观、生态整体观和自然价值观三个方面，但他们都关注自然的价值、生态系统维稳的重要性和人与自然的和谐相处。王贵友通过对马克思自然历史观进行阐述，评价了罗尔斯顿的自然价值观，认为人类的实践活动已经渗入了各种自然生态系统中，自然界的各种子系统或多或少都会受到人类实践活动的影响，罗尔斯顿将“系统价值”抽象出来没有现实意义。邓天雄在分析人类中心主义和马克思主义的生态思想时认为，马克思主义属于弱人类中心主义，强调人的作用。而罗尔斯顿所代表的生态中心主义反对的正是人类中心主义，他把人视为生态系统中和其他物种同样普通的一员，这是与事实不符的。王建明认为，罗尔斯顿环境伦理思想是非人类中心论的代表，认为自然创造的所有东西都是有价值的，人类中心主义的生态思想是生态危机的重要思想根源，但这一观点失之偏颇，要达到人与自然真正的和谐需要建立超越这两者的“以人为本”的价值观。建立在实践基础之上、主张人全面发展的“以人为本”思想，正是马克思生态思想所蕴含的理念。马克思的生态思想来源是德国古典哲学，包括康德、黑格尔和费尔巴哈的自然目的论思想，人本主义作为马克思哲学思想与生态主义不是相悖的，而是生态主义意义上的人本主义。因此，罗尔斯顿所反驳的人类中心主义的弊端，在马克思主义的生态思想中并未体现。

二、马克思主义生态思想的主要内容

（一）人与自然界的关系：辩证统一

马克思主义的生态观是建立在实践唯物主义基础之上的，在这个理论基础上，马克思探讨了人与自然之间的关系。马克思认为人不只有自然属性还有社会属性，他指出人能“通过自己的劳动占有外部世界、感性自然界”，又能“通过自己的劳动使自然界受自己支配”。因此，人能够通过实践能动地改造自然界，这使人具有区别于动物的社会属性。人的自然属性和劳动属性的统一通过劳动实现，则劳动是人的本质特征，是人与自然界统一的基础，而劳动的对象和资料都来自自然界。这个自然界是指与人建立起关系的自然界，即已经处于人的认知和实践范围内的自然，而不是任何与人无关的纯粹的自在自然，且自然界的范围是随着人的实践范围的扩大而不断扩大的。物质生产是人类生存的必要条件，物质生产的基本形式就是实践，实践将人与自然界有机地联系在了一起。马克思在实践唯物主义基础之上，从唯物辩证的角度看待人与自然界的关系。

首先，人与自然界是对立的，人为了生存和发展的实践伤害了自然界。人通过劳动实现人和自然界的物质变换，从自然界获取物质资料和活动空间，自然界由于受到人类的影响变为人化的自然。人在改造自然进行物质资料生产的过程中不可避免地会产生废弃物，人们将废弃物扔回自然界，对自然界造成伤害，同时人们改造后的自然界打破了自然界本身的代谢规律和发展，这也会对自然界造成不可逆的伤害。而人改变了自然界这个母体，其实也潜在地改变了自身的“有机体”，人类在不断地支配和改造自然界的过程中，自身也得到了改造。随着人的“有机体”发展得越来越健康，自然界反而越来越“虚弱”，这似乎走向了对立。

其次，人与自然界是统一的，其统一性表现在以下两个方面。一方面，人是自然界的一部分，自然界是人类生存与发展的基础。对于人是自然界的一部分，马克思指出自然界是人的母体，自然界是先于人的存在而存在的，人是自然界的派生物，“人本身是自然界的产物，人是自然界的一部分，是在自己所处的环境中并且和这个环境一起发展起来的”。[①] 先有

---

① 马克思，恩格斯．马克思恩格斯选集：第3卷［M］．北京：人民出版社，1995：384.

自然界而后分化出人，人通过有意识的劳动从自然中获取有利于自身生存和发展的物资与活动空间，人的生存与发展都依赖于自然界，只有自然界发展得更好，人才能发展得更好。另一方面，自然界是人类生存与发展的基础，人生存所需的物质资料、劳动对象等都来源于自然界。能动性是人区别于其他动物的最大特征，人通过实践能动地改造自然界实现人与自然界的物质转化，以满足自身的生存与发展。人是自然界的一部分且人的生存与发展的一切都依赖于自然界，因此人不能凌驾于自然界之上。对此恩格斯指出，“因此我们每走一步都要记住：我们统治自然界，决不像征服者统治异族人那样，绝不是像站在自然界之外的人似的——相反地，我们连同我们的肉、血和头脑都是属于自然界和存在于自然之中的”。①

（二）生态问题的根源：资本主义生产方式

马克思认为资本主义生产方式是生态问题产生的根本原因，它不仅会对外部自然界产生破坏，还会伤害人自身的“有机体”。马克思指出：“资本主义生产使它汇集在各大中心的城市人口越来越占优势，这样一来，它一方面聚集着社会的历史动力，另一方面又破坏着人和土地之间的物质变换，也就是使人以衣食形式消费掉的土地的组成部分不能回归土地，从而破坏土地持久肥力的永恒的自然条件。”②

一方面，资本主义生产方式破坏着自然界。在资本主义生产方式下，资本追求的是剩余价值，实现资本的无限增值。而资本积累的无限扩大必然导致对物质生产资料的需求无限扩张，想要不断地获取更多的物质资料只能不停地向自然界索取、剥夺自然，毫无节制地开采自然资源。这必然会使生态环境受到伤害，不仅资源被过度开采、土地肥力下降，人们的日常生活环境也受到破坏。另一方面，资本主义生产方式伤害着人自身的“有机体”。资本家为了追逐更多的剩余价值，必然会压榨工人。为了延长剩余劳动时间，资本家压榨工人的休息时间，不断地延长劳动时间，使工人的身体不能得到充足的休息。为了扩大生产，就要投入大量的社会剩余生产资料，社会上可供分配的消费资料大大减少，最低限度的工资也仅仅能维持工人生存下来，因此工人的生存条件不断恶化。为了提高生产率，资本家不断改进技术，工人分工不断细化并变成机器的附属品，对于工人

---

① 马克思，恩格斯．马克思恩格斯选集：第3卷［M］．北京：人民出版社，1995：385.

② 马克思，恩格斯．马克思恩格斯全集：第3卷［M］．北京：人民出版社，1986：552.

的工作环境和条件资本家却视若无睹。

马克思指出资本主义制度下人与自然的这种互动对生态环境造成了严重的伤害，“资本主义生产使它汇集在各大中心的城市人口越来越占优势，这样一来，它一方面聚集着社会的历史动力，另一方面又破坏着人和土地之间的物质变换，也就是使人以衣食形式消费掉的土地的组成部分不能回归土地，从而破坏土地持久肥力的永恒的自然条件”。[①]资本家为了扩大再生产需要持续地投入生产资料，在不断剥削工人的同时还需要开发更多的资源，为了获取利益，资产阶级会无节制地开发自然资源为自己所用，这不但造成自然资源浪费还破坏自然环境。为了节省成本、获取更多剩余价值，资本家会忽视工人的生存环境，拥挤、肮脏的生活和工作环境会导致城市污染不断加重。马克思用有关农业土地的新陈代谢概念进行类比，指出这种不顾长远效益只顾眼前利益的生产方式所造成的资源过度开采、环境污染会导致人与自然之间出现新陈代谢裂痕，人与自然之间的物质变换失调。而最终，这些人与自然的矛盾会导致生态危机的出现。

（三）生态问题解决方式：变革制度

关于生态污染马克思和恩格斯都进行了细述。恩格斯在《英国工人阶级状况》一书中就提及一些工业城市的环境污染情况以及工人所处的充满疾病、劳苦、贫穷的恶劣生存环境。他写到一个称作“里子”的工业城市：“这些地方的街道大多数既没有砌过，也没有污水沟，房屋盖得杂乱无章，有许多大杂院和死胡同，甚至连起码的保持清洁的设备也没有。所有这一切就足以说明这些不幸的、肮脏和贫穷的渊薮中的过高的死亡率……在 1839 年春汛的时候，由于排水沟的外溢竟产生了非常有害的后果：根据出生死亡登记员的报告，本城该区本季度的出生和死亡之比是二比三。”[②]马克思也描述了一些城市里对工人健康造成严重损害的环境污染问题，这大多是资本家扩大再生产所致。他在一份工厂视察员报告中写道：在这些敦厚善良的父母的子女做工的麻纺厂里，空气中充斥着原料的尘埃和纤维碎屑，即使只在纺纱车间待上 10 分钟，也会感到非常难受，因为眼睛、耳朵、鼻孔、嘴巴里会立刻塞满亚麻的碎屑，根本无法躲避，这不能不使你感到极度的痛苦。

---

①② 马克思，恩格斯．马克思恩格斯全集：第 3 卷［M］．北京：人民出版社，1986：552.

马克思指出，解决生态问题首先需要变革制度，消灭资本主义、消除私有制。马克思认为生态问题表面上看是自然系统内部的不协调，但其本质是人与自然之间关系的失调，人与自然的物质变换不在合理的范围内，因此需要协调人与自然的物质变换，将其控制在合理的范围内，维持人与自然的平衡。而由于在资本主义制度下资本不断扩张的本性，只要有利可图资本家就会毫无节制地开采资源，这导致了对大自然的过度开发和大量废弃物的产生，使自然环境被破坏和污染，这必然会导致人和自然界走向对立，所有资本主义生产方式是生态问题产生的根源。如前文所述，资本主义生产方式下，人对自然的过度干预和改造会影响自然界的新陈代谢，破坏人与自然界之间合理的物质变换，最终会产生生态危机。因此，要缓解这种危机，就要消除资本主义制度、消灭私有制，实现共产主义中的生产者自由结合。马克思认为在共产主义社会，“社会化的人，联合起来的生产者，将合理地调节他们和自然之间的物质变换，把它置于他们的共同控制之下……靠消耗最小的力量，在最无愧于和最适合于他们的人类本性的条件下来进行这种物质变换”。只有生产者自由联合，才不会无限制地追求剩余价值，而是以人与自然最小代价、最小消耗量“在最无愧于和最适合于他们的人类本性的条件下进行这种物质变换”。[①] 只有这样才不会有资本家凭借着资本通过强权和垄断为自己获取利益，才能抑制资本和生产的无限扩张、限制对资源的过度开发和污染物的过度排放，将人与自然的物质变换调节在合理的范围内，维持人与自然的平衡发展。

通过制度变革限制资本的无限扩张，维持人与自然之间的平衡，最终实现可持续发展，这是马克思生态思想中所追求的最终目标。人与自然物质变换的平衡发展分为两种：一种是原生的自然生态系统的平衡，即未经过人为改造实践的自然界通过自身调节保持的平衡；另一种是人工生态系统的平衡，即通过人为干预积极地改造自然界，改变原生的自然系统的平衡而创造出适合人类生存和发展的生态系统的平衡，维持人与自然之间合理的物质变换。马克思认为后一种平衡是社会应该追求的目标，这就是通过制度变革所要实现的人与生态的平衡，是“人与自然的和解”。基于这种思想，马克思指出应该发展循环经济，促进可持续发展。

可持续发展是马克思主义生态观的本质思想，是制度变革最终要实现

① 马克思．资本论：第3卷［M］．北京：人民出版社，1975：927.

的目标。马克思主义蕴含了丰富的可持续发展思想的方法。首先，马克思在阐述人与自然的关系时指出，人是自然界派生的、人的生存和发展都依赖于自然界，因此人类需要保护自然环境、防止生态污染。自然界是人无机的身体，是人的母体，人与自然界是共生的，人赖以生存和发展的物质资料都来自自然界，它不仅限制着人类社会的劳动与分工，更限制着社会的经济发展，只有自然界的环境变得更好，人才能更好地发展。因此，人类需要为生态环境保护付诸行动，向大自然排放的废弃物也要有所限制和处理，以保证滋养人的“母体”是健康的。其次，马克思的辩证唯物主义认为，自然界的发展是有其客观规律的，人要尊重自然界的客观规律。自然界先于人的存在而存在，有其自身的变化规律，且不以人的意志为转移。从近代一些忽视自然规律且肆意开发资源、破坏自然环境的事例中我们可以看到，人为地破坏自然规律必定会遭到自然界的惩罚。人不是凌驾于自然界之上的，恩格斯指出：“我们统治自然界，决不像征服者统治异族人一样，绝不是像站在自然界之外的人似的，——相反地，我们连同我们的肉、血和头脑都是属于自然界和存在于自然界之中的。”“我们对自然界的全部统治力量，就在于我们比其他一切生物强，能够认识和正确运用自然规律。”① 除此之外，马克思在论述环境资源对经济发展的限制时指出，不应为了保护环境和节约资源就停止经济发展，而是要改变经济发展方式。要想优化经济发展方式就要发展集约型经济，在尊重自然发展规律下提高生产率，尽可能减少污染物和废弃物。经济发展可以促进科学技术的进步，这也推动了生态问题的解决。一方面，可以加快对新资源的探索，提高资源尤其是不可再生资源的利用率，减少废弃物的产生；另一方面，科学技术的进步也会为环境保护和生态污染防治提供更好的手段。马克思的可持续发展关注的不仅是当代人的可持续发展，同时还兼顾当代人与后代人的代际公平基础上的可持续发展，不仅是一个地区或国家的可持续发展，还是不损害其他地区或国家情况下的可持续发展。

三、罗尔斯顿生态思想的主要内容

（一）人与生态系统的关系：人是整体生态系统的有机组成部分

罗尔斯顿认为环境伦理学是“一种恰当地遵循大自然的伦理”，因此

① 马克思，恩格斯．马克思恩格斯选集：第4卷［M］．北京：人民出版社，1995：384.

他从整体的角度去评价自然本身，并重新探讨人在自然中的地位，这被称为“罗尔斯顿的生态整体论”。

一方面，罗尔斯顿认为生态系统是一个不断进化发展着的稳定的共同体。他指出，生态系统创造着各种价值，价值来源于生态系统内各种事物的相互联系、作用等关系。生态系统中的内在价值和工具价值整合出系统价值，而人便是这种系统价值的最高体现。首先，在有机个体层面，每个生命都是一个个体，而每个个体都具有内在价值。每个个体都以竞争、发展、斗争和死亡等方式存在，并且当一个个体死亡后，其内在价值就会转化为其他个体的工具价值，因此每个个体的存在和价值的转换都在生态系统中并且通过生态系统实现。其次，在生物物种层面，每个物种因为竞争而死亡后，其基因会通过其他物种延续下去，经过物种之间的竞争后，留下更适合在大自然中生存的物种，即物竞天择、适者生存。通过这种方式，大自然不断地筛选物种，物种也在大自然中不断进化提升物种质量，生态系统最终得到了进化。最后，在生态系统层面，个体和物种都只是更大的进化伟业（自然本身的进化）中的一个过程、产物和工具。生态系统中有无数个体和物种，个体的价值转化和物种的竞争进化便都处于生态系统中，生态系统通过大自然的竞争选择更具有适应性的物种和数量。生态系统中的不同个体的内在价值和工具价值的转换，维持着不同物种之间的平衡，促进生态系统的稳定和向前进化。处在系统底部的无机物和植物的工具价值支撑着系统进化出更具有主动性的生物，最后产生人。

另一方面，罗尔斯顿又认为人类生活的真实状态是：人、文化和自然是密不可分但又有一定距离的。首先，人虽处于生态系统的食物链上层，但人的生存和发展要依靠生态系统下层的物种。人产生于自然界，生存和发展处处都受到自然界的限制，人不能离开自然界而存在，并且人也不是永恒存在的，当人不能适应生态系统的发展进化时，会有其他物种来代替，而自然界是永恒的。其次，人与动物等其他物种是不同的，人具有主动性，且人具有认知、推理、判断等能力，人在进化的过程中不仅可以发展经济，还创造出了精神文化、道德伦理。最后，人虽然处于生态系统上层，但不能凌驾于生态系统之上，也不能统治其他物种。在生态系统中，每个个体都是平等无差别的，人类不是生态系统的中心，相反人类的生存和发展还要依赖生态系统。每个个体的内在价值和工具价值的相互转换都促进生态系统的进化，不同物种之间的价值转换使生态系统处于动态的平衡中。因此，人类需要考虑的是生态系统这个整体，而不单单是人类的利益。

（二）生态问题的根源：人和自然关系失序

罗尔斯顿主要关注人类活动对动物尤其是濒临灭绝的动物和不可恢复的生态环境的影响。他指出，人类出于自己的利益改造和影响大自然致使物种灭绝，这是一种超级屠杀。“它不仅杀死生命个体，还毁灭生命形式（物种）；不仅杀死生命的‘存在’，还毁灭生命的‘本质’；不仅杀死生命的‘肉体’，还毁灭生命的‘灵魂’。这不只是个体性杀戮，更是群体性屠杀，它灭绝的是从生到死的生命过程。”① 人类有目的地改造自然为自己所用，影响自然界本身的代谢过程，使其他物种因此受到伤害，这些都是应该重视的生态问题。罗尔斯顿认为，人类活动对大自然造成的这些生态问题的根源就是人与自然关系的失序，他批判人类中心主义以人为宇宙中心、以人的偏好和尺度衡量一切。他指出，以人类为中心的环境伦理学认为，人的价值高于自然界的价值和其他物种的价值，甚至保护自然也不是为了自然界本身而是为了人类自己的利益，在向大自然索取资源时只在乎自身而不在乎对其他动植物的影响。这样，以人为中心的人与自然界的关系会导致人的欲望无限膨胀，当不对人的欲望进行限制时就会破坏生态系统。

（三）生态问题解决方式：建立生命共同体，培育人对自然的道德关爱

罗尔斯顿认为要建立人与生态的和谐，就需要将人的道德关怀扩展到动物（植物）身上。这需要人类一方面遵循自然价值、生态系统整体利益至上；另一方面建立人与动物、植物的生命共同体，尊重、理解和关爱动物、植物。

罗尔斯顿批判人类中心主义，认为生态系统才是第一位的，人作为生态系统中食物链的上层，其一切生存和发展都要依赖食物链下层的支撑，人的生存依靠着“空气、水流、阳光、光合作用、固氮、腐败菌、真菌、

① HOLMES ROLSTON Ⅲ. Challenges in Environmental Ethics ［A］. In: Michael E. Zimmerman, J. Baird Calli-cott, George Sessions, Karen J. Warren, John Clark. Envi-ronmental Philosophy: From Animal Rights to Radical Ecolo-gy ［M］. Upper Saddle River, NJ: Prentice Hall, 1998: 201-202.

臭氧层、食物链、传粉昆虫、土壤、蚯蚓、气候、海洋及其他遗传物质。生态系统是文化的‘底基’，自然的给予物支撑着其他的一切”。① 人不管如何发展依然是生态系统中的一分子，在生物学意义上与生态系统中的其他物种并无本质差别。因此，罗尔斯顿认为要解决生态问题就要认识到生态系统的整体利益高于个人利益，要将生态系统放到第一位，人不能凌驾于自然界之上。人不能总是完全出于自身利益而肆意利用资源，还要为自然界中其他动植物考虑，要超越个人利益目的做一个完美的监督者。罗尔斯顿重建自然界与人的价值地位，自然界作为一切价值的源泉，人类应该在价值论和接受自然指导意义上遵循自然。遵循自然是人与自然交流从大自然中获取真理的过程。这要求人们在发展自己的文化与文明的过程中尽量避免自身活动给大自然造成的伤害，尊重大自然的内在价值，并尊重大自然内其他动植物的价值，避免因为人类活动而对它们造成不可逆的破坏。当人类参与到大自然中时，不是以主观目的和人的偏好改造大自然，而是主动地遵循大自然。人类的义务就是保护大自然，而不是向大自然索取。

罗尔斯顿主张将人的道德关怀扩展到动物身上，给生态系统其他物种的生命应有的尊重，他将生态和谐寄希望于人的理性，希望人能对其他物种共情，建立人与其他动物的生命共同体。“从逻辑上讲，关于人处于进化顶峰的这一生态学真理，应当能使人看到其之外和之下的其他存在物的价值，从而形成开放的全球整体观，产生一种对自然界具有贵族气派的责任感。”② 人类要尊重其他物种的生命，肯定其他物种的价值、肯定自然界的价值，不要因为自己的文明发展而影响它们的发展规律，避免由于人类活动对它们造成的物种灭绝。人与其他动物共同生存在自然界中，其各方面都是相互影响的，要解决和预防生态问题就要建立生命共同体，了解其他物种、了解自然界，将人类的道德关怀充分给予到动植物身上。尊重自然界的生态进化与竞争，限制人类的欲望与索取。

四、马克思主义与罗尔斯顿生态思想的比较分析

马克思主义和罗尔斯顿生态思想有相同之处。首先，马克思和罗尔斯

① 罗尔斯顿．环境伦理学［M］．杨通进，译．北京：中国社会科学出版社，2000：4.

② H ROLSTON. Environmental Ethics：Values in and Duties to the Natural［M］. Philadelphia：Temple University Press. 1988：336.

顿都关注生态问题，强调生态和谐。马克思通过分析资本主义制度和资本主义生产方式看到了资本主义生产扩大的无限性，这破坏了人与自然界物质转换的平衡，造成了生态的新陈代谢断裂，因此针对生态问题提出了解决方式。罗尔斯顿被称为“环境伦理学之父”，他的《哲学走向荒野》《环境伦理学》《保护自然价值》等著作强调对大自然的关爱，要建立起尊重其他动物利益和价值的环境伦理。马克思和罗尔斯顿都强调人与自然应和谐相处，人不能凌驾于自然之上，而应遵循自然。其次，马克思和罗尔斯顿都承认自然价值，强调自然界先于人而存在，是人的母体。马克思承认自然价值，认为自然是人的“无机体”，人是自然的“有机体”，并为人提供劳动工具和劳动资料；罗尔斯顿的自然价值论强调自然界不仅有工具价值还有内在价值，并且自然价值是其他一切价值的来源。尽管二者的生态思想有一些相同之处，但其差异性更加明显，表现在以下几个方面。

（一）自然价值的属性不同：社会属性和自然属性

马克思从实践角度分析自然价值的来源，他着眼于自然的社会属性，认为其有用性是人的实践活动赋予的；罗尔斯顿认为自然价值是其自身创造的，不依赖于人的存在，强调自然价值的自然属性。

马克思认为自然界的有用性是人赋予的，而不是其本身就具有的，因此他是从实践角度分析人与自然价值的，这就和从价值理论出发分析自然价值的西方价值观区别开了。马克思指出，人“并不处在某一种关系中，而是积极地活动，通过活动来取得一定的外界物，从而满足自己的需要”。[①] 马克思在这里说的人不是抽象的人，而是参与生产活动的人，这样他才对外界物品有需要，强调人的社会属性。因此，需要从进行生产劳动的社会人角度出发分析人与自然的价值。马克思首先承认自然是人的母体，人的生存与发展所需的一切物质资料都来源于自然界，但实践是将主客体连接在一起的桥梁，是将人与自然界统一起来的途径，离开了实践自然就和人对立。他认为人与自然是实践的关系，自然界的有用性是人的生产劳动所赋予的，没有人的实践就不能确定自然物的有用性。因此，马克思的自然价值观强调的是自然在人的实践活动中的有用性，自然物是具有使用价值的，但它的有用性如何体现取决于人的需要。“劳动不是一切财

① 马克思，恩格斯．马克思恩格斯全集：第3卷［M］．北京：人民出版社，1986：41-45.

富的源泉。自然界同劳动一样也是使用价值的源泉，劳动本身不过是一种自然力即人的劳动力的表现。”①

罗尔斯顿和马克思虽都承认自然价值，但罗尔斯顿强调自然界的创造性，肯定自然界的内在价值，指出自然界的价值是源于自身所创造的，从自然价值论的方面试图重建人与自然的价值关系。

首先，人类中心主义主张的人只有内在价值而不具有工具价值，自然界只有工具价值而没有内在价值，人是所有的中心。罗尔斯顿对其进行了批判。他认为自然界不仅有工具价值还有内在价值，不仅可以当作人的工具还有其自身的价值。他指出，“我们现代人在开发利用自然方面变得越来越有能耐，但对大自然自身的价值和意义却越来越麻木无知……在一个价值仅仅显现为人的需要的世界中，人们将很难发现这个世界本身的意义；当我们完全以一种彻头彻尾的工具主义态度看待人工产品或自然资源时，我们也很难把意义赋予世界”。罗尔斯顿生态伦理学的一个重点就是创造性，其核心思想包括两方面，一是创造性本身创造出了自然万物，二是创造性本身又产生了自然价值。罗尔斯顿将生态系统视作最有价值的东西，其自然价值是第一位的，而作为人的价值只是其衍生出来的。大自然是一切有机体的母体和本源，是一切价值的源泉，它在创造自身的过程中也创造了自身的价值。罗尔斯顿将价值分为三种类型，即工具价值、内在价值和系统价值，他坚持系统价值高于个体价值，这个系统价值是指生态系统本身存在的整体的价值即创造性价值。即使生态系统本身也存在工具价值和内在价值，但创造性价值是更本质的价值。

其次，罗尔斯顿认为自然界的内在价值具有客观性。自然界是先于人而存在的，它本身就存在着价值，并且这种价值是由自然界产生的，它不依赖于人的存在而存在。人产生于自然界，因此既要承认主观生命的价值也要承认客观生命的价值。价值独立于人而存在，不是直到出现人这个高级生物的价值才存在，而是始终存在于自然界的发展过程中，不仅人有价值，动物、植物等其他物种都有价值。自然界的价值可以通过人的劳动、实践转化为人的价值，但是并不影响价值在量上的变化，仅仅是价值形式发生了变化，它与自然界中其他价值形式的转换没有什么区别。既然价值主体不仅仅是人，那么价值标准就不仅仅是以人类为尺度，还必须包括生

① 马克思，恩格斯．马克思恩格斯全集：第3卷［M］．北京：人民出版社，1986：41-45.

态系统中其他的价值主体，不应仅仅以人的标准去衡量其他的一切，这样的价值尺度才是客观的。

因此，罗尔斯顿从价值观念的角度出发，认为自然价值是自然界本身就具有的，不是人赋予的，他探讨自然价值本身，忽视了人的实践活动对自然的意义以及作为连接人与自然统一的中介。

（二）关注点不同：人—自然—社会、社会—自然

马克思则更加全面，关注人与社会、人与自然的和谐统一，而罗尔斯顿关注的是人类社会和自然的和谐统一。

罗尔斯顿和马克思都强调生态整体的和谐发展，但是由于理论基础的不同关注的重点也有所不同。马克思同罗尔斯顿一样认为人是自然的一部分，自然界是人的母体、是人的“无机体”，人的生存和发展都离不开自然界，人不是自然界的中心不能征服自然。但是，马克思还强调，人可以通过实践这个中介作用于自然界，人的生产实践活动可以是有目的地改造自然界为自己所用，适应人的发展和生存。自然界可以作为人的劳动对象被人积极地、有目的地改造，变成“人化的自然”，即被人的实践打造过或者被赋予了人的意志或目的的自然，“社会是人同自然界的完成了的本质的统一”。[①] 他重点强调了社会中人与人的关系，人可以作用于社会和自然，生态问题的根源就是人与人关系的不平衡、人和社会发展不和谐，因此他提出“人—自然—社会”要相互协调发展，这是生态和谐的重要基础。

罗尔斯顿的生态整体论认为生态系统整体高于人的利益，人应无条件地遵循自然、顺应自然，保护生态环境不是为了人类自身而是为了自然而且保护自然。罗尔斯顿关于人与生态的和谐最后落脚于生态，人只是作为一个监督者的身份遵从自然界的一切竞争、进化。很显然，罗尔斯顿忽视了人的作用和重要性。罗尔斯顿关于生态的所有研究都是围绕人与自然的关系，因此他主张建立的是社会—自然“两位一体”的和谐。

（三）生态问题本质不同：人和人关系的失调与人和自然关系的失调

马克思不仅揭示了人和自然关系的失调，还揭示了这背后掩盖的人和人关系的失调，罗尔斯顿探索生态问题时仅聚焦于人和自然之间的关系上。

① 蒋笃运．试论马克思人化自然观的生态文明意蕴［J］．自然辩证法研究，2000（10）：1-3.

马克思研究的比罗尔斯顿更进一步，他指出人与自然关系的失调是由于人和人关系的失调导致的，他研究生态问题的目的是实现整个人类的全面发展。资本主义社会的生产方式和私有制造成了人与人地位的不平等，作为压迫者的资本家凭借着其所拥有的资本对工人进行剥削，为了追求扩大再生产和剩余价值需要不断地追加生产资料，于是过度地开发自然资源给自然界排放过多的污染物对自然界造成破坏。马克思重视生产关系研究这一基点且是对资本主义生产关系的研究，着眼于揭示资本主义制度下各种问题的本质，因此马克思从生产活动的角度分析生态问题的根源，指出由于生态问题的根源在于资本主义生产方式，因此解决生态问题制度变革是必要的，这克服了罗尔斯顿解决方式的抽象性。马克思完善了罗尔斯顿的解决方式，罗尔斯顿的解决方式着眼于人和自然矛盾关系本身，治标不治本过于片面，马克思着眼于人和人的矛盾关系，从而改变人和自然的矛盾关系。

罗尔斯顿认为生态问题的本质是人和自然价值地位失序，以往的环境伦理学大多是人类中心主义，把人放在整个生态系统的中心，一切以利己主义为原则，忽视了生态系统的利益是高于一切的，这导致了人们对大自然的过度开发和剥夺，造成生态环境问题。当把人类作为生态系统的中心时必然会导致人的欲望被无限放大，以人的利益和偏好获取自然资源、利用生态系统，人必然以自己的尺度和标准去衡量其他一切动植物。因此，他认为人作为有认知、推理和共情等能力的动物，对自然有道德层面的义务，必须把我们自己的道德伦理扩大到对自然的关爱上，这样才能促进生态和谐。罗尔斯顿对于生态问题的认识还是基于生态系统和人之间关系的本身，他研究生态问题的目的是，建立能够把人的伦理道德扩展到动物身上的广泛的生态伦理。

五、马克思主义与罗尔斯顿生态思想差异的原因分析

（一）理论基础不同

马克思的生态思想基于历史唯物主义，而罗尔斯顿的生态思想建立在自然哲学的基础上，且带有一些形而上学的分析，这决定了两者在分析生态问题方面的关注点和价值观的不同。

马克思的思想是建立在历史唯物主义上的，将辩证法、唯物论与历史性相统一，从实践出发研究一切问题，强调物质生产实践活动的重要性，

认为劳动是人与自然统一起来的中介，因此对人类的劳动实践的分析在生态问题的研究中是重点。马克思认为人类的思想和精神世界根源于人类的现实世界且不凌驾于人的现实世界之上，完全摒弃了以往形而上学的思想，因此与罗尔斯顿不同，他认为自然价值也是来源于人类实践活动而不是自身创造。基于历史唯物主义的实践论，马克思认为自然界是“人化的自然”，是与人发生某种关系的自然而不是自在的自然。基于以上所述，马克思在研究生态问题时从人类的物质实践出发，将人和人、人和社会的关系与人和自然同时讨论，而不是和罗尔斯顿一样研究人和自然关系的抽象方面。“因为人和自然的实在性，即人对人来说作为自然界的存在以及自然界对人来说作为人的存在，已经成为实际的、可以通过感觉直观的，所以关于某种异己的存在物、关于凌驾于自然界和人之上的存在物的问题，即包含着对自然界的和人的非实在性的承认的问题，实际上已经成为不可能的了。”①

罗尔斯顿批判性地吸收了传统的形而上学思想，受到怀海特和柏格森很深的影响，并纳入大量的生态学和生物学到自己的生态思想中，让自己的生态思想建立在自然哲学的基础上，因此他的关注点在于人和自然的关系，而未涉及人和人的关系层面。同时，由于他的思想含有形而上学，他关于人与自然的研究很多都是抽象的、精神层面的，尤其是自然价值方面和关于生态问题的解决方面。他借鉴了怀海特关于创造性的理论并运用到自然价值的来源上，认为自然价值是自身所创造的并且是客观的，自然创造一切的价值，也就是说自然的创造物是价值，这是对价值概念的混淆。他将自然看作“无主体化的客体”，而无主体化的客体是不能以确认价值的方式存在的，因此价值的客观性也只是罗尔斯顿作为自己的立场而设定的，那么在这一层面上价值也就没什么主观性和客观性了。他将生态解决也聚焦到精神层面，认为需要将人类的德行扩展到动物身上，因此他的生态问题解决方式也是抽象的。

（二）阶级立场不同

马克思站在无产阶级的立场上，着眼于资本主义生产方式对人和人、人和自然关系的破坏，资本对人的异化以及对劳动的异化，因而他强调

① 马克思，恩格斯．马克思恩格斯文集：第1卷［M］．北京：人民出版社，2009：31.

人—自然—社会共同和谐发展，解决生态问题需先消除资本主义解放无产阶级。人和社会的关系作用于人和生态的关系，资本主义私有制的存在才是导致生态问题越发严重的本质根源，只有解决了人和社会的问题才能保证人和生态和谐相处。罗尔斯顿和西方大多数学者一样都站在了资产阶级立场上探索生态问题，默认资本主义生产方式和私有制的合理性，维护资产阶级的利益，对于生态问题的研究仅限于生态问题本身，认为生态问题的出现仅仅是由于人和自然关系的失调，而忽视了生态问题背后所掩盖的人和人不平等的关系。马克思则站在无产阶级的立场上研究生态问题，深入探索生态问题背后的人和人之间不平等的关系，揭示生态问题的根源——资本。

（三）研究范式不同

马克思与罗尔斯顿所处时代的资本主义发展程度不同，理论基础和所采取的研究方法也不同。马克思所处时代资本主义发展还是萌芽期，他的研究对象为资本主义生产关系，研究注重从生产力与生产关系、经济基础与上层建筑的互动方面进行分析，研究方法是历史唯物主义、辩证唯物主义。马克思基于自然辩证法，通过对资本主义生产方式和人与生态关系的研究，经过分析、抽象、归纳和总结形成了人—社会—生态“三位一体”的马克思主义生态思想，使用阶级分析法结合历史的发展规律深刻揭示了资本主义生态问题的本质。西方经济学对生态问题的研究都是处于资本主义高速发展时期，罗尔斯顿所处时代资本主义已经繁荣发展，他使用应用研究范式分析生态问题。他的生态思想基于西方经济学理性经济人的假设，充分吸收自然哲学的思想，将生物学、生态学等知识纳入自己的生态问题研究中。因此，罗尔斯顿基于其研究范式更多地研究人和生态的关系问题，而马克思基于其分析范式更注重从“具体”中“抽象”出背后的本质。

六、对当代生态文明建设的启示

伴随着科学技术的不断发展，全球依次经历了工业革命、科技革命，人类的生产技术得到了质的飞跃，社会各方面也得到了很大的提升，但与此相伴而来的是生态环境问题日益严重，人和自然的关系愈加紧张。我国自大规模工业化以来物质资料需求增加、人口数量剧增，导致我国出现了荒漠化、水土流失、草原退化、大气污染、水土污染、各种珍稀动物灭绝等一系列生态问题，于是生态文明建设就变得十分必要与急迫，尤其是党的十八大将生态文明建设提高到新高度以来，我国生态文明建设更是成为重中之重的任务。罗尔斯顿和马克思主义生态观对我国生态文明建设都有着重要的理论意义，可以为我国缓解生态问题所借鉴，尤其是马克思生态观更是我国建设生态文明社会的理论基础。

（一）尊重自然规律，促进人—自然—社会统一协调发展

我国的生态文明建设需要在尊重自然的基础上，发挥人的主观能动性促进人与自然、人与社会共同协调发展。罗尔斯顿的生态伦理思想和马克思的生态观都强调自然界是人的母体，人不能凌驾于自然之上，要遵循自然规律，建立人与自然的协调关系。罗尔斯顿认为建立生态和谐的社会应将人与人之间的道德伦理扩展到人与自然界的关系上，尊重自然界其他物种的价值并关爱和理解它们的存在，约束人类的欲望和行为，超越人类自身利益而关注整体利益，遵循自然界竞争和进化的规律，从而促进人类社会与自然界之间“两位一体”的和谐。而马克思又强调人与自然关系背后人和人的关系不协调是生态问题产生的重要原因，人与自然界的关系决定着人和人的关系的同时，人和人的关系反过来影响着人和自然界的关系。因此，马克思完善了罗尔斯顿“两位一体”的和谐思想，强调应建立人和自然、人和社会“三位一体”的统一协调发展。人必须以合理的方式使人类社会的关系合理地结合起来，健康的人和社会之间的关系才能更好地发挥人的能动性，将人与自然的物质转换控制在合理的范围内，实现人和社会、人和自然的良性互动。人类社会和生态系统的利益与目的具有一致性，没有谁高于谁，并且人类尊重自然规律不是无条件地遵从，而是需要发挥人的主观能动性。

（二）发展循环经济，走可持续发展道路

可持续发展是马克思主义生态观的本质思想，可持续发展道路也是我国生态文明建设的必经之路，发展循环经济是走可持续发展道路的有效方式，可以合理调节人与自然之间的物质转换。走可持续发展道路，可以将废弃物转化成资源，“变废为宝”，既减少了污染物排放，也提高了资源利用率。并且，我国现阶段的科学技术已得到了飞速提升，先进的科学技术可以作为发展循环经济的基础，利用科学技术提高生产中的资源利用率减少废弃物排放。发展循环经济要使消费掉的排放物在农村与城市、工业与

农业之间以不同的形式循环利用，建立物质能量合理的闭路循环，使消费产生的废弃物进行资源重组变成重新可利用的资源，最大限度利用资源。走可持续发展道路要对可再生的自然资源利用科学技术提高其利用率，减少废弃物排放，对于不可再生资源要着眼于寻找替代物。

（三）以人为本，完善社会制度

马克思指出自然界的价值是人类的劳动实践赋予它的，只有被人类实践赋予了意义，自然界才具有有用性，因此生态问题的解决需要以人为本，重视人的全面发展在其中的重要性。人与人的关系发展反作用于人与生态的关系上，如果人与人的关系解决不好就会引发生态问题，因此保护和治理生态环境不仅要同时兼顾生态效益和社会效益，实现生态和经济整体利益发展的统一目标。并且，在保证当代人发展的同时也要考虑后代人的生存发展，满足人类全面发展的物质基础。根据马克思分析，生态问题的根源是制度原因，只有在制度和谐的基础上才能实现生态和谐，我国生态文明建设的前提是完善制度。马克思指出生态问题不仅是生态自身的问题，更是人类社会的问题。资本主义制度是生态危机的根本原因，资本主义私有制加剧了人与人之间的不平等关系，导致人与自然之间物质转换，造成了“代谢断裂”。只有在社会主义制度基础上才能实现生产者自由联合，实现人与人的平等关系，人类才能以人与自然最小的代价取得人与自然物质变换的平衡，生产社会化条件下可以实现生产条件、生产资料节约。我国还处于社会主义初级阶段，各方面发展还不平衡，因此我们应坚持并不断完善社会主义制度，限制资本的发展规模与速度，立足于社会主要矛盾，强调以人为本的观念，而不仅仅是生态问题本身。

参考文献

［1］韩立新．马克思的物质代谢概念与环境保护思想［J］．哲学研究，2002（2）．

［2］方世南．马克思唯物史观中的生态文明思想探微［J］．苏州大学学报（哲学社会科学版），2015，36（6）．

［3］赵成．马克思的生态思想及其对我国生态文明建设的启示［J］．马克思主义与现实，2009（2）．

［4］董强．马克思主义生态观研究综述［J］．当代世界与社会主义，

2013（6）.

［5］叶平．关于环境伦理学的一些问题：访霍尔姆斯·罗尔斯顿教授［J］．哲学动态，1999（9）.

［6］邓喜道，滕依蔓．论罗尔斯顿自然内在价值论的理论困境［J］．学术研究，2019（8）.

［7］李承宗．马克思与罗尔斯顿生态价值观之比较［J］．北京大学学报（哲学社会科学版），2008（3）.

［8］王贵友．马克思的自然历史理论及其整体价值理念：兼评H. 罗尔斯顿的自然价值论［J］．武汉大学学报，2007（5）.

［9］邓天雄．人类中心主义与马克思主义及科学发展观［J］．社会科学研究，2005（3）.

［10］王建明．论"以人为本"的环境价值观：科学发展观的环境伦理学视野［J］．江海学刊，2005（4）.

［11］邓晓芒．马克思人本主义的生态主义探源［J］．马克思主义与现实，2009（1）.

［12］马克思，恩格斯．马克思恩格斯全集：第3卷［M］．北京：人民出版社，1986.

［13］马克思，恩格斯．马克思恩格斯选集：第3卷［M］．北京：人民出版社，1995.

［14］李崇富．马克思主义生态观及其现实意义［J］．湖南社会科学，2011（1）.

［15］马克思．资本论：第3卷［M］．北京：人民出版社，2004.

［16］李承宗．马克思生态伦理思想的当代价值［J］．郑州大学学报（哲学社会科学版），2007（1）.

［17］罗尔斯顿．环境伦理学［M］．杨通进，译．北京：中国社会科学出版社，2019.

［18］叶平．关于环境伦理的一些问题［J］．人大复印资料：伦理学，2000（2）.

［19］宋夏．论罗尔斯顿的"生态整体论"［J］．科学技术与辩证法，2002（2）.

［20］HOLMES ROLSTON Ⅲ. Challenges in Environmental Ethics［A］. In：Michael E. Zimmerman，J. Baird Calli-cott，George Sessions，Karen J.

Warren, John Clark. Envi - ronmental Philosophy: From Animal Rights to Radical Ecolo-gy [M]. Upper Saddle River, NJ: Prentice Hall, 1998.

[21] 罗尔斯顿. 环境伦理学 [M]. 杨通进, 译. 北京: 中国社会科学出版社, 2000.

[22] H ROLSTON. Environmental Ethics: Values in and Duties to the Natural [M]. Philadelphia: Temple University Press. 1988.

[23] 陈也奔. 罗尔斯顿的生态价值观: 一种自然主义的价值理论 [J]. 学习与探索, 2010 (5).

[24] 蒋笃运. 试论马克思人化自然观的生态文明意蕴 [J]. 自然辩证法研究, 2000 (10).

[25] 马克思, 恩格斯. 马克思恩格斯文集: 第1卷 [M]. 北京: 人民出版社, 2009.

马克思生态思想与中国传统生态农业思想的同质性分析

赵麦茹　王　勇[①]

一、引言

农业发展是人类和社会自由全面发展的基础。中国历来重视农业生产，有着悠久的农业传承。纵观中国五千多年的发展历史，农业文明始终贯穿其中，从原始的刀耕火种、自给自足的小农经济到现代化农业，农业生产始终是推动中国社会不断发展的重要动力。同时，以消耗大量资源和能源为基础的农业生产模式也带来了水土流失、土地污染、土地肥力下降以及食品安全等问题。人们逐渐认识到农业生产不仅要确保产量，更要强调质量；不仅要获得经济效益，也要充分发挥农业生产的生态效应，保证农村可持续发展。在传统农业无法充分满足当代社会发展需要的情况下，生态农业成为当代中国较为理想的发展模式。

马克思主义一直是中国共产党的指导思想。在不同历史时期，马克思主义与中国现实国情的结合——“马克思主义中国化”为中国经济社会发展开辟了一条条正确的道路。深入研究马克思生态思想对推动我国生态农业发展具有重要意义。西方学者对马克思生态思想的研究，旨在通过对资本主义制度的批判，将马克思生态思想与现代生态技术相结合，以解决日益严重的生态环境问题。詹姆斯·奥康纳在《自然的理由》一书中提出了经济危机和生态危机的“双重危机”理论，指出资本主义制度是生态危机产生的根本原因。福斯特在《反对资本主义的生态学》一书中详细阐释了

---

① 赵麦茹（1975—　），女，汉族，陕西临潼人，西北大学经济管理学院副教授、经济学博士、博士生导师，研究方向为政治经济学；王勇（1994—　），男，蒙古族，河南内乡人，西北大学经济管理学院2018级硕士研究生，研究方向为经济思想史。

马克思的生态学说，他指出要想从根本上解决生态环境问题，就必须进行社会制度变革。随着我国生态环境问题日益严峻，马克思的生态思想逐渐引起国内学者的关注。黄茂兴、叶琪（2017）认为马克思主义生态思想为我国处理生态环境问题提供了理论基础，绿色发展理念的提出正是马克思主义生态思想在当代中国的实践。部分学者将马克思主义生态思想与现代农业发展结合起来进行研究。朱国芬（2006）认为，马克思在对当时农业生产进行具体考察的基础上，阐述了生态农业发展的初步设想，提出可以通过运用科学技术、改良生产方式等途径促进农业可持续发展。

中国具有悠久的农业发展史，在漫长的传统农业文明中，我国产生了丰富的生态农业思想。赵敏在《中国古代生态农学研究》一书中指出，中国古代很早就形成了包含丰富生态认识的农业体系，其以“天人合一”的宇宙观为理论基础，将农业生产与生态环境保护有机结合起来。叶世昌先生也指出，中国古代农业生产注重环境保护和可持续发展，中国古代劳动者在很早以前就懂得采用休耕、轮作、施肥和生物防治等方法保持土壤肥力。

目前，国内学者对马克思主义生态思想和中国古代传统生态农业思想作了较为深入的研究，但对两者的同质性分析较少涉及。在当今我国经济发展进入“新常态”的背景下，将我国传统优秀农业经济思想及先进生产经验与马克生态经济思想相结合，必定会对构建经济效益、社会效益和生态效益三者有机统一的中国特色生态农业发展道路有启发作用。

马克思主义生态思想与中国传统生态农业思想虽然产生的历史背景、理论渊源大有不同，但两者在思想内涵上有许多相通之处，主要体现在以下三个方面。

二、理念认知的同质性：人与自然相统一

马克思认为人与自然的关系是对立统一的。一方面，人的生产活动受自然条件限制。人作为自然界的一部分，其生存发展依赖于自然界提供的物质生活资料。人和动物一样，需要从自然界获得赖以生存的食物、空气等资源。脱离了自然界，人就是抽象的，就失去了存在的基础。“自然界，就它自身不是人的身体而言，是人的无机的身体。人靠自然界生活。这就是说，自然界是人为了不致死亡而必须与之处于持续不断的交互作用过程

的、人的身体。所谓人的肉体生活和精神生活同自然界相联系，不外是说自然界同自身相联系，因为人是自然界的一部分。”① 人类历史的发展离不开自然界，人的生产生活、社会的发展都受到自然界和生态环境现实状况的限制，也就是说，人类的实践活动要限制在生态环境允许的范围内，经济社会的发展不能超越生态环境的承受能力。另一方面，人可以通过实践能动地改造自然。马克思指出，人类的历史是人类长久以来不断劳动、不断实践的结果，人类对自然界的改造过程就是人类社会关系的产生和发展过程，人类在从事改造自然的实践活动中逐渐形成自身的社会关系。人和自然的关系与人和社会的关系是紧密联系的，我们“周围的感性世界绝不是某种开天辟地以来就直接存在的、始终如一的东西，而是工业和社会状况的产物，是历史的产物，是世世代代活动的结果，其中每一代都立足于前一代所达到的基础上，继续发展前一代的工业和交往，并随着需要的改变而改变它的社会制度”。②我们所认识的自然是人化的自然，自然的人化只有在社会生产实践中才能实现。“人们在生产中不仅仅影响自然界，而且也相互影响。他们只有以一定的方式共同活动和互相交换其活动，才能进行生产。为了进行生产，人们相互之间便发生一定的联系和关系；只有在这些社会联系和社会关系的范围内，才会有他们对自然界的影响，才会有生产。”③因此，马克思认为人与自然相统一是人类社会存在和发展的基础。

中国古人对天人关系的思考源远流长，其核心思想为“天人合一”。古人认为人是自然界的一部分，人和自然界同源同体，自然现象和人的行为密切相关。《尚书·洪范》中提道：“曰休征：曰肃，时若雨……曰擊，恒风若。”④ 就是说，君王勤政爱民，天就会风调雨顺，君王不修德政，上天就会降下灾祸警示。在道家的哲学中，人与自然是相互呼应、和谐统一的。庄子说：“澹然无极而众美从之，此天地之道，圣人之德也。故曰：夫恬淡寂漠，虚无无为，此天地之平而道德之质也。故曰：圣人休休焉则平易矣。平易则恬淡矣。平易恬淡，则忧患不能入，邪气不能袭，故其德全而神不亏。”⑤ 他认为天的行为是朴素、自然和客观的，天道是人行为的

---

① 马克思．1844年经济学哲学手稿［M］．北京：人民出版社，2000：56-57.

②③ 马克思，恩格斯．马克思恩格斯选集：第1卷［M］．北京：人民出版社，1995：41，344.

④ 尚书［M］．慕平，译注．北京：中华书局，2012：138-139.

⑤ 郭庆藩．庄子集释［M］．北京：中华书局，1961：537-538.

最高准则，圣人依天道而为，是最大的德行。具体而言就是顺乎自然，不受欲望的驱使，在自然的推动下从事生产活动。

“天人合一”思想是构建中国传统生态农业思想的哲学基础，它反映到农业生产中表现为天、地、人“三才论”的传统农学思想。先秦时期主要表现为“天时、地利、人和”的思想。《管子·禁藏》曰：“顺天之时，约地之宜，忠人之和，故风雨时，五谷实，草木美多，六畜蕃息，国富兵强，民材而令行，内无烦扰之政，外无强敌之患。”① 也就是在农业生产的过程中，只要顺从天时，符合地利，合乎人和，就会风调雨顺，五谷充足，草木繁茂，六畜兴旺，国富民强，法令通畅，对内没有烦民扰民的政治，对外不会有强敌入侵的祸患。《吕氏春秋·审时》篇提出：“夫稼，为之者人也，生之者地也，养之者天也。”② 庄稼，种它的是人，生它的是地，养它的是天，科学简洁地说明了农业生产中天、地、人之间的辩证统一关系。生物（农作物）、生物赖以生存的自然环境（天地）和人的劳动（人）构成了农业生态系统的三个基本要素。农业生产就是人类通过生产活动，有意识地利用动植物，以获得生活必需的食物和其他物质资料的经济活动。《吕氏春秋·任地》等篇还指出，人的劳动在三者之间处于积极主动的地位，人可以通过实践掌握自然规律，从而消弭不利条件带来的影响，夺取农业丰收。随着农业生产技术的改进和生产力的提升，人在天、地、人“三才”关系中占有的地位越来越重要。西汉时成书的《淮南子》就提出“上因天时，下尽地财，中用人力，是以群生遂长，五谷蕃殖”，强调人们在从事农业活动时必须遵天时、顺地利，充分发挥人的作用，才能事半功倍获得丰收。明代的马一龙明确提出了“三宜说”，他在《农说》中提出“合天时、地脉、物性之宜，而无差失，则事半而功倍矣”，将“三才论”融入“三宜说”中，指出在农业生产中，除了要重视天时、地利，还要重视农作物的特性。“三才论”的农业思想及其蕴含的“天人合一”的天人观是中华传统文化的瑰宝，为中国两千多年以精耕细作为特征的农业传统奠定了基础。

就人与自然的关系而言，马克思和中国古代农学家的看法是一致的。人和自然是相互联系、相互依存的有机整体。人类既不是大自然的征服

① 刘柯，李克和．管子译注［M］．黑龙江：黑龙江人民出版社，2004：349.

② 吕氏春秋［M］．高诱（注），毕沅（校）．上海：上海古籍出版社，1996：197.

者，也不是在自然面前无所作为的被统治者。在绿色发展理念深入人心的现代社会，马克思的人和自然和谐统一思想与中国古代“天人合一”的天人观依旧散发着时代的光辉。习近平总书记在十二届全国人大四次会议中指出“一定要生态保护优先，扎扎实实推进生态环境保护，推动形成绿色发展方式和生活方式”。[①] 在人与自然的关系问题上，习近平总书记强调：“人与自然是相互依存、相互联系的整体，对自然界不能只讲索取不讲投入、只讲利用不讲建设。保护生态环境就是保护人类自己，建设生态文明就是造福人类。”[②] 党的十八大以后，习近平总书记又提出了“既要金山银山，又要绿水青山，绿水青山就是金山银山”的“两山”理论，要求我们正确处理人与自然的关系，正确处理经济发展和环境保护之间的关系。

三、制度坚守的同质性：以制度促使可持续发展

马克思认为，资本主义生态危机爆发的根源在于资本主义制度本身。私有制是资本主义社会的基本制度，以私有制为基础的资本主义生产导致了人与自然关系的异化。在资本主义生产方式下，社会生产力获得了前所未有的发展，生产关系也随之发生改变，人类逐渐摆脱了对自然界的依赖，转而以自然界改造者的面目出现，正如马克思所说，“在资本主义制度下自然界不过是人的对象，不过是有用物；它不再认为是自为的力量，而对自然界的独立规律的理论认识本身不过表现为狡猾，其目的是使自然界（不管是作为消费品，还是作为生产资料）服从于人的需要”[③]。资本家对自然毫无节制地索取直接导致了自然资源的枯竭和环境的不断恶化。马克思在对农业生产进行考察时指出，“资本主义农业的任何进步，都不仅是掠夺劳动者的技巧的进步，而且是掠夺土地的技巧的进步，在一定时期内提高土地肥力的任何进步，同时也是破坏土地肥力持久源泉的进步”[④]。

马克思在对资本主义进行批判的基础上指出，变革资本主义制度由社会主义制度取而代之是从根本上解决生态问题的必由之路。社会主义制度摒弃了资本主义制度的缺陷，为解决生态危机、实现人与自然和谐相处奠

① 习近平．像保护眼睛一样保护生态环境，像对待生命一样对待生态环境［N］．新华日报，2016-03-11（A1）．

② 习近平．携手共建生态良好的地球美好家园［J］．吉林环境，2013（5）：2.

③ 马克思，恩格斯．马克思恩格斯全集：第46卷［M］．北京：人民出版社，1979：393.

④ 马克思，恩格斯．马克思恩格斯文集：第5卷［M］．北京：人民出版社，2009：578.

定了制度基础。在社会主义社会，劳动者与生产资料直接结合，实现真正的劳动自由，人剥削人、人压迫人的现象基本得到消除，以此为基础，人与自然也真正实现了和谐相处。社会主义公有制为人与自然和谐相处提供了经济基础，以公有制为主体的经济制度是“社会化的人，联合起来的生产者，将合理地调节他们和自然之间的物质变换，把它置于他们的共同控制之下，而不让它作为一种盲目的力量来统治自己”①。在以公有制为主体的经济制度下，人们不再为私人利益肆意破坏生态环境，而是遵循自然规律有计划、有节制地安排社会生产，在开发利用自然资源的同时，实现人类同自然、人类同自身的“双重和解”。

中国古代的农业生产制度大多强调对生态环境的保护。据《礼记》记载：“仲春之月，……是月也，毋竭川泽，毋漉陂池，毋焚山林。”秦代将有关保护自然资源的规定纳入法律，《秦律十八种·田律》规定：“春二月，毋敢伐材木山林及雍堤水。不夏月，毋敢夜草为灰，取生荔、麛𪊲，毋毒鱼鳖，置罔（网），到七月而纵之。”② 人们已经意识到了保护动植物资源的重要性，并以朴素的自然观对生态保护有了较明确的认识。隋唐时期，朝廷在农业生产中注重林木种植，实行农桑并举。朝廷规定“永业田，树以榆、枣、桑及所宜之木，皆有数”③。五代时期，后周世宗规定“课民种树，（每县）定民籍五等，第一等种杂树百，每等减二十为差，桑枣半之”④。元世祖在位期间颁布了“农桑之制一十四条”。统治者要求在种植农作物的同时种植桑、枣等树，不仅具有经济意义，也起到了保护农业生产环境、促进农业可持续发展的作用。历代统治者在开垦荒地的同时也会注意环境保护，宋代围湖造田的情况较为严重，导致湖泊面积减少，湖泊生态平衡被破坏，近湖地区的农田洪涝时期无处泄洪，干旱时期无水灌溉。针对这些弊端，统治者制定了“退田还湖”的政策，宋宁宗年间，朝廷“以大理寺直留佑贤，宗正寺主簿李澄措置，自淳熙十一年立石之后，凡官民围裹者尽开之。又令县令并以‘点检围田事’入衔，每岁三四月，同尉点检有无奸民围裹状，上于州，州闻于朝。三年遣官审视，及委召谏察之。二年二月，佑贤、澄使还，奏追毁临安、平江、嘉兴、湖、常

① 马克思，恩格斯．马克思恩格斯文集：第7卷［M］．北京：人民出版社，2009：928-929.
② 睡虎地秦墓竹简整理小组．睡虎地秦墓竹简［M］．北京：文物出版社，1978：20.
③ 欧阳修，宋祁．新唐书·食货志［M］．北京：中华书局，1975：1342.
④ 脱脱，等．宋史·食货志［M］．北京：中华书局，1977：4157-4158.

开掘户元给佃据”。[①]

马克思通过对资本主义制度的批判，揭示了以公有制为主体的社会主义制度是实现生态保持与经济发展互利共赢的制度保证。中国古代劳动者则在实际生产中总结出了一套行之有效的可持续发展农业制度。例如，植树造林、保护动植物、退田还湖等。二者在制度层面为新中国成立后农业发展指明了道路。新中国成立初期，对农业的社会主义改造实现了农村土地国有化；党的十一届三中全会后，家庭联产承包责任制极大地激发了农民的生产积极性；2015 年 11 月，党中央在《深化农村改革综合性的实施方案》中强调，“深化农村土地制度改革的基本方向是：落实集体所有权，稳定农户承包权，放活土地经营权”。以公有制为基础的农村土地产权改革极大地解放和发展了生产力，推动了中国农业发展。同时，政府高度重视农业可持续发展。我国在 20 世纪 80 年代就开始了生态农业实践。90 年代后，原农业部在全国开展了 100 个生态示范县建设。2002 年，我国农业发展目标由改革开放初期的“高产、优质、高效”补充为“高产、优质、高效、生态、安全”。2015 年，中央一号文件明确规定农业发展目标为“产出高效、产品安全、资源节约、环境友好”。

四、技术肯定的同质性：以技术助推生态农业发展

科学技术是生产力，是推动农业发展的根本动力。马克思认为“一切现代方法，如灌溉、排水、蒸汽犁、化学产品等等，都应当广泛地用于农业”。[②] 只有将先进的科学技术运用于农业生产，才能提高生产效率，保证生产质量。他指出，“在自然肥力相同的各块土地上，同样的自然肥力能被利用到什么程度，一方面取决于农业化学的发展，一方面取决于农业机械的发展。这就是说，肥力虽然是土地的客观属性，但从经济学方面说，总是同农业化学和农业机械的现有发展水平有关系，因而也随着这种发展水平的变化而变化”。[③] 农业生产受到土地条件的限制，土地肥沃与否是决定农业生产能否顺利进行的关键性因素。马克思提出“可以使用化学的方法（例如对硬黏土施加某种流质肥料，对重黏土进行熏烧）或用机械的方

① 脱脱，等．宋史・食货志［M］．北京：中华书局，1977：4188.
② 马克思，恩格斯．马克思恩格斯选集：第 2 卷［M］．北京：人民出版社，1995：452.
③ 马克思，恩格斯．马克思恩格斯全集：第 25 卷［M］．北京：人民出版社，1974：733.

法（例如对土壤采用特殊的耕犁），来排除那些使同样肥沃的土地实际收成较少的障碍（排水也属于这一类）”。[①] 同时，马克思指出，通过化学改善土地肥力来增加农产品产量并不是根本的解决办法。要想维持长久的土壤肥力，实现农业可持续发展，就必须合理控制人与自然之间的物质转换。同时，要注意农业化学的副作用，以免破坏人与土地之间的物质转换。在马克思生活的时代，不同的农业机械已经被大量运用于农业生产领域。马克思从多方面分析了农业机械对农业发展的重要性。其一，农业机械的使用可以通过深耕等方式改善土壤肥力。其二，农业机械设备的使用能够显著改善农业生产效率。“由于采用新机器，（相对的）经营费用几乎减少了一半。另一方面，从土地上得到的实际收益迅速增加了。”[②] 可以看出，农业机械设备的使用大大地提高了人类改造自然的能力，极大地提高了农业生产效益。其三，农业机械的使用使农业规模化生产得以实现。工业是推动农业进步的重要力量，现代生态农业发展是建立在先进的科学技术支撑之上的。滴灌技术的应用使农业生产用水量大大减少，水资源对农业生产的限制大大降低；无土栽培技术的应用使农业生产摆脱了土地的束缚，大大拓展了农作物的种植空间；转基因等生物技术的应用使农产品品种和产量大幅增加……随着有机农业、循环农业、绿色农业和观光农业等新兴生态农业发展理念的兴起，科学技术在现代生态农业发展中必然会发挥越来越重要的作用。

中国古代在提高农业生产技术方面积累了丰富的知识和经验。我国古代思想家一直比较重视工具器械在生产活动中的作用，荀子提出“善假于物”的论断，韩非子也有“机械之利”的观点，孟子也指出“工欲善其事，必先利其器”，等等。王祯所著《农书》中详细记载了农具的各个方面，指出“田非器不成”，并提出“佃作之具虽多，皆以耒耜为始”和“耕种有水陆之分，而器无古今之间”等观点。中国古代很早就认识到灌溉技术对农业生产的重要作用。战国时期的白圭就非常重视水利，据《韩非子·喻老》记载，“白圭之行堤也塞其穴”“是以白圭无水难”[③]。《管子》指出“决水潦，通沟渎，修障防，安水藏，使时水虽过度，无害于五

---

① 马克思．资本论：第 3 卷［M］．北京：人民出版社，2004：733.

② 马克思．资本论：第 1 卷［M］．北京：人民出版社，2004：780.

③ 刘乾先，等．韩非子译注［M］．黑龙江：黑龙江人民出版社，2003：254.

谷。岁虽凶旱，有所秎获，司空之事也”。[①] 强调主管农业的官员要承担兴修水利的责任。我国古代提高农业生产技术的措施还有改良土壤、深耕、轮作、施肥和植物保护等。《周礼》有“草人掌土化之法”的记载，是指掌握改良土壤的方法。《吕氏春秋·任地》提出“其深殖之度，阴土比得”，即深耕以见到湿土为标准。在两汉时，人们为了提高土地利用率在耕作时采用“代田法”，在地里开沟作垄，沟垄相间，将作物种在沟里，中耕除草时将垄上的土逐次推到沟里，培育作物。第二年，沟垄互换位置。这样既保证了粮食产量，又能保护地力。《齐民要术》中记载了豆科植物与其他农作物轮作的方法，“凡美田之法，绿豆为上，小豆、胡麻次之。悉皆五、六月中种，七月、八月犁掩杀之，为春谷田，则亩收十石，其美与蚕矢、熟粪同”[②]。我国古代劳动者充分利用废弃物循环利用技术保证农业可持续发展。《齐民要术》在养猪法上记载了放牧养猪和利用水生植物和酒糟等养猪的方法，“春夏草生，随时放牧。糟糠之属，当日别与。（糟糠经夏辄败，不中停故。）八、九、十月，放而不饲。所有糟糠，则蓄待穷冬春初。（猪性甚便水生之草，杷耧水藻等令近岸，猪则食之，皆肥。）”[③]。明清时期，我国浙江嘉兴、湖州一带用农副产品养猪，猪粪肥田，形成了粮—猪—粮的生态循环生产模式。我国珠江三角洲地区在鱼塘周围种桑树，蚕粪等废弃物投入鱼塘养鱼，一段时间后，将塘泥挖出堆在池塘四周可以作为桑树的肥料，形成了桑基鱼塘的生态生产模式，并由此演变出了蔗基鱼塘、果基鱼塘等多种基塘系统。在农业生产过程中，生物防治、人工诱杀等害虫防治技术也得到了发展和应用。《南方草木状》中记载了用黄柑蚁防治害虫的经验：“交趾人以席囊贮蚁鬻于市者。其窠如薄絮，囊皆连枝叶，蚁在其中，并窠而卖。蚁，赤黄色，大如常蚁。南方柑树若无此蚁，则其实皆为群蠹所伤，无复一完者矣。”[④] 据《岭表录异》记载，岭南农民在荒地中聚水放草鱼子，“一二年后，鱼儿长大，食草根并尽。既为熟田，又收渔利，及种稻，且无稗草”。

现代生态农业的发展紧紧依赖于科学技术的进步。受中国古代小农经济社会现实的限制，我国古代的农业技术都是围绕着精耕细作的方式开展

① 刘柯，李克和．管子译注［M］．黑龙江：黑龙江人民出版社，2004：21.
②③ 贾思勰，缪启愉（校释）．齐民要术校释［M］．北京：农业出版社，1982：24，328.
④ 嵇含．南方草木状［M］．上海：商务印书馆，1956：12.

的，虽积累了大量土地零散化、碎片化经营的生产技术和经验，但缺乏规模化、集约化经营的生产技术。马克思在分析小农经济时，指出随着生产关系的转变，小农生产方式会妨碍工业生产的发展，阻碍先进农业技术的推广。在小农经济体制下，土地被不断分割，土地肥力和耕作效率随之下降。小农技术是农业技术发展的初级阶段，小农经济必然被规模化、集约化的现代农业经济所取代。在生产技术上，小农经济时代以手工劳动方式为主导、分工层次低、技术相对封闭的小农生产技术必然被科学化、工业化、多学科综合化的现代农业生产技术所取代。但是，我国古代农业生产技术中重视器械、重视水利建设、因地制宜、生物防治等一系列先进思想在我国现代生态农业生产中依然具有借鉴意义。

五、对我国当代生态农业发展的启示

中国特色生态农业发展道路是实现我国农业可持续发展的必由之路，这是由我国的基本国情决定的。我国虽幅员辽阔，但人口众多，据第六次全国人口普查数据，我国人口已达 13.4 亿。相对巨大的人口基数，我国耕地面积就显得十分有限，要依靠有限的耕地，解决全国 13 多亿人的吃饭问题，实现农业高效可持续发展就尤为重要。工业化、城镇化和“石油农业”的发展，对我国农业生态环境造成了严重的破坏。一方面，工业化和城镇化产生的大量“三废”物质向农业地区排放；另一方面，由于农业化肥和杀虫剂的大量使用造成了严重的污染及土壤退化。同时，我国水土流失情况严重，土地沙漠化问题日益加剧，这些问题都给我国农业生产可持续发展带来越来越大的压力。生态农业发展模式成为解决生态环境问题、保障农业生产的有效途径。我国生态农业发展始于 20 世纪 80 年代，经过 30 余年的发展，我国在生态农业建设中已经取得了巨大成就，但是国内生态农业发展在理论研究和实践层面还存在需要改进和完善的地方。新时代背景下，马克思生态思想和中国传统生态农业思想对我国现代生态农业建设依然具有重要的启发和借鉴意义。

（一）坚持绿色发展理念

要发展生态农业，需要调整当下农业经营模式，革新农业发展理念。马克思生态思想和中国传统生态农业思想给我们带来了许多积极的启发。党的十八届五中全会明确提出了创新、协调、绿色、开放、共享五大发展理念，这五大发展理念在农业发展中具有关键的指导作用。创新能给发展带来充足的能量和动力，协调是保障生态农业可持续发展的内部平衡机制，绿色是生态农业发展的基本原则，开放是生态农业不断发展的关键策略，共享则是生态农业的最终目标。生态农业的健康发展必然实现五大发展理念的有机统一。党的十九届四中全会报告指出，生态文明建设是关系中华民族永续发展的千年大计，坚持绿色发展是推进生态文明建设的基本原则。在生态农业建设中，既要坚持绿色发展、人与自然和谐共生的生态文明建设理念，也要充分考虑农业发展的区域因素，做到因地制宜、特色发展。同时，我们要不断优化生态农业发展设计方案，进一步明确生态农业系统的边界和目标，明确生态农业与非农业部门的关系，建立、健全生态农业评价体系，为生态农业发展打下坚实的基础。

（二）加强生态农业制度建设

从宏观层面上讲，社会主义公有制是保障我国生态农业发展的根本制度。从微观层面上讲，我国要从生态农业认定、经济支持和法律保障三个方面加强生态农业制度建设。生态农业的提出是为了解决农业工业化生产带来的环境污染、资源浪费和食品安全等问题，因此可以资源节约、环境保护和食品安全作为生态农业认定的三个指标。在确定生态农业认定标准时，要把社会整体效益放在首位，尽量不要把经济指标列入其中。对不同的地区，应该根据当地实际情况适当调整相关指标。例如，在降雨较为充沛的地区，就可以不将节约水资源列入认定指标中。生态农业建设能够带来良好的社会效益和生态效益，政府应该采取财政补贴、信贷优惠等政策促进生态农业发展。在财政补贴方面，政府可以通过对农户进行直接补贴、对相关农产品进行价格补贴以及建立生态农业服务基地等，为生态农业发展提供综合服务方式。在信贷优惠方面，政府应当鼓励各类金融机构加大对生态农业的信贷支持力度，创新生态农业信贷模式，提高对农户的授信额度，拓宽信贷渠道，为生态农业发展提供充足的资金。政府要进一步完善与生态农业发展相关的法律、法规，制定关于农村土地治理、污染防治和清洁能源使用等方面的法律、法规，完善法律保障体系，做到“有法可依”。同时，要加大执法力度，明确各级环保管理机构的管辖范围，做到“有法必依”“违法必究”。

（三）重视生态农业技术的研发与应用

我国生态农业的实践开始于20世纪80年代，相对于西方发达国家较晚起步，当下生态农业的发展依然不够成熟。随着生活品质的不断提高，人们对农产品质量的要求也随之提升，生态农产品越来越受到人们的青睐，而且生态农业的发展离不开科学技术的运用和推广。中国在推进生态农业建设过程中，不仅要汲取先辈们在数千年的农业生产中积累的宝贵经验，也要积极探索现代科技在农业生产中的运用之道，对生态农业技术进行整合、优化，发挥技术综合优势。目前，我国对生态农业技术的挖掘相对有限，而生态农业的发展紧紧依赖高新技术的投入，我们应该加大生态农业技术中的高科技含量，重视农业科学技术的研究，积极引进国外先进技术，推动高新技术在生态农业中的推广和应用。在新技术的推广过程中，可以采用政府支持和市场配置相结合的方式。一方面，政府可以设立科技服务站，引导农户参与其中，实现风险共担、互利共赢，进一步提高农户接受新技术的积极性。同时，服务站能够尽可能快速、有效地接收到农户反馈的信息，并及时进行处理。另一方面，政府可以通过政策优惠、产业扶持等手段拓宽融资渠道，增加非政府资金投入，鼓励更多相关科技企业投入生态农业技术咨询服务行业，这样双管齐下，以保证生态农业技术的广泛、有效传播。

六、结语

中国传统生态农业经历数千年的发展，创造了辉煌的成就，形成了系统的农业生产思想，是前人留给我们的宝贵精神财富，继承和发展中国传统先进农业思想，不仅有利于推进我国生态农业建设，更是对中华民族优秀文化的传承和发扬。马克思主义作为我党的指导思想，将马克思生态思想与中国传统生态农业思想相结合，不仅有助于解决当前生态农业发展的问题，也有助于完整地理解和把握马克思主义理论。在新时代背景下，深入挖掘、发展马克思生态思想和我国传统农业思想，是建设中国特色生态农业发展道路的必由之路。

参考文献

[1] 黄茂兴，叶琪．马克思主义绿色发展观与当代中国的绿色发展：

兼评环境与发展不相容论［J］. 经济研究，2017（6）.

［2］朱国芬. 马克思主义农业生态观意蕴探析［J］. 广西社会科学，2006（11）.

［3］马克思 .1844 年经济学哲学手稿［M］. 北京：人民出版社，2000.

［4］马克思，恩格斯. 马克思恩格斯选集：第 1 卷［M］. 北京：人民出版社，1995.

［5］尚书［M］. 慕平，译注. 北京：中华书局，2012.

［6］郭庆藩. 庄子集释［M］. 北京：中华书局，1961.

［7］刘柯，李克和. 管子译注［M］. 黑龙江：黑龙江人民出版社，2004.

［8］吕氏春秋［M］. 高诱（注），毕沅（校）. 上海：上海古籍出版社，1996.

［9］习近平. 像保护眼睛一样保护生态环境，像对待生命一样对待生态环境［N］. 新华日报，2016-03-11（A1）.

［10］习近平. 携手共建生态良好的地球美好家园［J］. 吉林环境，2013（5）.

［11］马克思，恩格斯. 马克思恩格斯全集：第 46 卷［M］. 北京：人民出版社，1979.

［12］马克思，恩格斯. 马克思恩格斯文集：第 5 卷［M］. 北京：人民出版社，2009.

［13］马克思，恩格斯. 马克思恩格斯文集：第 7 卷［M］. 北京：人民出版社，2009.

［14］睡虎地秦墓竹简整理小组. 睡虎地秦墓竹简［M］. 北京：文物出版社，1978.

［15］欧阳修，宋祁. 新唐书 · 食货志［M］. 北京：中华书局，1975.

［16］脱脱，等. 宋史 · 食货志［M］. 北京：中华书局，1977.

［17］马克思，恩格斯. 马克思恩格斯选集：第 2 卷［M］. 北京：人民出版社，1995.

［18］马克思，恩格斯. 马克思恩格斯全集：第 25 卷［M］. 北京：人民出版社，1974.

［19］马克思. 资本论：第 3 卷［M］. 北京：人民出版社，2004.

［20］马克思．资本论：第1卷［M］．北京：人民出版社，2004.

［21］刘乾先，等．韩非子译注［M］．黑龙江：黑龙江人民出版社，2003.

［22］叶世昌．中国古代的农业管理思想［J］．上海经济研究，1989（6）.

［23］贾思勰，缪启愉（校释）．齐民要术校释［M］．北京：农业出版社，1982.

［24］张壬午，计文英，张彤．中国古代朴素生态经济观念及其在农业上的应用［J］．生态经济，1994（5）.

［25］嵇含．南方草木状［M］．上海：商务印书馆，1956.

马克思主义与诺斯意识形态理论的比较分析

赵麦茹①

有关意识形态的理论林林总总，但最具典型代表性的是马克思主义意识形态理论与诺斯的意识形态理论，前者是在批判资本主义意识形态理论过程中形成的，后者是新制度经济学代表人物诺斯之制度变迁理论的有机组成。

学术界对两种意识形态理论的研究成果相当丰硕，主要集中在以下几方面。第一，对马克思主义或诺斯意识形态理论的专门研究。研究聚焦在马克思主义意识形态的创新、源流、嬗变、发展逻辑与现实推进等方面，以及诺斯意识形态的伦理道德功能、经济功能、制度变迁理论及变迁思想中的意识形态理论、制度生发观的流变等方面。第二，以马克思主义或诺斯意识形态理论为工具对我国当前问题进行分析，总结其对我国当前各领域发展的启示与借鉴。代表性学者有王怀强（2010）、魏崇辉（2010）等。第三，马克思主义与诺斯意识形态理论的比较研究。代表性学者有陈书静（2006），邓志平（2007），孙凤仪（2007），张艳娟（2008），林岗、刘元春（2000），霍秋芬（2011）等。

以上研究的视角各异，内容丰富，对两者进行比较研究的文献也相对较多，但大多数聚焦于制度理论的比较，以意识形态为主的比较相对较少，即使有这方面的文献，基于思想史与社会史互动视角的比较研究也较为鲜见，本文试从这一视角出发，对两者进行比较分析。

一、马克思主义与诺斯意识形态理论的主要内容

何谓意识形态，意识形态的功能如何？这几乎是所有意识形态理论都

---

① 赵麦茹（1975— ），女，汉族，陕西临潼人，西北大学经济管理学院副教授、经济学博士、博士生导师，研究方向为政治经济学。

必须正面回应的核心问题，对这些问题的回应也形成各意识形态理论的主要内容。马克思主义与诺斯的意识形态理论亦是如此。

（一）马克思主义意识形态理论的主要内容

1. 意识形态的内涵：生产关系的体现

在马克思主义理论体系中，经济基础决定上层建筑，社会存在决定社会意识，意识形态绝对不是无缘无故产生的，而是被社会存在所决定的，即有什么样的社会存在，就有什么样的意识形态。马克思主义政治经济学中的经济基础就是一系列生产关系的总和。

在马克思主义政治经济学体系中，意识形态就是生产关系的体现，"这些生产关系的总和构成社会的经济结构，即有法律的和政治的上层建筑竖立其上并有一定的社会意识形式与之相适应的现实基础。物质生活的生产方式制约着整个社会生活、政治生活和精神生活的过程。不是人们的意识决定人们的存在，相反，是人们的社会存在决定人们的意识"①。意识形态由社会存在决定，而社会存在是人们在社会再生产过程中形成的一系列生产关系，换言之，意识形态就是对这些生产关系的投射与体现。在马克思主义看来，意识形态和生产关系就如同视网膜上的物象倒影，是体现与被体现的关系，"意识在任何时候只能是被意识到了的存在，而人们的存在就是他们的实际生活过程，如果在全部意识形态中人们和他们的关系就像照相机中一样倒现着，那么这种现象也就是从人们的生活的历史过程中产生的，正如物象在眼网膜上的倒影是直接从人们生活的物理过程中产生的一样"②。正因为是投射关系，所以在任何时候意识都只能是被意识到的存在，没有了社会存在、没有了生产关系，不可能产生体现生产关系的意识。

2. 意识形态的功能：维护阶级利益

如果说社会存在决定社会意识锁定了意识形态的内涵，那么社会意识反作用于社会存在则注定了意识形态的功能。

马克思认为，社会意识的反作用力在社会生产关系演化中非常重要，社会意识一旦被充分利用，就会成为争取、维护阶级利益的重要武器。在

① 马克思，恩格斯．马克思恩格斯选集：第 2 卷［M］．北京：人民出版，1995：32.

② 马克思，恩格斯．马克思恩格斯全集：第 3 卷［M］．北京：人民出版社，1960：29-30.

《〈黑格尔法哲学批判〉导言》中，马克思已经意识到意识形态的反作用力量："批判的武器当然不能代替武器的批判，物质力量只能用物质力量来摧毁；但是理论一经掌握群众，也会变成物质力量。理论只要说服人，就能掌握群众；而理论只要彻底，就能说服人。"① 在阶级斗争中，显性而常见的是"武器的批判"，但是"武器的批判"实际是受"批判的武器"深刻影响的。以中国共产党领导的新民主主义革命为例，南昌起义这种"武器的批判"是受"枪杆子里面出政权"这种"批判的武器"所影响的，正是因为在意识形态领域形成了中国革命必须靠组建自己的武装力量、用枪杆子来解决的共识，才有了在这种意识形态领导下的武装斗争。

马克思主义认为，意识形态的功能适用于包括无产阶级在内的所有阶级。在社会历史演化的过程中，所有的利益集团都努力在意识形态领域取得胜利，获取支配权，进而通过意识形态的强大反作用力维护自己的集团利益。在《共产党宣言》中，马克思、恩格斯以历史唯物主义的视角审视了历史上曾经的新旧意识形态之争：基督教战胜各种宗教、启蒙思想击败基督教思想，伴随着这种信仰领域的竞争，后来的革命者替代先前的统治阶级转而占据统治地位。要取得意识形态竞争的胜利，"每一个企图代替旧统治阶级的地位的新阶级，就是为了达到自己的目的而不得不把自己的利益说成是社会全体成员的共同利益……进行革命的阶级，仅就它对抗另一个阶级这一点来说，从一开始就不是作为一个阶级，而是作为全社会的代表出现的；它俨然以社会全体群众的姿态反对唯一的统治阶级"②。马克思、恩格斯已敏锐地意识到历史上每一次革命中意识形态的重要性，每个新阶级都把自己的利益包装成全社会成员的共同利益，并通过这种方式争取最广泛的支持，以使自己被"批判的武器"所主导的"武器的批判"更显成效。列宁也非常看重意识形态的作用，他强调"没有革命的理论，就不会有革命的运动"③，无产阶级的革命斗争，不仅体现在物质层面上，还体现在精神层面上，意识形态领域的竞争就是后者的体现。从某种程度上来说，后者更为重要，毕竟基于马克思主义理论逻辑，革命的理论一经群众掌握，就会变为物质力量。

① 马克思，恩格斯．马克思恩格斯选集：第 1 卷［M］．北京：人民出版社，1995：9.
② 马克思，恩格斯．马克思恩格斯全集：第 3 卷［M］．北京：人民出版社，1960：53-54.
③ 列宁．列宁选集：第 1 卷［M］．北京：人民出版社，1995：311.

（二）诺斯意识形态理论的主要内容

1. 意识形态的内涵：环境约束下的一整套习惯、准则和行为规范

何谓意识形态？在诺斯看来“人们在最低程度上假定，每个人的个人行为受一整套习惯、准则和行为规范的协调。这些习惯、准则和规范最初是从家庭（最初的社会化），然后通过教育过程和其他机构，诸如教会（第二次社会化）取得的”①。显然，诺斯认为意识形态是指导人们行为的习惯、准则与行为规范，但这种习惯、准则与行为规范与人们所受的环境约束不无关系，是环境的产物。

诺斯认为，意识形态的形成有其阶段性，最初来自家庭，是初次社会化过程，接着学校、教会等机构也会影响个体的影响形态，这是第二次社会化过程。同时，诺斯又认为地理位置与职业专业化也会影响意识形态，导致人们产生不同的意识形态。毕竟意识形态属于主观观念，而主观观念又与个体或团体的生活生产经验紧密相关。地理位置不同，因生活生产经验累积形成的语言、习惯、禁忌、神话与宗教等也不同，意识形态自然相异；职业专业化与劳动分工更是影响意识形态的重要变量，在生产过程中的地位不同，生产经验与利益分配自然也会不同，这也必然导致人们的意识形态相异。但是，不管是家庭、学校、教会，还是地理位置与工作场所，这些都是客观的环境。换言之，人的意识形态是被环境所塑造的，生活生产环境不同，影响人的被称为“意识形态”的一整套习惯、准则与行为规范也会大不相同。因此，意识形态是环境约束的产物。

2. 意识形态的功能：节约交易成本

诺斯非常注重意识形态节约交易成本的功能，他从两个角度阐释了这一点。

一方面，意识形态可节约决策成本。从诺斯对意识形态是一种节约机制的界定不难看出这一点，“意识形态是种节约机制，通过它，人们认识了他们所处环境，并被一种‘世界观’导引，从而使决策过程简单明了”②。当人们拥有了某种意识形态后，在面临某种选择时就会产生下意识的反应，其认可的世界观会指导其选择“顺理成章”的选项，这一过程几乎是自然而然完成的，有点类似孔子的“随心所欲而不逾矩”。这自然会

①② 诺斯．经济史中的结构与变迁［M］．上海：上海三联书店，上海人民出版社，1994：52-54.

大大降低选择成本，人们不会因为在多种世界观之间摇摆不定，也不会因为犹豫不决而产生额外的成本，其最终结果是使决策成本降低。在《理解经济变迁过程》中，诺斯提出“除了极少数重要的经济学家如弗里德里希·哈耶克外，大多数经济学家都忽视了思想观念在决策中的作用”①，这与他谈到的意识形态可使决策过程简单明了如出一辙。

另一方面，意识形态可节约维系经济组织生存力的成本，“对行为进行约束的考核费用如此之高，以至在缺乏约束个人利益最大化的意识形态观念时，经济组织的生存力就会受到威胁”②。有了基于公正理解的意识形态，个体与团体会自愿地对其个人利益最大化行为进行约束，这大大节省了考核监督成本。从这一点来看，意识形态实际上产生了非常强大的自我激励作用，这自然省去了外部的约束成本。

二、马克思主义与诺斯意识形态理论的比较分析

诺斯受马克思主义影响颇大，诺斯本人对马克思主义理论也颇为认可，“在详细描述长期变迁的各种现存理论中，马克思的分析框架是最有说服力的，这恰恰是因为它包含了新古典分析框架所遗漏的所有因素：制度、产权、国家和意识形态”③。但是，马克思主义与诺斯对于意识形态的内涵与功能的理解不一，这种差异性理解直接导致两者的理论体系呈现出较大的不同。具体说来，主要有以下三个方面的差异。

（一）特征不同：革命性与调和性

1. 马克思主义：革命性

革命性是马克思主义意识形态理论的重要特征。正是因为看到了以往一切统治阶级意识形态的虚假性，马克思主义意识形态理论才主张以革命的方式击破这种幻象。在《德意志意识形态》中，马克思、恩格斯就意识到，当这种虚假的意识形态被创造出来后，连创造者也屈从了自己的创造物，幻象成为枷锁。因此，一方面要解决被困者，另一方面“我们要起来反抗这种思想的统治”④。这是马克思、恩格斯的号召，也是在这种号召

---

① 诺斯．理解经济变迁过程［M］．北京：中国人民大学出版社，2002：5.

②③ 诺斯．经济史中的结构与变迁［M］．上海：上海三联书店，上海人民出版社，1994：46，48.

④ 马克思，恩格斯．马克思恩格斯文集：第1卷［M］．北京：人民出版社，2009：509.

中，其革命性特征一览无余。

马克思、恩格斯认为，对于虚假的意识形态，只能以革命的意识形态加以斗争。在《共产党宣言》中，马克思、恩格斯以历史唯物主义视角审视了历史上曾经的新旧意识形态之争，如基督教战胜各种宗教、启蒙思想击败基督教思想等。他们强调，正是伴随着这种意识形态领域的斗争，后来的革命者替代先前的统治阶级转而占据统治地位。对于无产阶级来说，也不例外。无产阶级想要获取政权，就必须通过革命的方式战胜资产阶级，意识形态领域的斗争与较量自然亦无法避免，无产阶级唯有打破资产阶级创造的幻象，指出其意识形态的虚假性，才有可能为无产阶级的“武器的批判”提供“批判的武器”。

马克思主义意识形态理论的革命性，还体现在其不断批判资产阶级各种意识形态的过程之中，充分发挥了意识形态对社会存在的反作用力量。在以《德意志意识形态批判》为代表的著作中，马克思、恩格斯一再批判以费尔巴哈、鲍威尔和施蒂纳为代表的青年黑格尔派的哲学观点，指出其是虚假的意识形态。马克思指出唯心主义的谬误，批判其社会意识决定社会存在的观点。他认为，以往的意识形态坚持“思想统治着世界，把思想和概念看作是决定的原则，把一定的思想看作是只有哲学家们才能揭示的物质世界的秘密”①，意识形态成为由所谓的思想家根据思想材料创造的产物，是由虚假的意识完成的，“迄今为止人们总是为自己造出关于自己本身、关于自己是何物或应当成为何物的种种虚假观念。他们按照自己关于神、关于标准人等等观念来建立自己的关系。他们头脑的产物不受他们支配”②，创造者本身并不关心思想材料来自思维，而思维亦有其来源的客观存在，因此导致其“不是曲解人类史，就是完全排除人类史”③。唯心主义所忽略的，恰是马克思、恩格斯所关注的，“我们的出发点是从事实际活动的人，而且从他们的现实生活过程中还可以描绘出这一生活过程在意识形态上的反射和反响的发展”④。马克思、恩格斯在不断的批判与论争中强调社会存在决定社会意识，指出了唯心主义的虚假性体现，把被他们颠倒了的关系进一步厘清。也是在这种批判中，马克思主义意识形态理论革命性地挑战资产阶级意识形态，瓦解资产阶级的“批判的武器”，有力地促

---

① 马克思，恩格斯．马克思恩格斯全集：第3卷［M］．北京：人民出版社，1960：16.

② 马克思，恩格斯．马克思恩格斯文集：第1卷［M］．北京：人民出版社，2009：509.

③④ 马克思，恩格斯．马克思恩格斯选集：第1卷［M］．北京：人民出版社，1995：66，73.

进了无产阶级革命，为其提供了理论武器。

2. 诺斯：调和性

与马克思主义不同，诺斯的意识形态理论不是要革命性地挑战资产阶级的意识形态，而是对反映资产阶级意识形态的理论体系的完善与补充，调和的色彩相当浓郁。

在诺斯看来，以往的主流经济学本身的不完善导致其在解释一些现实问题时乏力。为此，诺斯以产权、国家与意识形态为基石，构建了自己的理论大厦，试图在不挑战资产阶级政权的基础上对现实经济长期增长与制度变迁给出更为自洽的解释。在《经济史中的结构与变迁》第五章，诺斯详述了他眼中成功意识形态的特点。

首先，必须能够解释现存的产权结构和交换条件是如何成为更大的体制的组成部分，且这种解释背后的机理应同样能解释以往的情况。诺斯是从世界观的角度审视意识形态的，既然意识形态是由相互联系、包罗万象的世界观构成，就应该有内在的逻辑自洽性。从历史视野来看，这种自洽性逻辑不仅应当很好地解释当下，还应当能够解释过去，即能解释长期变迁。如此，这种意识形态才能有较强的解释力，才算是一种成功的意识形态。

其次，必须是灵活的。只有灵活的意识形态才能够得到新团体的忠诚拥护，当外在条件发生改变时，原来的旧团体的忠诚拥护仍可以得到保障。诺斯注意到马克思主义的意识形态就具备这一特点，当实际工资提高、蓝领无产者在劳动力中的百分比日趋下降时，这一现实与马克思的分析似乎存在矛盾，但马克思主义意识形态针对这种情形进行了调整，并试图说明这些变化，这无疑符合灵活的标准。

最后，必须克服“搭便车”问题。诺斯认为，在各种主要的意识形态中，个体与群体的行为都遵循成本与收益、简单的、享乐主义的计算原则，“搭便车”是这种原则的必然后果，而成功的意识形态应该促使一些群体不再按照这种原则行事。当成本大于收益时，基于对公正的理解，仍有主体愿意克服困难，采取不同于所谓“理性”的行动。如对于个体来说，投票所获寥寥，且成本较大，但“如果人们相信政治民主的价值，他们就会把投票当作一项公民的义务来履行”[①]。当“搭便车”问题得以克服时，个体不再仅仅按照对私人利益有益的原则行事，团体活动的活力因而

① 诺斯．经济史中的结构与变迁［M］．上海：上海三联书店，上海人民出版社，1994：59.

变得非常强劲，这是成功的意识形态的重要特点。

不难看出，诺斯希望意识形态理论能够解释长期变迁，能够灵活地根据不断变化的现实问题进行调整，能够解决以往理论无法解决的类似“搭便车”这样的现实问题，即诺斯希望通过其理论的完善进一步使原有的理论体系更有现实说服力，是对原有理论的丰富与拓展，而非颠覆性挑战。诺斯也避开了马克思主义所直面的资本主义体系的基本矛盾，回避了资产阶级与无产阶级的冲突，而是相信只要成功的意识形态发挥作用，“搭便车”等问题就能得到解决，资本主义制度体系就会良性运转下去。这与马克思的革命性完全不同，调和性较为突出。

（二）着眼点不同：阶级斗争与制度变迁

1. 马克思主义：阶级斗争

阶级性是马克思主义意识形态理论的鲜明特征，马克思主义本来就是服务于无产阶级、指导其更高效地进行阶级斗争的理论体系。

为了让无产阶级意识到以往意识形态的虚假性，马克思直接指出了意识形态服务于统治阶级的工具属性：“统治阶级的思想在每一时代都是占统治地位的思想。这就是说，一个阶级是社会上占统治地位的物质力量，同时也是社会上占统治地位的精神力量。”① 这就必然导致没有精神生产资料的人的思想被统治阶级所支配。为什么会产生这种现象呢？基于经济基础决定上层建筑的逻辑，马克思从物质生产角度加以分析，统治阶级内部也存在精神劳动与物质劳动的分工，统治阶级里那些积极的、有概括能力的、从事精神劳动的人以思想家的身份出现，代表本阶级创造有利于自己阶层的意识形态。但是，统治阶层的内部分工不影响其意识形态的阶级性，这种分工可能导致某种程度上的对立与敌视，一旦统治阶级本身受到威胁，这种敌视就会自行消失，统治阶级会凝聚力量、专注于消弭本阶级所受到的威胁。

马克思主义认为，为了更好地实现阶级利益，统治阶级一般会编造出虚假的幻象，如贵族统治时期的“忠诚信义”、资产阶级统治时期的“自由平等”之类的概念。以资产阶级统治时期为例，对于无产阶级来说，资产阶级的这些幻象其实全是资产阶级的偏见，“隐藏在这些偏见后面的全

---

① 马克思，恩格斯．马克思恩格斯选集：第 1 卷［M］．北京：人民出版社，1995：98.

都是资产阶级利益”[①]。同时，统治阶级也会通过这种幻象赋予自己阶层统治的正当性、合理性、普遍性。当统治阶级的这种努力成功时，统治阶级的意识形态就会成为约束、压迫、剥削被统治阶级的有力工具。马克思主义通过深刻剖析，揭示资产阶级及其意识形态的真实面貌，指导无产阶级进行针对性斗争，最终建立无产阶级政权。因此，阶级斗争是马克思主义意识形态理论的主要着眼点。

2. 诺斯：制度变迁

意识形态理论是诺斯制度变迁理论的三大支柱之一，是诺斯制度变迁理论的有机组成。在《经济史中的结构与变迁》一书中，诺斯明确地指出了这一点：“我研究的重点放在制度理论上，这一理论的基石是：①描述一个体制中激励个人和集团的产权理论。②界定实施产权的国家理论。③影响人们对‘客观’存在变化的不同反应的意识形态理论。”[②]可见，意识形态理论是诺斯以制度视角解释长期经济增长与变迁的理论构成之一，在其理论体系中有重要的一席之地。

在西方经济史研究领域，诺斯最大的贡献是把“制度”作为经济发展的内生变量，这与视制度为外生变量，在制度既定前提下研究经济发展的其他主流经济学家的研究完全不同。产权是国家界定的，有效率的产权制度是经济增长的关键，这是诺斯的国家理论与产权理论主要论证的。但是，对于经济发展中的机会主义行为，国家理论与产权理论无法给出更有效的阐释。为此，诺斯引入意识形态理论。诺斯认为意识形态理论可以很好地解决诸如“搭便车”这样的机会主义行为。从这一点来看，诺斯的意识形态理论使其制度变迁理论的逻辑更为自洽。

作为新制度主义的代表人物，诺斯非常重视制度在经济发展中的作用；作为新经济史的代表人物，诺斯倾向于进行基于历史视角的长期分析。因此，诺斯不满足于对制度进行短期分析，而是乐于进行制度的长期动态分析。在分析时，诺斯特别重视意识形态理论的解释力，他强调“政治和经济制度的结构（与变迁）理论一定要与意识形态理论相结合”[③]。他认为，意识形态给制度的长期动态变迁提供了一个更具说服力的解释。诺

① 马克思，恩格斯．马克思恩格斯选集：第1卷［M］．北京：人民出版社，1995：283.

②③ 诺斯．经济史中的结构与变迁［M］．上海：上海三联书店，上海人民出版社，1994：7，19.

斯通过以下两个方面来说明意识形态与制度变迁的互动关系，从而进一步说明意识形态在制度长期动态变迁中的作用。

首先，意识形态影响制度变迁。一方面，诺斯认为主流的意识形态会直接演变为制度，进而影响现实的经济实践。“为一个社会成员所广泛持有的信念是始发地点，因为影响经济绩效的是那些转换为制度的信念”[①]，信念一旦转化为制度，就会切实影响经济实践，成为经济发展的重要内生变量。另一方面，诺斯认识到意识形态是影响制度变迁的重要因素。因意识形态与伦理紧密相关，当人们认为某种制度是正当的时候，他们就会服从制度，制度处于稳定态，但是“当个人深信一个制度是非正义的时候，为试图改变这种制度结构，他们有可能忽略这种对个人利益的斤斤计较”[②]，对制度非正义的质疑会使人们愿意为改变制度而努力，即使会损失个人利益也在所不惜。此时，制度处于非稳定态。当越来越多的人加入这个牺牲个人利益以推动制度正义化转变的群体之中时，制度的变迁势在必行。也正是基于这一点，诺斯强调，“变迁与稳定需要一个意识形态理论，并以此来解释新古典理论的个人主义理性计算所产生的偏差”[③]。因为考量了意识形态因素，新古典理论中人们的所谓非理性行为也有了合理的解释，制度的长期动态变迁也因此变得更易理解。

其次，制度变迁影响意识形态。一方面，制度会限制人们的选择集合，意识形态也是集合的一个有机组成。“人的心智能力与辨识环境时的不确定性结合在一起，便演化出了旨在简化处理过程的规则和程序，由此而形成的制度框架通过结构化（structuring）人们的互动，限制了行为人的选择集合。”[④]在被习俗、法律法规组成的制度环境中，人们的意识形态会被塑造，进而被限制、被禁锢，只有个体的自我反思质疑能力较强劲时，个体才会基于自己所认可的公正理念质疑制度，并有可能挣脱这种塑造。另一方面，制度也会改变意识形态。诺斯认为，当我们做出一个递增的政策改变的选择时，我们正在改变现实。在现实的改变中，我们其实也相应地改变我们的信念体系。对于那些从制度禁锢中挣脱出来并真正推动制度变迁的人来说，一旦制度改变了现实，改变后的现实就会重塑并影响人们的意识形态，这种互动性影响始终处于动态演化之中。

---

① Douglass C. North, William Summer hill, and Barry R. Weingast, Order, Disorder, and Economic Change [M]. Yale University Press, 2000: 7.

②③④ 诺斯．经济史中的结构与变迁［M］．上海：上海三联书店，上海人民出版社，1994：12，30.

（三）研究方法不同：唯物辩证法与经济人假设

1. 马克思主义：唯物辩证法

唯物辩证法是马克思主义的根本方法，在这一根本方法的指导下，马克思、恩格斯用辩证唯物主义与历史唯物主义的具体方法，对各时期的经济基础及上层建筑进行了客观辩证的分析，并从两者的互动中精确地指出意识形态的本质内涵及功能。正是通过历史考察、辩证分析，马克思、恩格斯才从一切社会关系中剥离出最基本的生产关系，才能清楚地发现意识形态不过是生产关系的投射，是被经济基础所决定的客观存在，是阶级斗争中各个势力都在抢占的重要阵地。

马克思本人非常看重这种方法，认为自己的研究因其受益良多，在《〈政治经济学批判〉序言》中，马克思强调唯物史观是他“所得到的，并且一经得到就用于指导我的研究工作的总的结果”①，并强调“辩证方法”正是他研究《资本论》的方法。唯物辩证法是马克思解剖社会生产关系的利器，正因如此，他的意识形态理论才能透过资本主义各种经济现象，精准地发现隐藏在这些现象背后的资本主义生产关系的本质内容及其发展规律，发现被这些生产关系所决定的资本主义意识形态的虚幻性特征，并指导无产阶级构建自己的意识形态，形成指导“武器的批判”的“批判的武器”。

2. 诺斯：经济人假设

同其他主流西方经济学流派相比，诺斯最大的不同之处在于：他将制度视为经济增长与发展的内生变量，且在分析中加入了意识形态要素。但与其他主流西方经济学类似的是，在研究方法方面，他同样沿袭了经济人假设。

经济人假设是用成本收益范式看待一切经济现象，即理性经济人总是会根据其所面临的系列约束条件，试图用最小的成本取得收益的最大化。诺斯拓展了研究对象的范围，他把这种范式延伸到意识形态分析之中。

在《经济史中的结构与变迁》中，诺斯指出，“应强调意识形态的如下 3 个方面：1. 意识形态是种节约机制，通过它，人们认识了他们所处环

---

① 马克思，恩格斯．马克思恩格斯文集：第 2 卷［M］．人民出版社，2009：591.

境，并被一种‘世界观’导引，从而使决策过程简单明了。2. 意识形态不可避免与个人在观察世界时对公正所持的道德、伦理评价相互交织在一起……3. 当人们的经验与其思想不相符时，他们就会改变其意识观点”①。诺斯所强调的这三个方面，皆是理性经济人基于成本收益考量后的必然后果。第一，以“节约机制”谈意识形态是明显的经济学思维范式，“决策过程简单明了”意味着较低成本换得了较高的收益。第二，意识形态的道德伦理色彩同样充斥着经济人理性，道德伦理隶属于规范分析，是“应该是什么”的问题，个人在观察世界时肯定有其立场。换言之，个人是站在自己的立场上判断什么是善，什么是恶，什么是应当的，什么是不应当的，这种判断方式本身就是一个基于成本收益范式的理性抉择过程。最终，个人一定会选择最有利于自己的道德伦理标准，这同样是权衡后的理性抉择。第三，意识形态的改变也是理性分析的后果。人们之所以改变意识形态，是因为其经验与意识形态不相符，改变的目的是止损，减少因误判带来较大的损失，这正是经济人理性的体现。

进一步地，诺斯直接用相对价格的改变说明意识形态的改变。诺斯认为存在四种影响个人对制度公平性看法的因素：第一，产权的改变，即否定个人对其过去一直拥有的资源的权力，这些权力在过去一直被人们习惯或公正地予以承认；第二，市场交换条件偏离人们认为公平交换的比率；第三，特殊集团相对收入发生偏离；第四，信息成本降低，人们相信不同的或更优惠的交换条件可能在别处占优势。总之，当个人所面临的特定条件发生改变时，人们所面对的相对价格也发生变化，这会导致人们开始质疑这种变化背后的伦理依据，进而影响其对制度公平性的界定。在这种连锁反应中，意识形态的变化成为必然。在这一论证过程中，诺斯经济人理性的思维范式被表现得淋漓尽致。

三、马克思主义与诺斯意识形态理论差异性的原因剖析

马克思主义与诺斯意识形态理论在特征、着眼点与研究方法等三个维度确实有较大的差异性，导致这种差异性的原因主要是两者在立场、时代背景与理论渊源上存在不同。

① 诺斯．经济史中的结构与变迁［M］．上海：上海三联书店，上海人民出版社，1994：53-54.

（一）立场不同：无产阶级立场与资产阶级立场

1. 马克思主义：无产阶级立场

马克思主义理论是服务于无产阶级的，其阶级立场非常明晰。《共产党宣言》中，马克思、恩格斯认为无产阶级是与资产阶级相对立的阶级中"真正革命的阶级"，且无产阶级的运动是为绝大多数人谋利益的独立的运动，他们对资产阶级的灭亡与无产阶级的胜利充满信心，认为这是一个不可避免的结局，而且无产阶级在这个革命中失去的只是锁链，获得的却是整个世界。因此，他们积极号召"全世界无产者，联合起来"。《共产党宣言》是马克思、恩格斯代表无产阶级向资产阶级发出的檄文，1848 年 2 月一经问世，就产生了强大的社会影响力，成为影响全世界无产阶级革命的"批判的武器"。

马克思主义意识形态理论亦是服务于无产阶级的。马克思非常重视意识形态对社会存在的反作用。在《黑格尔法哲学批判》写作前后，19 世纪三四十年代，欧洲工人运动风起云涌，三大工人运动依次爆发：1831 年和 1834 年法国里昂工人起义、1836—1848 年英国工人掀起的宪章运动、1844 年西里西亚纺织工人起义。随着三大工人运动的开展，无产阶级作为一种新兴的、独立的政治力量登上了历史舞台。但是，作为新兴的力量，工人阶级在与资产阶级斗争的过程中明显处于劣势，三大工人运动被镇压最终失败的结局也充分说明了这一点，而缺乏革命理论指导是限制工人阶级力量发展的重要因素之一。马克思正是看到了这一点，才强调意识形态的反作用力量，而且他深信，理论只要被群众接受，就能影响群众、说服群众，并变成强大的物质力量，深刻地影响群众的生产生活行为方式、斗争与革命方式，为无产阶级的革命提供强有力的理论支撑。

2. 诺斯：资产阶级立场

诺斯是新制度主义经济学的重要代表人物。新制度主义经济学是兴起于 20 世纪六七十年代的重要学派，不同于以加尔布雷斯、缪尔达尔为代表，以主张国家干预、批判资本主义为特征的新制度学派，新制度主义经济学反对国家干预、肯定经济自由，非常注重制度分析，致力于用传统的新古典经济理论分析资本主义制度的构成和运行。诺斯本人无意挑战资产阶级的统治体系；相反，他认同传统主流经济学流派的市场机制理论，认为市场机制可以很好地维系整个资本主义社会体系的运转，但是他不大满意以往理论对“搭便车”难题等问题的解释力，因此他以产权理论、国家理论与意识形态理论为基石，构建起一个以制度为核心的理论大厦。

诺斯的资产阶级立场也体现在其理论主张之中。与马克思主义强调生产力、技术是经济发展的动力不同，诺斯认为有效率的经济组织是经济增长的关键；与马克思主义强调国家是阶级统治的工具不同，诺斯认为国家是界定产权的主体，“能通过建立非人格化的立法和执法机构来降低交易费用”①；与马克思主义强调意识形态可为无产阶级提供“批判的武器”不同，诺斯的意识形态理论强调成功的意识形态应降低交易成本、克服“搭便车”难题。可见，诺斯与侧重于生产关系分析的马克思主义完全不同，他更侧重于将产权、国家、意识形态等维度与成本收益联系起来，分析长期经济增长与制度变迁，而诺斯对涉及以上领域的资本主义体系的运行效率是基本肯定的，对于一些反映市场失灵的经济与社会现象，他倾向于完善理论并使其逻辑更为自洽，这充分体现了他的立场。

（二）时代背景不同

1. 马克思主义：无产阶级革命及共产国际运动的兴起与发展

马克思主义意识形态理论是时代的产物，是伴随着无产阶级与共产国际运动的发展不断形成的，也是马克思主义响应当时无产阶级革命的需求，在同各种唯心史观论战的过程中形成的。

欧洲三大工人运动爆发，宣告无产阶级作为一个独立的阶级登上了历史舞台，但三大工人运动的失败，又证明了处于初始形成阶段的无产阶级力量的薄弱性。马克思、恩格斯看到了这种阶级对抗与斗争，并认为工人运动失败的主要原因除了“武器的批判”力量不足外，更重要的是“批判的武器”力量不足，这是其意识形态理论产生并以阶级斗争为着眼点的根本原因。

马克思主义意识形态理论肇始于马克思与恩格斯。继《神圣家族》之后，马克思、恩格斯又合著了《德意志意识形态》。此著作写于1845—1846年，为批评费尔巴哈、鲍威尔、施蒂纳的哲学观点，批判当时德国的资产阶级和小资产阶级的思想体系而作。本著作中，通过对各种唯心史观的批评，马克思、恩格斯的唯物史观得以充分阐释，此著作也标志着马克

---

① 诺斯．经济史中的结构与变迁［M］．上海：上海三联书店，上海人民出版社，1994：39.

思、恩格斯唯物史观的确立。也正是在本著作中，马克思主义意识形态理论的核心思想初步形成。在这部标志着马克思主义哲学成熟的著作中，马克思、恩格斯的历史唯物主义基本原理得到系统阐释，其中就包括社会存在决定社会意识的重要内容，这对马克思主义意识形态理论的产生与发展来说至关重要。1848 年 2 月，《共产党宣言》问世，马克思、恩格斯批判了资产阶级意识形态的阶级偏见，指出隐藏在其背后的实为阶级利益，并号召全世界的无产阶级联合起来。《共产党宣言》首次系统阐释了科学社会主义理论，为无产阶级及共产国际运动提供了强大的理论武器。

马克思、恩格斯之后，马克思主义意识形态理论沿着两条路径发展。其一，西方学者不断对马克思、恩格斯意识形态理论进行解读与分析、继承与发展，并将之与其他领域的研究结合起来，形成了丰富的西方马克思主义意识形态理论。较有代表性的有卢卡奇的"物化"形态的意识形态理论、葛兰西的"文化霸权"理论、格尔茨的作为文化体系的意识形态、哈贝马斯的科学技术意识形态批判理论等。其二，在深受马克思主义影响的苏联、中国等社会主义国家，马克思、恩格斯的意识形态理论与各国的社会主义革命和实践相结合，促使以列宁、毛泽东等为代表的社会主义革命者、践行者对之进行了创造性发展，形成了科学的社会主义意识形态理论，后者亦深刻地影响了国际范围内的社会主义实践运动，产生了深远的历史影响。

在风起云涌的无产阶级的革命斗争、共产国际运动及社会主义实践背景下，对于将生产关系视为研究对象，又站在无产阶级立场上的马克思主义来说，将阶级斗争作为其关注点与着眼点，这是一种必然选择。

2. 诺斯：资本主义社会的滞胀困境及新自由主义思潮的形成与发展

诺斯的意识形态理论是其制度变迁理论的三大基石之一，前者是后者的有机组成。诺斯对制度的关注与其所处的时代背景不无关系。

诺斯一生著作颇丰，其主要著作包括《1790 年至 1860 年美国的经济增长》（North，1961）、《制度变迁与美国的经济增长》（North and Davies，1971）、《西方世界的兴起》（North and Thomas，1973）、《经济史中的结构与变迁》（North，1981）、《制度、制度变迁与经济绩效》（North，1990）、《理解经济变迁过程》（North，2005）等，其中诺斯的意识形态理论较集中体现在其后期代表性著作中，如《经济史中的结构与变迁》《制度、制度变迁与经济绩效》等，这些著作大多着眼于制度变迁。

诺斯的制度变迁理论是其对现实经济发展进行制度层面反思的结果。大萧条之后，以美国、英国、法国为代表的西方资本主义国家步入一个新的阶段，凯恩斯主义理论盛行，自由市场机制式微，国家干预成为各国促进经济的惯常手段。但20世纪六七十年代，美国陷入严重的滞胀危机，凯恩斯主义理论对此束手无策，长期的国家干预路径面临严重挑战。以供给学派等为代表的新自由主义思潮在这种背景下兴起，反对国家干预、强调市场机制的声音一时间较为强势。以诺斯为代表的新制度主义经济学也在此背景下产生，诺斯虽然也反对国家干预，但他构建了一个以“交易成本”为范式的制度分析框架来论证自己的观点。在诺斯看来，产权、国家、意识形态都是经济发展的内生变量，它们是影响制度变迁之交易成本的重要变量，制度变迁也有其成本与收益，只有在收益大于成本时，制度变迁主体才有动力推动制度变迁。可见，诺斯还是延续了新古典主义经济学的思维范式，不过考虑到大萧条之后国家的现实影响，他将国家纳入分析框架中，并将之作为一个内生变量。但诺斯认为，包括国家在内的所有变量都是通过影响交易成本影响了制度变迁。由此，诺斯也在继承的基础上进一步夯实了自由市场机制的理论根基。

（三）理论渊源不同

1. 马克思主义：黑格尔的辩证法与费尔巴哈的唯物主义

马克思主义的理论渊源颇多，包括古典哲学、古典政治经济学以及空想社会主义等。但是，如果论及唯物辩证法这一马克思主义的根本方法，德国古典哲学对之影响最大，特别是黑格尔的辩证法与费尔巴哈的唯物主义。

黑格尔是德国古典哲学的重要代表人物，以“绝对理念”第一性原则构建了客观唯心主义体系。马克思主义对之进行了积极扬弃，剥离了其唯心主义，指出其内在矛盾，即“一方面，它以历史的观点作为基本前提，即把人类的历史看作一个发展过程，这个过程按其本性来说在认识上是不能由于所谓绝对真理的发现而结束的；但是另一方面，它又硬说它自己就是这种绝对真理的化身”①。同时，马克思又借鉴了其辩证法的合理内核。

① 马克思，恩格斯．马克思恩格斯文集：第9卷［M］．北京：人民出版社，2009：27.

马克思批判了黑格尔辩证法中的内容，即黑格尔颠倒了观念与现实的地位，把现实视为对观念的展开，这一点被马克思坚决否定。同时，黑格尔辩证法的思辨方式又深刻影响了马克思，被他借鉴并加以继承。

费尔巴哈批判了黑格尔的唯心主义，认为世界是物质的，自然界并不因人的意识而独立存在，把黑格尔颠倒的关系重新摆正，坚持了物质第一性、精神第二性原理。但费尔巴哈在批判黑格尔唯心主义的同时，丢弃了其辩证法，这就影响了其理论的深度。马克思阅读费尔巴哈《关于哲学改造的临时纲要》后收益良多，他在一封信中这样写道：“费尔巴哈的警句只有一点不能使我满意，这就是：他过多地强调自然，而过少地强调政治。”①《卡尔·马克思传》的作者戴维·麦克莱伦认为，正是费尔巴哈的《关于哲学改造的临时纲要》使马克思实现了对黑格尔辩证法特定的颠倒，即把黑格尔颠倒的观念与现实的关系重新定位，这是对费尔巴哈唯物主义方法的继承。

正是因为科学地借鉴了黑格尔的辩证法与费尔巴哈的唯物主义，马克思才形成了其唯物辩证法，才有了在这一方法指导下的意识形态理论，并深刻影响了后来马克思主义阵营中其他学者的意识形态认知。

2. 诺斯：新古典主义理论

诺斯意识形态理论的渊源虽然也比较多元，但论及影响其研究方法的理论，当属新古典主义理论。

诺斯受新古典主义理论影响较深，学术界的学者认为其研究方法来源于此理论，“诺斯接受了新古典主义者的‘选择理论’方法，这种方法强调理性经济决策”②。诺斯本人也承认这一点，他比较认可新古典方法，认为“面对普遍存在的稀缺性这一事实，人们得作出反映他们欲望、需要和偏好的选择”③。这一新古典理论假定对很多现实经济现象有较强的解释力。因此，诺斯采用经济人理性抉择作为基本分析方法，并在此基础上进行了理论的创新。

在《经济史中的结构与变迁》一书中，诺斯开篇就强调按时序解释经济结构与实绩是经济史的研究任务，而他提出“将使用一个简单的新古典

① 麦克莱伦．卡尔·马克思传［M］．北京：中国人民大学出版社，2005：64.

② 布鲁兰迪，格兰特．经济思想史［M］．北京：北京大学出版社，2014：353.

③ 诺斯．经济史中的结构与变迁［M］．上海：上海三联书店，上海人民出版社，1994：4.

模型，其中主要用总产出和人均产出来考察实绩”[①]之后，他用这一模型考察经济实绩，并认为这种分析方法有助于解释国家结构变迁及其稳定的大部分根源。但是，在分析的过程中，他注意到“一个有关制度变迁的动态理论如果限于严格的对个人主义的、有理性目的的活动的新古典式约束，我们就无法以此来解释……大多数现实变化”[②]。诺斯注意到很多有悖于新古典范式逻辑的现象，如在投票问题上，“搭便车”虽符合经济人理性抉择，但现实生活中还是有人克服困难参与投票，哪怕付出较大成本、收益存在较大不确定性也在所不惜，他将之称为“搭便车难题”。为了更合理地对这类现象进行解释，他在新古典方法的基础上，引入了意识形态理论。新古典理论对诺斯的影响由此可见一斑。

四、当代启示

马克思主义及诺斯的意识形态理论在其产生与发展的不同历史阶段，均在理论与实践层面产生了深刻的影响。比较两种理论，理性反思其理论精华，亦可助力于当前我国的经济发展与社会实践。

（一）进一步巩固意识形态战线，促进中国特色社会主义现代化建设

在马克思主义理论中，意识形态是有助于阶级斗争的“批判的武器”；在诺斯看来，意识形态是影响交易成本的重要变量。虽然两者的解读不同，但都对意识形态的现实功能予以明确肯定。

当前，我国正在全力向社会主义现代化强国迈进，正在为最终真正实现“两个一百年”的奋斗目标而努力，正在以完全不同于西方的发展模式进行着一场伟大的行为实践。在这个关键时期，凝聚全社会共识、汇集全社会合力、集结全社会力量，会使我国的以上进程事半功倍。但是，在当前的国际、国内环境中，影响全社会共识达成的另类声音一直存在，“中国威胁论”始终有其市场，“台独”“港独”“藏独”等势力炮制的以分裂国家为目的的极端思想尚未被根除，西方式民主与路径卓越论亦不乏支持者，冷战思维仍根深蒂固地存在，凡此种种均说明意识形态领域的斗争仍相当激烈，意识形态的分歧仍相当严重，这在很大程度上考验着我国政府凝聚全社会共识的能力。

---

①② 诺斯．经济史中的结构与变迁［M］．上海：上海三联书店，上海人民出版社，1994：3，64.

“统一战线”是毛泽东总结中国共产党斗争经验时提及的三大法宝之一，其重要性与“武装斗争、党的建设”不相上下，正是因为团结了一切可以团结的力量，汇集了一切可以凝聚的力量，寻找到了全社会新民主主义革命的最大公约数，新民主主义革命才取得了最终的胜利。当前，我国正处于新的历史时期，虽面临众多考验，但只要继承并发扬中国共产党在长期斗争中总结的经验，进一步巩固意识形态战线，坚持同形形色色破坏社会主义现代化建设的思想作斗争，形成适应新时期的“批判的武器”，中国特色社会主义现代化建设的实践就有了重要的理论支撑。

（二）进一步解放与发展生产力，丰富中国特色社会主义意识形态的内涵

马克思主义意识形态理论认为，社会存在决定社会意识，社会意识是对生产关系的映射，随着社会存在的变化，意识形态一定会随之发生改变；诺斯认为，成功的意识形态应该是灵活的，可以根据形势的变化做出调整，从而最大限度降低交易成本。两者都认识到意识形态变动在现实世界的必然性。

社会存在决定社会意识，生产力决定生产关系，要增强社会主义意识形态理论的说服力，发挥其在思想战线的战斗力，就必须进一步解放与发展生产力。社会主义的本质就是解放生产力、发展生产力，只有如此才能消灭剥削、消除两极分化，最终实现共同富裕。随着生产力的不断解放与发展，生产关系不断优化调整，意识形态是对生产关系的映射，其内涵自然也不断得以丰富。

归根结底，贫穷不能说明社会主义的优越性，当生产力随着中国特色社会主义实践的不断发展而得以解放与发展，社会主义生产关系不断优化时，反映社会主义生产关系的意识形态的内涵也会与时俱进地得到发展。同时，这一“批判的武器”所投射的社会存在已然用活生生的客观现实彰显了社会主义的优越性。

参考文献

［1］贾鹏飞．论马克思主义意识形态创新的三重边界［J］．思想理论教育，2021（2）．

［2］汤荣光．马克思主义意识形态理论源流探综［J］．宁夏社会科学，2021（1）．

［3］郭明飞，陈继科．西方马克思主义意识形态理论嬗变论析［J］．东岳论丛，2021（2）．

［4］宋翠玉．马克思主义意识形态论的发展逻辑及现实推进［J］．学术探索，2019（10）．

［5］庞永红．从诺斯意识形态理论看伦理道德的功能作用：诺斯意识形态理论探析［J］．道德与文明，2004（2）．

［6］陈书静．意识形态的经济功能：诺斯的意识形态理论探析［J］．社会科学，2006（3）．

［7］韦森．再评诺斯的制度变迁理论［J］．经济学（季刊），2009（2）．

［8］罗含．谱斯制度变迁思想中的意识形态理论［D］．开封：河南大学，2016.

［9］晏鹰，朱宪辰．从理性建构到认知演化：诺斯制度生发观的流变［J］．社会科学战线，2010（2）．

［10］王怀强．投资合法性：诺斯的意识形态理论及现实启示［J］．理论界，2010（7）．

［11］魏崇辉．新制度经济学意识形态理论批判与我国意识形态安全研究［D］．南京：南京航空航天大学，2010.

［12］陈书静．马克思与诺斯的意识形态理论比较研究［J］．上海财经大学学报，2006（5）．

［13］邓志平．马克思与诺思制度理论的比较［D］．湘潭：湘潭大学，2007.

［14］孙凤仪．两种制度经济学范式中的意识形态理论比较［J］．经济问题，2007（2）．

［15］张艳娟．马克思与诺思：制度变迁思想比较［D］．济南：山东大学，2008.

［16］林岗，刘元春．诺斯与马克思：关于制度的起源和本质的两种解释的比较［J］．经济研究，2000（6）．

［17］霍秋芬．诺斯与马克思“意识形态”理论比较分析［D］．湘潭：湘潭大学，2011.

［18］马克思，恩格斯．马克思恩格斯选集：第2卷［M］．北京：人

民出版，1995.

[19] 马克思，恩格斯．马克思恩格斯全集：第 3 卷 [M]．北京：人民出版社，1960.

[20] 马克思，恩格斯．马克思恩格斯选集：第 1 卷 [M]．北京：人民出版社，1995.

[21] 列宁．列宁选集：第 1 卷 [M]．北京：人民出版社，1995.

[22] 诺斯．经济史中的结构与变迁 [M]．上海：上海三联书店，上海人民出版社，1994.

[23] 诺斯．理解经济变迁过程 [M]．北京：中国人民大学出版社，2002.

[24] 马克思，恩格斯．马克思恩格斯文集：第 1 卷 [M]．北京：人民出版社，2009.

[25] Douglass C. North，William Summer hill，and Barry R. Weingast，Order，Disorder，and Economic Change [M]．Yale University Press，2000.

[26] 马克思，恩格斯．马克思恩格斯文集：第 2 卷 [M]．人民出版社，2009.

[27] 马克思，恩格斯．马克思恩格斯文集：第 9 卷 [M]．北京：人民出版社，2009.

[28] 麦克莱伦．卡尔·马克思传 [M]．北京：中国人民大学出版社，2005.

[29] 布鲁兰迪，格兰特．经济思想史 [M]．北京：北京大学出版社，2014.

索 引

H

J

K

L

M

N

P

Q

R

S

T

W

X

Y

Z